개,
어떻게
가르쳐야
하는가

How to Behave So Your Dog Behaves
Published by TFH PUBLICATIONS, Inc.
Copyright © 2004, 2010 TFH PUBLICATIONS, Inc.
All rights reserved.

Korean translation copyright © 2015 by PetianBooks
Korean translation rights arranged with TFH PUBLICATIONS
through EYA(Eric Yang Agency)

이 책의 한국어판 저작권은 EYA(Eric Yang Agency)를 통한
TFH PUBLICATIONS사와 독점계약으로 한국어판권을 '페티앙북스'가 소유합니다.
저작권법에 의하여 한국 내에서 보호를 받는 저작물이므로 무단전재와 복제를 금합니다.

화내거나 야단치지 않는 교육법. 처음 만나는 학습이론과 동물행동수정
How to Behave so Your Dog Behaves

개, 어떻게 가르쳐야 하는가

수의행동학자 소피아 잉 지음 | 최윤주·김소희 옮김
서울대학교 수의과대학 명예교수 신남식 감수

페티앙북스

일러두기

· 개의 품종 명칭은 외래어 표기를 주관하는 국립국어연구원의 심의를 거친 품종명칭표준안을 기준으로 했다. 그 외의 외래어나 동물 명칭은 기본적으로 한국 맞춤법 총칙 '외래어는 외래어 표기법에 따라 적는다'는 규정에 따라 적었다. 단, 고유명사 성격의 경우 국내에서 더 많이 통용되고 있는 것을 따른 경우도 있다.

· 국내에서 흔히 훈련, 행동 교정 등으로 번역되어 사용되고 있는 단어는 교육 및 가르치기, 행동 수정 등으로 표현했다.

· 원서에는 책 내용의 이해를 돕는 여러 가지 동영상 링크가 소개되지만, 저자의 웹사이트 개편에 따라 링크가 연결되지 않아 삭제했다. 그 대신 www.drsophiayin.com에 들어가 검색을 하면 관련된 여러 가지 동영상 자료 및 글을 읽을 수 있다.

prologue
우리가 강화하는 행동을 얻는다

여러분이 꼭 해야 할 일이 있다. 닭 두 마리에게 다음 네 가지 과제를 가르치는 것이다. 주어진 시간은 단 5일이다.

과제 1. 빵 굽는 팬 끌어당기기

: 팬에 달린 고리를 물고 60cm 정도 끌어당기기.

과제 2. 탁구공 쏘기

: 기둥에 매달려 있는 탁구공을 세게 쏘아 공이 기둥보다 더 높이 포물선을 그리며 올라가게 하기.

과제 3. 볼링 핀 쓰러뜨리기

: 순서대로 연속해서 파란색 핀과 노란색 핀을 쓰러뜨리기.

과제 4. 벽에 있는 검은 점 쪼기

: 신호에 따라 벽면에 있는 지름 1cm 크기의 검은 점 쪼기. 신호

는 빨간 레이저 불빛으로, 15초 동안 딱 세 번만 주어진다.*

닭 두 마리를 모두 학습시키되, 최소한 한 가지씩 과제를 배워야 하고, 둘 중 한 마리는 세 가지 과제를 연속해서 수행해야 한다. 반드시 기한 내에 완성해야 한다.

과연 이게 가능한 일일까? 장난처럼 들리겠지만, 이는 심리학자 마리안 브릴랜드-베일리Marian Breland-Bailey와 밥 베일리Bob Bailey가 이끄는, '닭 트레이닝 캠프chicken training camp'로도 알려진 조작적 조건형성 중급 과정 워크숍에서 주어지는 과제다. 세계 도처에서 이 캠프에 참가하기 위해 많은 사람이 몰려든다. 물론 닭을 가르치려고 오는 게 아니라 조작적 조건형성이라고 불리는 보편적인 학습 원리의 정교함을 배우기 위해 오는 것이다. 1900년대 초기에 심리학자 B.F.스키너B.F. Skinner에 의해 밝혀진 이 이론은 동물의 특정 행동을 강화하면 그 행동이 다시 일어날 가능성이 높아지고, 반대로 그것을 강화하지 않으면 그 행동이 다시 일어날 가능성은 줄어든다는 내용이다. 단순한 개념이지만 실제로 하는 것은 쉽지 않다.

내 닭은 클리커의 클릭 소리가 '곧 먹이가 온다'를 의미한다는 것을 이미 배운 상태였기 때문에 클릭 소리를 원하는 행동과 먹이 강화물 사이의 간격을 연결해주는 자극으로 사용할 수 있었다. 이 연결 자극, 즉 클릭 소리는 닭이 옳은 행동을 하고 있는 순간을 닭에게 정확히 알려주는 역할을

---

* 직사각형 모양의 기둥 한쪽 면에 검은 점을 그려두고 그 면의 아무 위치에 레이저 불빛을 쏘면 닭이 그 불빛이 아닌 검은 점을 쪼게 하는 과정이다. – 옮긴이주

하지만 이 말은 곧, 타이밍이 조금만 빠르거나 늦어도 오히려 엉뚱한 행동을 '해야 하는 행동'으로 잘못 알려줄 수 있다는 말과도 통한다. 즉 닭이 검은색 점 대신 빨간 불빛을 쪼게 만들거나, 빵 굽는 팬의 고리를 당기는 대신 흔들게 만들고, 탁구공을 강하게 쪼는 대신 잡게 만들어버린다.

이런 엉뚱한 행동을 해대는 닭의 모습을 지켜본 사람들은 닭이 멍청해서라고 말하겠지만, 세미나에 참가한 사람들은 모든 것이 우리 탓이라는 걸 잘 알고 있었다. 베일리는 "우리가 강화하는 행동을 얻는다."라는 말을 끊임없이 강조했다. 사실 나도 이 말에 익숙했다. 내가 가르치는 학생들에게 자주 하는 말이었으니까 말이다. "개를 불러도 오지 않는 이유는 같이 놀고 있는 강아지 친구들이 더 좋은 강화물이기 때문이다." 또는 "말이 우리를 주변으로 끌고 가는 이유는 자기가 가고 싶은 곳으로 우리를 데려가면 풀을 먹게 되기 때문이다."

이제 이 말에 내가 조심할 차례였다. 나는 필사적으로 실수를 찾고 그것들을 고치도록 애써야 했다. 시간은 계속 가고 있었다.

왜 하필이면 닭인지 궁금할 것이다. 닭은 움직이는 속도가 빨라서 우리 타이밍이 흠잡을 데 없이 정확해야만 원하는 행동을 가르칠 수 있다. 교관들도 "닭은 동물 교육 분야에 관한 한 최고의 연습 상대입니다. 가장 짧은 시간 내에 더 많이 행동하고 더 많이 반복합니다."라고 말한다. 그리고 그들의 경험과 기록이 이를 증명한다. 베일리 가족은 다함께 140종이 넘는 동물을 교육시켜 왔다. 103년이 넘는 동물 교육 역사의 산증인이다. 마리안과 고인이 된 그녀의 첫 남편 켈러는 이런 기법들을 창시자로부터 직접 배웠다. 스키너의 첫 번째 대학원생 중 하나였던 그들은 양성 강화를 이용해 점차적으로 행동을 형성하는 것을 배웠고, 다른 대부분의 일반 동물 훈련사들과는 달리 과학자로서 이를 철저하게 '기록'하는 법을 배웠다.

나는 이들의 방식을 따르려 했고, 그래서 모든 교육 세션 동안 철저하게 기록을 해야 했다. 올바른 행동을 몇 번이나 강화했나? 올바른 행동은 몇 퍼센트나 되는가? 이 기록을 통해 닭에게 더 많은 것을 기대할 수 있는 순간이 언제인지 제대로 결정할 수 있었고, 내가 뭔가를 잘못하고 있는 순간도 쉽게 발견할 수 있었다. 또 잘못된 행동을 강화한 횟수도 기록했다. 이런 경우가 몇 번만 있어도 나는 다시 출발점으로 돌아갔다. 힘든 싸움이었지만 이 과정이 결국 나에게 성공을 안겨주었다.

드디어 5일째, 내 닭이 해낸 것을 모두에게 보여줄 날이었다. 나는 모두가 볼 수 있도록 닭을 테이블 위에 올려놓고 숨을 죽였다. 닭은 파란색 볼링 핀으로 곧바로 걸어가더니 부리로 찍어서 핀을 테이블 아래로 떨어뜨렸다. 그런 다음 또 다른 목적이 있다는 듯 노란색 핀으로 향했다. 폭! 역시 핀을 테이블 아래로 떨어뜨렸다. 닭이 뭔가를 기대하며 내게 돌아왔지만 아직은 보상을 줄 때가 아니었다. 닭은 두 번째 과제를 찾고 30cm 높이에 매달려 있는 작은 흰 공을 바라봤다. 그러더니 의기양양하게 걸어가서 머리로 공을 쳤다. 공이 기둥을 넘어 휘익 날아갔다. 클릭. 보상. 임무 완수.

'닭 트레이닝 캠프'는 내가 처음으로 양성 강화의 힘을 완벽하게 이해했던 곳이다. 나는 그곳에서 아무리 단순한 동물이라도 시행착오 학습을 통해 놀라운 행동을 배울 수 있다는 것을 깨달았고, 단순한 동물도 문제를 풀기 위해 틀림없이 의도적으로 노력하는 모습을 관찰할 수 있었다. 그 후로 나는 수없이 많은 심리학, 행동 생태학, 비교동물행동학 강좌를 들었다. 캘리포니아 대학교 데이비스 캠퍼스에서 5년간 반려동물 행동 강좌를 열어 학생들을 가르쳤고, 국제적으로도 많은 강의를 했으며, 대학의 연구 및 교육 프로젝트에서 학생들을 지도했다. 또한 행동과 교육에 관한 각종 워크숍에 참석한 것은 물론, 쥐, 고양이, 염소, 개, 말, 타조, 기린에 이르기까지 매우 다양한 동물을 교육시켜 왔다. 학습과 행동을 이끄는 그 원리들은 종에 상관없이 보편적으로 적용되기 때문에, 새로운 경험은 내 시야를 더욱 넓혀주었고 내가 더 나은 트레이너, 강사, 연구자로 거듭날 수 있게 해주었다.

정교한 동물 교육 기술을 배우기 위해 '닭 트레이닝 캠프'에 참석하거나, 최고의 실력을 가진 선생님과 공부하기 위해 여러 나라를 돌아다닐 기회를 얻기란 쉽지 않다. 하지만 누구나 자기 반려동물을 데리고 행동을 관찰하고 이해하고 수정하는 법을 배울 수 있다. 행동을 이끌어내는 원리의 보편성을 발견할 수 있고, 자신과 반려동물 사이에 더 좋은 관계를 형성하는 과정에 이 원리를 적용할 수 있다. 이 책을 통해 나는 여러분이 자신의 반려동물을 다른 시각으로 바라볼 수 있도록 돕고 동물의 놀라운 행동 변화를 이끌어내는 데 꼭 필요한 도구들을 제시할 것이다.

이 책은 네 개의 섹션으로 나뉘어 있다. 가장 바람직한 것은 처음부터 끝까지 순서대로 읽는 것이지만 각 섹션은 독립적이기도 하여 원하는 섹션부터 읽어도 상관없다.

Section 1은 '개 이해하기'로 개의 역사, 가축화 과정, 의사소통, 동기에 관한 정보를 담았다. 이들은 개가 어떻게 행동하는지 이해하는 데 필수적인 내용으로 개의 관점에서 개를 볼 수 있도록 도와줄 것이다. 또 개를 관찰하고 그 행동에 대한 결론을 얻는 것을 도와줄 연습도 포함되어 있다.

Section 2는 '학습 과학'으로 어떻게 개(고양이, 말, 쥐 등)의 행동을 수정하는지 학습 이론의 실용적인 측면을 다룬다. 반려동물은 물론 야생동물까지 많은 동물 사례가 포함되어 있다. 또한 매일의 일상생활에서 적용할 수 있는 연습들도 알려준다. 다양한 동물에서 원하지 않는 행동을 체계적으로 다루는 방법과 문제 해결 방법, 원하는 행동으로 바꾸는 방법 등도 담겨 있다.

Section 3은 '기초 예절 교육을 위한 5분 가이드'이다. 여러 가지 기초 예절 교육들을 가르치는 방법에 대해 설명하고 각각의 교육을 응용해 할 수 있는 게임도 알려준다. 총 아홉 가지 교육이 소개되는데 사실 그중 네 가지(해주세요 앉아서 부탁하기, 날 봐, 산책할 때 집중하기, 부르면 오기)만 완벽하게 잘하면 개에게 일어날 수 있는 대부분의 행동 문제를 해결할 도구를 가진 셈이다.

Section 4는 '일반적인 문제 행동을 위한 5분 가이드'이다. 짖거나, 고양이를 쫓아가거나, 다른 개에게 공격성을 보이는 등 개에게 나타나는 구체적인 행동 문제들을 다룰 때 섹션 1부터 3에서 배운 모든 지식을 어떻게 활용하면 되는지 알려준다.

마지막으로 나는 이 책이 흥미로운 사례들로 채워진, 명쾌하고 간결하면서도 동물의 행동을 변화시키는 데 아주 실용적인 책이 되길 바란다. 행동이 수정되는 과정을 보고 싶은 사람들 그리고 책에 나오는 트레이닝 연습 과정을 보고 싶은 사람들은 나의 행동학 웹사이트 www.drsophiayin.com를 방문하기 바란다. 교육과 행동의 다양한 측면을 담은 동영상 자료들이 많이 있으며 모두 무료로 볼 수 있다. 트레이닝 기술을 발전시킬 수 있는 '질의응답' 코너도 있으며 정기적으로 웹사이트를 수정 보완하고 있다.

나와 나의 개가 그랬듯이 독자 여러분도 이 책을 즐기며 반려동물과 즐겁게 게임을 하고, 개에 대해 더 많이 이해하고 개와의 유대감이 더욱 깊어지길 바란다.

— Sophia Yin

차례

prologue. 우리가 강화하는 행동을 얻는다 05

SECTION 1. 개 이해하기

CHAPTER 1. 가축화와 행동 21
가축화와 길들이기의 차이 22 | 개는 어떻게 가축화되었나? 23 | 가축화와 길들이기는 어떤 관련이 있을까? 25 | 가축화는 개체 특성에 어떤 영향을 끼칠까? 28

CHAPTER 2. 개 사회의 사회화 기술 31
사회화 기술의 중요성 32 | 다른 개와 인사하거나 어울릴 때의 문제 예방하기 36

CHAPTER 3. 사람과 개 사이의 의사소통 39
진짜 학습 40 | 개에게 다가가기 42

CHAPTER 4. '개'를 읽고 이해하는 법 배우기 59
행동 기록하기 48 | 에소그램 49 | 에소그램을 위한 동작 패턴 50 | 연습해보기 52 | 연습 1. 1분 관찰 52 | 연습 2. 활동 관찰 52 | 연습 3. 자세 예측하기 53 | 연습 4. 다른 개에게 인사하기 53 | 연습 5. 사람에게 인사하기 53 | 자세 차트 54

SECTION 2. 학습 과학 : 개와 고양이의 행동 수정

CHAPTER 5. 고전적 조건형성 : 연관에 의한 학습 59
생활 속에서 일어나는 고전적 조건형성 60

CHAPTER 6. 조작적 조건형성의 기본 : 시행착오에 의한 학습 65
조작적 조건형성 관련 용어 66 | 강화와 벌 66 | 양성과 음성 66 | 양성 강화와 음성 강화 67 | 양성 벌과 음성 벌 68 | 기법을 분류하는 체계적인 방법 69 | 기법 분류해보기 71 | 연습. 도망가는 개 71 | 어떤 방법이 가장 좋은 것일까? 72

CHAPTER 7. 학습 이론 실제 적용하기 75
나쁜 행동을 좋은 행동으로 바꾸기 76 | 소거와 자발적 회복 77 | 자발적 회복 78

CHAPTER 8. 조작적 조건형성 : 행동형성하기와 행동연결하기 83

행동형성하기 84 | 행동형성하기, 어디서부터 시작하나? 84 | 매개 단계 인지하기 85 | 행동형성하기 계획이 뜻대로 되지 않을 때 85 | 행동형성하기 게임 86 | 행동연결하기 88 | 역행동연결하기 89

CHAPTER 9. 가르치기는 전문 기술이다 93

타이밍이 전부다 94 | 연결 자극 사용하기 95 | 타이밍 테스트 게임 95 | 기준을 분명히 정의해야 명확하고 일관성 있게 할 수 있다 96 | 올바른 비율로 강화한다 97 | 어떤 비율을 사용하나? 97

CHAPTER 10. 동물은 기계가 아니다 101

동물의 자연사 그리고 진화적 제약 102 | 학습을 위한 생물학적 준비 104 | 하게 만드는 동기 107 | 의사소통 108

CHAPTER 11. 네 가지 행동 수정 방법 111

습관화 111 | 습관화는 구체적인 상황에 국한된다 113 | 습관화의 두 형태 : 홍수법과 탈감각화 114 | 고전적 역조건형성 116 | 조작적 역조건형성 116 | 네 가지 행동 수정 방법 사용하기 118 | 사례 1.비우호적인 고양이 118 | 사례 2. 낯선 사람을 두려워하는 개 119 | 어떤 방법의 조합이 가장 좋을까? 120

CHAPTER 12. 혐오자극 : 벌의 함정 121

벌은 반드시 행동하는 그 순간에 줘야 한다 123 | 벌은 반드시 매번 줘야 한다 124 | 벌은 충분히 강하게 줘야 한다 125 | 강한 벌은 정신적·육체적 손상을 줄 수 있다 126 | 벌은 공격성을 유발할 수 있다 129 | 벌은 공격 경고 신호를 억누른다 129 | 벌은 다른 행동까지 억누른다 130 | 벌은 나쁜 연관을 만들 수 있다 132 | 혐오자극은 항상 나쁜가? 132

CHAPTER 13. 계획상의 문제 해결하기 133

계획 평가하기 133 | 1. 타이밍 134 | 2. 기준 134 | 3. 강화 비율 134 | 4. 행동형성하기 134 | 5. 행동연결하기 135 | 6.동물의 자연사와 과거 경험에 대한 고려 135 | 7. 동기부여 135 | 8. 의사소통 135 | 사례 136

차례

SECTION 3. 기본 예절 교육을 위한 5분 가이드

CHAPTER 14. 시작하기 143

관리하되 너무 세세하게 관리하지 않는다 143 | 먹이에 더 동기부여 되게 한다 : 사료 버는 법 가르치기 144 | 계획적인 사료 급여 145 | 사료를 무기로 이용한다 145 | 교육을 게임처럼 만든다 146 | 뇌물이 아닌 강화를 준다 147 | 재주가 아니라 습관으로 만들어준다 148 | 개가 알아들을 수 있게 의사소통한다 149 | 행동을 가르친 다음에 신호 단어를 가르친다 150 | 옳은 행동을 표시해주는 독특한 단어나 소리를 가르친다 151 | 자기 이름을 들으면 언제라도 오도록 가르친다 152 | 적절한 용품을 활용한다 155

CHAPTER 15. '해주세요' 앉아서 부탁하기 157

'해주세요' 부탁하는 법 가르치기 158 | 뇌물이 아니라 강화를 줘야 한다 160 | 변동 비율로 바꿔 나가다가 최종적으로는 먹이 보상에서 벗어난다 161 | 될 수 있으면 '앉아' 지시어는 피한다 162 | 앉는 순간에 신호 단어를 더한다 162 | 보상 버는 법 배우기 프로그램 163 | 차에서 내릴 때 164 | 문 앞에서 기다리기 166 | 장난감 던져주기 전에 166 | 집에 돌아온 가족이나 손님을 맞이할 때 167 | 쓰다듬어주길 바랄 때 168 | 앉기를 재미있는 게임으로 바꾸는 법 169 | 뒷걸음질하며 앉기 빠르게 반복하기 170 | 옆으로 움직이며 앉기 빠르게 반복하기 171 | '갑자기 멈추기'로 더 신나게 만들기 171

CHAPTER 16. 놔둬 173

손 안에 먹이 넣고 있기 174 | '놔둬' 신호 덧붙이기 175 | 손 펼치기의 변형 176 | 땅에 떨어진 것 놔두기 1. 몸으로 막기 176 | 땅에 떨어진 것 놔두기 2. 먹이를 줄이 닿는 반경 밖으로 던지기 178 | 일상생활 속에서 연습하기 179

CHAPTER 17. 날 봐 181

'날 봐' 가르치기 181 | 뇌물이 아닌 강화로 사용한다 183 | 시간 늘리기 183 | 언제 '날 봐'를 사용하면 될까 184

CHAPTER 18. 줄 매고 얌전하게 걷기 185

줄 매고 얌전하게 걷는 법 가르치기 187 | 학습 속도 올리는 법 189 | 허리에 묶는 핸즈프리 줄 189 | 프론트 커넥팅 하네스와 헤드 홀터 190 | 옆에서 계속 잘 걸을 때 보상주기 191 | 일관성 유지하기 192 | 요령을 피울 때는 어떻게 할까? 192

CHAPTER 19. 옆에서 집중하기(따라 걷기) 195

방법 1. '해주세요' 앉아서 부탁하기의 응용 196 | 표시 단어 198 | 방법 2. 타깃팅 198 | 뇌물이 아닌 강화를 준다 200 | 따라 걷기 위치로 돌아오게 할 때 타깃팅 사용하기 201 | '가자' 신호 덧붙이기 202 | 재미있는 발놀림 추가하기 203 | 속도 변화 203 | 180도 뒤돌기와 U턴 203 | 오른쪽으로 돌기 204 | 다양한 발놀림 섞기 205 | 개가 집중하지 않을 때 해결 방법 205 | 따라 걷기를 해야 할 때 206 | 일상적인 산책 때 206 | 다른 개들에게 공격적일 때 207 | 쫓아가거나 달려들고 싶어 할 때 207 | 사물, 사람, 개를 두려워할 때 207

CHAPTER 20. 부르면 오기 209

'부르면 오기' 시작하기 211 | 난이도 높이기 213 | 더 긴 줄로 바꿔 진도 나가기 214 | 줄 없이 연습할 때 216 | 부르기 지시어를 사용하는 때 217

CHAPTER 21. 엎드려 219

방법 1. 움직임 지켜보기 219 | 방법 2. 먹이로 유인해 행동형성하기 220 | 방법 3. 터널 만들기 221 | 뇌물에서 강화로 바꾸기 222 | 신호 덧붙이기 223 | 게임 224 | 게임 1. '엎드려'가 진짜 의미하는 것은 무엇일까? 224 | 게임 2. '갑자기 멈추기'의 고급 버전 225 | 게임 3. 조용히 엎드려 있을 때 보상해주기 226 | 게임 4. 장난감 물고 오기 할 때 엎드리기 227

CHAPTER 22. 앉아서 기다리기와 엎드려서 기다리기 229

앉아서 기다리기 가르치기 230 | 거리 늘리기 231 | 방해 요소 추가하기 231 | 안 보이는 곳에서 하기 232 | 엎드려서 기다리기 가르치기 233 | 집에서 연습하기 234 | 게임 235

CHAPTER 23. 자리로 가 237

'자리로 가' 가르치기 238 | 개가 신호를 안다는 것을 어떻게 알 수 있나? 239 | 방해 요소 및 시간 늘리기 : 엎드려서 기다리기의 변형 240 | '자리로'를 사용할 수 있는 순간 240

차례

SECTION 4. 일반적인 문제 행동을 위한 5분 가이드

CHAPTER 24. 크레이트 교육과 화장실 교육 245

크레이트 교육 245 | 크레이트 교육 시키는 법 246 | 화장실 교육 249 | 어린 강아지를 위한 완벽 화장실 교육 과정 250 | 낮 시간 251 | 밤 시간 253 | 2주 후 253 | 대소변 실수를 했을 때 254 | 성견을 위한 화장실 교육 255 | 사람을 만났을 때 하는 배뇨 255

CHAPTER 25. 입 버릇 : 씹기와 물기 257

씹기 257 | 주변 환경 관리 258 | 적합한 장난감을 항상 갖고 놀게 해주기 258 | 지켜보기 258 | 개가 뭔가 부적절한 것을 씹고 있을 때 258 | 운동과 집중 259 | 씹는 버릇을 가진 다 자란 개 260 | 물기 261 | 방법 1. '아야!' 소리 내기 261 | 방법 2. 나무처럼 서 있기 262 | 방법 3. '놔둬' 게임하며 놀기 263

CHAPTER 26. 분리불안 265

사회적 동물 266 | 분리불안 다루기 268 | 우리의 외출을 좋은 일과 연관 짓도록 가르치기 268 | 무엇이 효과가 있는지 가르치기 269 | 자립심 가르치기 270 | 극적이고 장황한 인사 그만두기 271 | 집을 비우는 동안의 관리법 272

CHAPTER 27. 우위 공격성 : 지위를 획득하기 위한 투쟁 275

어쩌다가 예측 불가능하고 공격적인 개가 되었을까? 276 | 힘이 아닌 머리를 사용해 개의 통치 시대 끝내기 277 | 우리 자신을 안전하게 지킨다 278 | 모든 중요한 자원을 통제한다 278 | 앉아서 '해주세요' 부탁하는 법을 가르친다 279 | 원하는 것이 있으면 반사적으로 앉도록 가르친다 279 | 싫어하는 곳을 만져도 좋아하도록 가르친다 279 | 태도는 빨리 바꿀 수 있다 280

CHAPTER 28. 먹이 소유욕 그리고 장난감 및 보상 소유욕 281

먹이 소유욕 281 | 방법 1. 증상이 심하지 않은 개 283 | 방법 2. 증상이 심한 개 284 | 밥그릇 트레이닝 286 | 장난감과 보상에 대한 소유욕 289 | 물건 교환 게임 290 | 장난감으로 하는 놔둬 게임 291

CHAPTER 29. 어린아이와 있을 때 안전 유지하기 293

왜 아이를 공격할까 294 | 사냥감 추적 본능 294 | 두려움 295 | 지위의 변화 296 | 문제 예방법 297

CHAPTER 30. 가족 이외의 사람들에 대한 공격성 301

무는 행동은 어떻게 발달되나? 302 | 공격성 문제를 예방하는 법 304 | 개와 사람, 어울리는 상대 찾기 304 | 리더십 연습 305 | 사회화 306 | 지속적인 교육과 연습 307 | 이미 공격성을 보이는 개는 어떻게 고칠까? 307

CHAPTER 31. 싸우는 개 311

끝을 볼 때까지 싸우게 둬야 하나? 312 | 관계 바꾸는 법 313 | 1단계. 보상 버는 법을 가르치는 지침 과정 따르기 314 | 2단계. 먹이가 땅에 떨어졌을 때 '놔둬' 가르치기 315 | 3단계. 부르면 오기 316 | 4단계. 적어도 한 마리에게 자리로 달려가 엎드리기 가르치기 316 | 5단계. 서로 떨어져 있으면 무시하기 317

CHAPTER 32. 짖기 319

계획 A. 단도직입적으로 접근하기 320 | 계획 B. 선물 주기 321 | 계획 C. 몰래 가르치기 321 | 보충 단계 324

CHAPTER 33. 행동이 문제가 아닐 때 327

CHAPTER 34. 유전자 탓일 때 331

환경적 영향들 332 | 유전자는 환경적 영향과 상호작용한다 335

용어 정리 338
참고 문헌 343

어떤 일은 해결 방법이 무척 단순하다. 예를 들어 다람쥐가 어떤 소리로 의사소통하는지 궁금하다면 야외로 나가 다람쥐를 찾아보면 되고, 닭의 짝짓기 행동이 알고 싶다면 암탉과 수탉을 관찰하면 된다. 또 지역마다 제비 울음소리가 어떻게 다른지 알고 싶다면 지역별로 제비 소리를 연구하면 된다. 하지만 개의 행동에 대해 알고자 할 때면 느닷없이 늑대를 떠올리며 이렇게 유추한다. "무리 내에서 늑대는 이렇게 하니까…." 또는 "늑대가 자신의 권위를 표현할 때는 이렇게 하니까…."라고 말이다. 얼핏 개에 대해 많이 아는 것처럼 들리지만 늑대부터 언급하고 보는 것은 사실 우리가 개의 행동에 대해 아는 것이 별로 없기 때문이다.

SECTION 1
개 이해하기
Understanding Dogs

많은 동물학자가 침팬지, 닭, 다람쥐 그리고 그 외의 수많은 동물에 대해 심도 깊게 연구해왔지만 정작 개에 대해서는 피상적으로 다룬 것이 전부다. 우리가 개에 대해 알고 있는 지식이라고는 늑대로부터 유추해낸 것이거나 개를 기르는 사람들이 경험을 통해 개인적으로 알게 된 것이 고작이라는 말이다. 그러나 늑대도 환경에 따라 개체별 행동 양상이 다르고 개도 가축화되는 과정에서 많은 변화를 거쳤기 때문에 이 역시 정확한 지식이라고 할 수 없다. 그렇다면 어떻게 해야 할까? 이 또한 해결 방법은 단순하다. 개를 제대로 이해하고자 한다면 늑대의 행동에서 유추하지 말고 직접 개를 연구하면 된다!

CHAPTER 1
가축화와 행동
Domestication and Behavior

    흔히 개보다 늑대가 더 똑똑하고 운동 능력도 뛰어나다고 말한다. 한마디로 늑대가 개보다 '한 수 위'라는 이야기다. 우리 부모님이 키우는 짜리몽땅한 다리에 만화주인공같이 커다란 머리를 가진 스코티시 테리어를 보면 왜 이런 말이 나왔는지 알 것도 같다. 개는 가축화되면서 문간에서 시끄럽게 짖어대는 찻잔 크기의 개부터 남의 코트를 걸친 것처럼 지나치게 길게 늘어진 귀와 바닥에 붙은 듯 짧은 다리를 가진 개에 이르기까지 다양한 모습을 가진 상태로 진화했다. 사실 이런 생김새들은 거친 야생의 삶에 별 도움이 될 것 같지 않다.

    조상이 늑대라고는 하나 개는 늑대와 행동 특성도 다르고 운동 능력에도 분명 차이가 있다. 게다가 이제 개는 인간의 도움 없이는 생존하기 힘든 동물이 되었다. 그렇다고 개가 늑대보다 열등하거나 우둔하다고 말할 수는 없다. 그랬다면 지금쯤 개가 멸종위기동물로 선포되고 오히려 늑대가 사람과 함께 살면서 번성해 있었을 테니까 말이다. 이쯤에서 개라는 동물을 제대로 이해하기 위해 개의 가축화 과정을 살펴볼 필요가 있다.

가축화와 길들이기의 차이

가축화란 포획된 한 동물 종이나 개체군이 인간과 함께하는 생활에 적응되는 것으로 여러 세대에 걸쳐 일어나는 과정이다. 수많은 세대를 거치는 동안 생존에 적합하도록 개체군의 유전적 소인에 변화가 일어난다. 가축화된 개는 사람과 함께하는 삶에 적합하게끔 적응했고, 반면 늑대는 거대한 서식지와 다양한 먹잇감이 있는 야생의 삶에 적합하게끔 적응했다. 그 결과 오늘날 수많은 동물의 멸종 원인 중 첫 번째로 꼽히는 인간에 의한 서식지 파괴로 인해 늑대 역시 개체수가 급감해 멸종위기에 처했다. 그러나 사람과의 삶에 적응한 개는 우리와 함께 앞으로 가장 오랫동안 번성할 동물 중 하나로 여겨진다.

가축화는 여러 세대에 걸쳐서 일어나는 과정인 데 반해, 길들이기는 한 개체의 일생 동안 일어나는 과정이다. 과학계에서 길들여졌다는 것은 동물이 사람에게 가까이 가려는 의지로 표현되며 동물 도주 거리^{flight} ^{distance}*로 측정할 수 있다. 길들여진 동물의 도주 거리는 0이다. 사람이 똑바로 다가가도 도망치지 않는다는 의미다. 예를 들어 도주 거리가 3미터인 동물의 경우에는 사람이 3.5미터까지는 접근할 수 있지만 3미터 이

---

* 야생동물이 자신의 안전을 위해 위험 요소로부터 떨어지는 적정 거리 – 옮긴이주

내로 접근하면 도망가버리고 만다.

또 가축화된 동물이라도 길들일 수 없는 경우가 있고, 반대로 길들여진 동물이라 해도 가축화될 수 없다는 사실도 중요하다. 예를 들어 야생에서 자랐거나 사람과의 접촉 기회가 매우 적었던 개나 고양이는 이미 가축화된 동물임에도 불구하고 길들이기가 무척 어렵다. 반면 갈라파고스 군도에 서식하는 푸른발부비새는 가축화된 동물은 아니지만 포식 동물의 위협이 없는 환경에서 진화해온 덕분에 사람에게도 두려움을 느끼지 않아 쉽게 길들일 수 있다. 또 길들여진 동물이라도 공격성이 있는 경우도 있다. 도주 거리가 0인 잘 길들여진 개도 발톱을 자르거나 귀를 손질할 때면 공격성을 드러내기도 하고, 집 근처에 낯선 사람이 지나가면 사납게 짖거나 심지어 때에 따라 사람을 물기까지 한다.

개는 어떻게 가축화되었나?

개는 약 1만 4,000년에서 1만 5,000년 전 사이에 늑대처럼 생긴 조상으로부터 가축화되었다. 인간이 늑대의 보금자리에서 새끼를 훔쳐와 마음에 드는 개체를 선택적으로 번식시키는 과정 속에서 개로 가축화되었다는 것이 보편적인 생각이다. 하지만 늑대 새끼를 키워본 적이 있는 사람이라면 이는 오래전 우리 조상들에게 막대한 노동력이 요구되는 불가능한 일이었음을 알 수 있을 것이다. 미국 인디애나 주에 있는 '늑대 공원'Wolf Park*은 길들여진 늑대 사이에서 태어나 자란 새끼들조차 생후 8주

---

* 이곳은 인공적으로 번식시킨 늑대를 최대한 자연적인 방법으로 사육하면서 학문을 연구하는 공원이다. - 지은이주

가 되면 사람을 극도로 무서워하기 시작한다는 연구 결과를 발표한 적이 있다. 이 늑대 새끼들은 생후 14일 전에 무리에서 분리되어 인간의 손에서 자랐음에도 불구하고 인간에게 공포심을 드러냈다. 또 사춘기가 지나고 무리로 돌아와 살게 된 성숙한 늑대는 우두머리 자리로 가려고 더 공격적으로 행동했다. 게다가 서열 싸움을 할 때면 긴장감이 감도는 신호로 미리 경고하는 개와는 달리, 공격 경보 신호가 예측할 수 없을 정도로 미세하거나 심지어 아예 없는 경우도 있었는데, 이는 우발적인 기습 공격을 통해 지위를 얻게 되는 경우가 더 많기 때문이었다. 즉, 무리 중 가장 하위에 있는 늑대조차도 우두머리를 쓰러뜨릴 절호의 기회만 엿보고 있을 수 있다는 말이다.

지위 상승을 위한 이런 무자비함은 놀이를 포함한 모든 상호작용이 늑대 세계에서는 상대의 약점을 파악할 기회라는 사실을 보여준다. 실제로 놀이는 느닷없이 심각한 싸움으로 번진다. 심지어 몇 년 동안 잘 따르던 사람과 놀다가도 그 사람이 아프거나 부상을 입었다는 신호가 발견되면 아무 경고도 없이 공격할 수 있다.

엄청난 노동력이 필요한 데다 잠재적으로는 위험하기까지 한 이 방법 즉, 인간이 늑대 새끼를 데려와 가축화하여 개를 만들었다는 가설의 대안으로, 다르시 모리Darcy Morey, 레이몬드 코핑거와 로나 코핑거Raymond & Lorna Coppinger는 늑대가 스스로 가축화되어 개가 되었다는 새로운 가설을 주장했다. 인간의 조상이 정착 생활을 하면서 음식물 쓰레기를 버리는 장소가 생겨났는데, 일부의 늑대가 이 쓰레기를 먹이로 삼으며 자연스레 가축화되었다는 것이다. 인간의 거주지 가까이로 다가올 수 있는 늑대는 사람에 대한 두려움이 적고 길들이기 쉬운 특성을 가지고 있었던 데다 그 덕분에 쉽게 먹이를 구할 수 있어 생존 및 번식 확률이 높았다. 그들의 새끼 역시 일정 수준의 온순함을 부모로부터 물려받았을 것이고 손쉬운 먹이에 접근할 수 있었던 덕분에 다른 개체에 비해 생존 확률이 훨씬 높았다. 그 결과 세계 도처의 인간 정착지 주변에는 '마을 떠돌이 늑대'가 생겨났고, 인간에 대한 두려움이 없었던 마을 떠돌이 늑대들은 인간과 쉽게 교감을 할 수 있었다. 처음에 인간은 아마도 가장 마음에 드는 개체에게 먹잇감을 던져주며 이들과 놀기 시작했을 것이다. 가축화를 위해 인위적으로 번식할 의도가 없는 상태에서 말이다. 그리고 최근에 이르러서야 특정 목적을 가지고 필요한 특성을 체계적으로 선별해 인위적으로 번식시키기 시작하면서 오늘날 우리가 아는 여러 품종의 개가 생겨나게 되었다.

이렇게 스스로 가축화된 사례는 개뿐만 아니라 다른 동물 종에서도 찾아볼 수 있는 데다가 오늘날 세계 도처에 퍼져 있는 개들의 서식 상태를 살펴볼 때도 이 가설이 가장 설득력 있다. 전 세계 개의 3/4이 개발도상국에서 '마을 떠돌이 개'로 살고 있는데 이들은 그 옛날 '마을 떠돌이 늑대'가 그랬듯이 사람이 버린 음식물 쓰레기를 뒤지며 반려동물이 아닌 해로운 동물로 취급받고 있다.

가축화와 길들이기는 어떤 관련이 있을까?

가축화는 여러 세대에 걸쳐서 일어나는 과정이고 길들이기는 한 개체의 일생 동안 일어나는 과정이지만, 이 두 과정은 서로 관련이 있다. 가축화된 동물은 사육 환경에 적응하기 위해서 야생 상태에 살았던 그들의 조상보다 더 쉽게 길들여질 수밖에 없다. 달리 말해 가축화가 진행되는 동안 우리는 우연히든 혹은 의도적이든 간에 길들이기 쉬운 개체를 선택하게 된다. 이런 가축화 과정은 러시아의 과학자, 디미트리 블리에프Dimitri Belyaev와 그의 연구진들이 오랜 연구를 통해 재현한 바 있다.

한 농장에서 여우 한 무리를 구입한 이들은 여러 세대를 거치며 길들이기 쉬운 개체만을 선택적으로 번식시켜 개처럼 길들일 수 있는 여우를 만드는 실험을 했다. 1세대 여우는 야생 상태에 있는 여우에 비하면 온순했지만, 여전히 사람을 겁냈고 몸을 만지는 것을 허락하지 않았다. 연구진들은 여러 세대에 걸쳐 여우를 번식시키면서 모든 여우 새끼를 동일한 방법으로 사육하였고, 생후 7~8개월이 되면 '길들이기 쉬운 성향'에 대한 점수를 매긴 후, 각 세대에서 가장 높은 점수를 받은 개체만을 선택해 다시 번식시켰다.

40년 동안 1만여 마리의 여우를 사육한 결과, 연구진들은 길들이기 쉬운 성향이 유전된다는 사실을 발견했다. 실험 시작 후 여섯 번째 세대가 지나자 일부 여우가 사람과의 접촉을 간절히 바라기 시작한 것이다. 개처럼 관심을 끌기 위해 낑낑거리고 사람 냄새를 맡거나 핥기도 했다. 스무 번째 세대가 지나자 전체의 35퍼센트의 여우가 온순해졌다. 서른 번째 세대에서 서른다섯 번째 세대에 이르자 70~80퍼센트의 여우가 온순해졌고 즐거움을 간절히 바랐으며 사람의 관심을 끌기 위해 다른 여우와 으르렁대며 경쟁하는 모습도 관찰되었다. 심지어 사육장을 탈출했던 여우가 며칠 뒤 스스로 되돌아오는 일도 있었다. 확실하게 가축화된 것이다.

이런 성향을 선별해 번식시킨 결과 여우 무리 전체가 길들여진 것은 물론, 사회적 유대감을 형성하는 기간도 더 길어졌다. 동물은 태어나서 수개월이 될 때까지 '사회화의 민감기sensitive period for socialization'라는 발달 과정을 거치는데, 이때 어떤 대상이나 동물이 안전하고 그렇지 않은지를 배우게 된다. 훗날 이 시기에 경험하지 못했던 대상이나 동물을 접하게 되면 강한 두려움 반응을 보이는 경향이 있다. 사회화의 민감기가 끝나고 나면 동물은 기본적으로 새로운 것을 두려워하도록 재설정되는데 이는 왜 현실 세계의 야생동물은 만화영화 속 동물과 달리 숲에서 나와 사람 곁에 오지 않는지를 설명해준다. 사회화의 민감기 동안 사람을 비롯해 자동차, 모자, 우산 등과 같은 다양한 사물에 대해 긍정적인 경험을 충분히 하지 못한 개나 다른 가축화된 동물이 성장 후 야생동물처럼 행동하는 것도 같은 이유 때문이다.

사회적 유대감을 형성하는 데 필요한 이 기간이 길어지자, 사람이 개의 삶을 이해하고 개와 유대감을 형성하고 개를 인간의 문명과 관련된 온갖 낯선 대상에 노출시킬 시간도 더 많아졌다. 길들임에 관한 실험 대상이었던 여우의 경우도 야생 여우에 비해 사회화의 민감기가 더 늘어났다. 야생의 여우는 사회화의 민감기가 총 6주인 반면, 실험 대상 여우는 총 9주 정도로 관찰된 것이다. 실험 대상이었던 여우들의 사회화의 민감기가 더 길어진 주된 이유는 사회화의 민감기 다음에 이어지는 두려움 반응의 발달이 지연되었기 때문이다.

블리에프는 실험 여우와 야생 여우의 스트레스 관련 호르몬과 신경전달물질이 수치상으로 차이를 보인다는 것을 밝힘으로써, 여우의 길들여지기 쉬운 성향과 두려움 발달기fear period가 시작되는 시기 변화 간의 연관성을 과학적 실험을 통해 증명했다. 두려움 반응 발달의 지연은 스트레스 호르몬인 코르티코스테로이드 수치와 연관이 있는데, 실험 대상이었던 여우들은 이 코르티코스테로이드 수치가 더 낮았고 서른 번째 세대 이후에는 야생 여우들의 수치의 1/4 정도 수준을 유지하였다. 특히 인위적으로 스트레스를 가할 경우에도 실험 대상 여우들은 야생 여우에 비해 코르티코스테로이드 분비량이 훨씬 적었다. 또 공격적인 행동을 제어하는 신경전달물질인 세로토닌의 수치도 야생 여우보다 높았다.

결국 길들이기 쉬운 성향이 더 큰 여우만을 선별해 번식시키는 방식을 통해 세대를 거칠수록 더 온순하고 덜 공격적이며 스트레스에 더 둔감할 뿐만 아니라 사회화의 민감기도 더 길어지는 여우를 만들어낸 것이다. 결과적으로 가축화는 이 여우들이 사람과 함께 사는 환경에 더 잘 적응하게 만들어주는 다양한 변화를 일으켰다.

가축화는 개체 특성에 어떤 영향을 끼칠까?

가축화와 관련된 궁금증 가운데 하나는 가축화 과정이 개의 비정상적인 특성을 발달시키거나 반대로 중요한 특성을 잃게 하지는 않았는가 하는 것이다. 일반적으로 가축화 때문에 새로운 행동이나 비정상적인 행동 특성이 생기거나 또는 있던 행동이 사라지지는 않는다. 하지만 어떤 행동을 일으키는 자극의 최소치인 역치에는 변화가 생긴다. 야생의 조상에게 나타나는 행동을 그들의 가축화된 동물에게도 나타나게 하기 위해서는 자극의 수준이 달라져야 한다는 말이다. 예를 들어, 늑대와 개는 모두 사냥감 추적 본능을 가지고 있지만 그 본능을 일으키는 데 필요한 자극의 수준은 다르다. 늑대의 경우에는 아주 조금만 본능을 자극해도 치명적인 결과를 일으킬 수 있다. 즉 가볍게 뛰거나 작은 소리를 내는 정도도 늑대에게는 결정적인 자극으로 작용해 치명적인 공격을 하게 만들지만, 개는 그 정도 자극에는 대개 살짝 놀라는 정도에 그치고 만다. 개의 사냥감 추적 본능을 자극하려면 조금 더 강한 자극, 예를 들어 토끼가 도망을 간다든지 고양이가 달아나는 등의 자극이 필요하다. 또 개는 일부만이 소리를 지르는 아이나 고양이를 쫓지만, 늑대는 아이가 울고 있건 조용히 있건 간에 무조건 돌진한다.

개의 사냥감 추적 본능은 인간의 필요에 맞춰 적응했다. 양떼를 몰거나 사람과 함께 사냥을 나가거나 사람이 던진 장난감을 물어오는 행동 등으로 바뀐 것이다. 제대로 학습되지 못해 지나가는 자전거나 조깅하는 사람, 아이들을 쫓는 데 추적 본능을 표출하는 개도 있긴 하지만, 제대로 교육받고 잘 사회화되었다면 대부분은 이런 자극에 안정적인 반응을 보인다.

개는 늑대처럼 계급 체계를 가진 사회적 동물이긴 하지만 우두머리 자리를 차지하고자 하는 본능이 강하지는 않다. 개도 사람을 향해 우위 공격성을 드러낼 수 있지만 비교적 강도도 약하고 대개 예측 가능하다. 개의 경우 이런 공격성은 특정한 상황에서 일어나고 공격의 강도도 약하게 시작해서 차츰 강해진다. 그러나 앞서 말했듯 늑대의 공격 행동은 매우 거칠고 언제든 일어날 수 있어서 더 위험한 것은 물론, 늑대 행동 전문가가 아닌 다음에야 예측조차도 쉽지 않다. 그래서 늑대를 길들여 연구하는 '늑대 공원'에서도 사육사가 사육장 안으로 들어갈 때는 항상 2인 1조로 팀을 이루고 외상을 입었거나 몸이 아픈 사육사는 아예 들어가지 못하도록 규칙을 정하고 있다.

늑대와 개는 둘 다 영역을 지키려는 본능을 가지고 있다. 늑대는 기회만 되면 침입자를 물어 죽이려 한다는 점을 빼면 둘의 영역 보호 본능은 거의 비슷한 수준이다. 흔히들 개가 늑대보다 많이 짖기 때문에 영역 보호 본능이 더 강할 것으로 생각하지만, 개의 경우 영역이 좁고 침입자가 수시로 오가기 때문에 짖는 빈도가 훨씬 많을 뿐이다. 즉, 자기 영역을 지켜야 한다는 필요성을 느끼게 되는 자극을 더 자주 받을 뿐이다.

  결론적으로 가축화 과정은 개를 사람과 잘 공존할 수 있는 동물로 탈바꿈시켰다. 수천 년간 이뤄진 자연적인 번식은 물론, 인위적인 선택과 번식은 개의 행동 특성을 바꾸어 길들이기 쉽게 만들었다. 개의 원래 조상의 특성을 잃지 않게 하면서 인간의 필요에 맞게 특성을 변화시킨 것이다. 야생에서 살기에는 늑대가 개보다 우수하지만, 사람과 함께 살기에는 개가 늑대보다 우수한 것이 분명하다.

CHAPTER 2
개 사회의 사회화 기술
Dog - Dog Social Skills

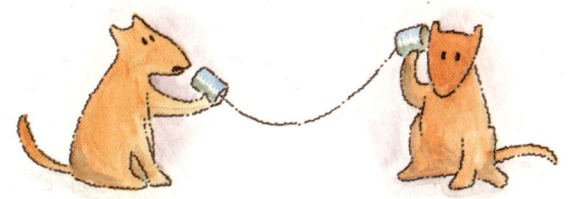

개 공원은 개들이 마음껏 자유롭게 뛰어다니며 사회성을 기르기에 매우 좋은 장소지만, 잘 지켜보지 않으면 순식간에 싸움이 일어날 수 있고 드물지만 이로 인해 심각한 외상을 입을 수도 있다. 강아지 시기에 이런 나쁜 경험을 하게 되면 그 개는 평생 다른 개에게 공포심을 느끼며 살 수 있다.

그렇게 착하고 다정한 개가 왜 자기 동족과 싸우는 걸까? 원래 위협적인 존재인데 평소 위장을 하고 있는 걸까, 아니면 착한데 우리가 뭔가 오해하는 걸까? 틀림없이 이런 개들도 착하고 다정하다. 다만 예의범절을 제대로 배우지 못했을 뿐이다.

사회화 기술의 중요성

우리는 우아한 저녁 식사 파티에서 어떻게 행동해야 예의 바른 것인지 반사적으로 알지만, 개는 개들이 모인 곳에서 어떻게 행동해야 하는지 본능적으로 알지 못한다. 개는 다른 개들과의 상호작용을 통해 개 사회에서 허용되는 행동 양식을 배우는데, 가장 영향력이 큰 상호작용은 강아지 시기에 일어난다.

개는 사회화의 민감기에는 물론 그 이후로도 계속 다른 개나 대상들과 올바르게 상호작용하는 법을 배워나간다. 품종마다 다소 차이가 있긴 하지만 일반적으로 생후 3주에서 12주 사이가 개의 사회화의 민감기에 속하는데, 이때 어떤 동물이나 종이 우호적인 존재인지를 배운다. 즉 이때 처음 보는 개들과 긍정적인 경험을 충분히 한다면 개라는 동물을 우호적인 존재로 배우지만, 그렇지 못했을 경우 평생을 낯선 개들에게 두려움을 느끼며 살게 될 수 있다. 또 이 시기에 무리 생활을 하는 데 필요한 기본 행동 양식들을 습득하는데, 부모와는 물론 한배에서 태어난 형제들과 지내는 사이 자연스럽게 익히게 된다. 엉덩이만 치켜든 채 상체를 낮추고 여기저기 뛰는 것이 '같이 놀자'를 의미한다는 것, 하지만 이것이 너무 거칠어져서 다른 개를 다치게 하면 모든 놀이가 갑자기 끝난다는 것도 배우게 된다.

불행하게도 사회성을 한창 배울 시기인 생후 7~8주가 되기 전에 한배 강아지들과 떨어져 몇 달간을 그 어떤 개와도 접촉하지 못한 채 고립된 상태로 사는 강아지도 있다. 이런 강아지들은 당연히 제대로 사회화되지 못한다. 무리와 함께 지내며 제대로 사회화된 또래 개들은 다른 개가 빤히 쳐다보면 뒤로 물러서야 한다는 사실을 알지만, 사회화되지 못한 개는 모든 것을 제멋대로 생각한다. 이들은 자신만의 영역을 원하는 테리어를 끊임없이 쫓아가고, 코앞까지 얼굴을 들이대 하운드를 괴롭히며, 새로운 개를 만나자마자 그 개의 개인적 공간 속으로 뛰어드는 잘못을 저지른다.

각종 예방 접종이 완료되지 않은 시기이긴 하지만 가능한 한 생후 8주가 다가오면 착한 강아지가 되기 위한 사회화 교실에 참가하는 게 좋다. 강아지 예절 교실에서는 사람들이 지도 감독하는 가운데 알맞은 놀이만이 허락되어야 한다. 이곳에서 강아지들은 캥캥 짖거나 빤히 바라보거나 입술을 올리는 행동은 모두 '저리 가'를 의미한다는 것을 배우게 된다.

그러나 아무리 강아지 예절 교실을 다니고 한배 형제들과 충분히 오랫동안 지냈다 해도 모든 사회화 기술을 완벽하게 익힐 수는 없다. 어떤 강아지는 또래에게 괴롭힘을 당하는 데 익숙해져 버리기도 하고, 또 어떤 강아지는 다른 개에게 올바르게 인사하는 법을 절대 배우지 못하기도 한다. 처음 만난 사람과 편안하게 악수하는 예의 바른 사람처럼 에티켓 교육을 잘 받은 개는 다른 개를 만났을 때 매우 편안하고 자연스럽게 행동한다(그림 2.1). 그 자연스러운 행동이란 다음과 같다. 머리는 몸과 수평

그림 2.1 사람의 인사법과 개의 인사법

을 유지하고 시선은 정면을 응시하지 않고 살짝 옆으로 피한다. 꼬리는 끝을 왔다갔다 천천히 흔들거나 원이나 아치 모양을 그리며 흔든다. 반면 고개를 높이 치켜들고 정면을 응시하는 경우는 자극을 받았거나 흥분했을 때 나타나는 행동이다. 이 상태에서 바람에 깃발이 휘날리듯 꼬리를 높이 들어 흔들면 그런 심리 상태가 더 극명해진다. 즉, 꼬리를 흔든다고 해서 무조건 그 개가 친구를 사귀고 싶어 하는 것은 아니라는 것이다(그림 2.2). 이런 자세를 갖춘 개 두 마리가 만난다면, 게다가 두 마리 모두 물러서는 사회화 기술을 갖고 있지 않다면, 곧 짖고 으르렁거리며 심지어 물고 뜯기는 싸움으로까지 번질 수 있다. 하지만 어느 한쪽이 편안한 상태로 복종적인 몸짓과 상대를 달래는 몸짓, 즉 상대 개의 입을 핥고 시선을 피하고 자세를 낮춰 몸을 작아 보이게 만들면 우호적인 의사가 전달되어 싸움을 피할 수 있게 된다(그림 2.3). 사실 복종적인 자세는 공격을 피하기 위한 자세로 정의된다.

한편 개는 상반신만 낮추는 자세로 놀이를 청하는데(그림2.4), 아주 우호적인 강아지도 문제를 일으키곤 한다. 모든 개가 놀고 싶어 해서 자기를 보면 좋아할 거라고 생각하기 때문이다. 이들의 도가 지나친 '인사'는 정말 큰 결례다. 부끄러움이 많거나 외향적인 표현에 익숙하지 않은 개는 이런 요란한 인사를 위협으로 여길 수도 있고, 때문에 도망가거나 작게 움츠리거나 얼어붙은 채 겁에 질린 자세를 취한다. 겁먹었을 때의 자세 그리고 상대를 달랠 때의 자세 또는 복종적인 자세가 모두 다르다는 것을 기억하는 것이 중요하다. 겁먹었을 때는 좀 더 긴장한 채 꼬리를 두 다리 사이에 넣고 얼어붙어 있거나 천천히 움직인다(그림 2.5). 아니면 상대방을 쫓아버릴 생각으로 으르렁거리거나 달려드는 개도 있다. 또 스스로의 평온함을 원하는 자신감 있고 성숙한 개들도 냉정함을 잃을 수 있다.

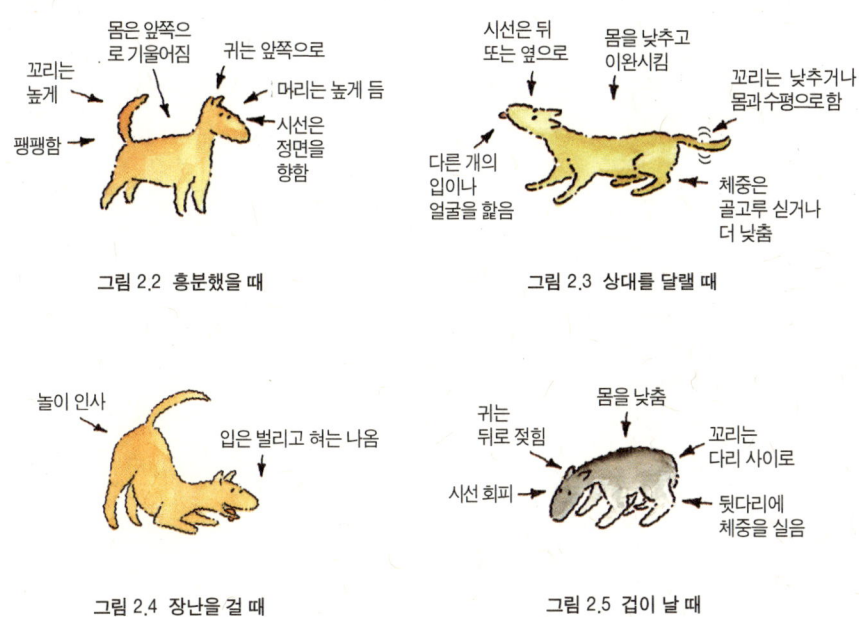

그림 2.2 흥분했을 때

그림 2.3 상대를 달랠 때

그림 2.4 장난을 걸 때

그림 2.5 겁이 날 때

    길을 걷고 있는데 낯선 사람이 갑자기 뛰어와서 나를 힘차게 껴안는다고 생각해보자. 적어도 깜짝 놀랄 것이고 소리를 지르며 그 사람을 때리게 될지도 모른다. 그런 일을 겪은 다음에는 길을 걷다가 낯선 사람이 가까이 오기만 해도 그를 물러나게 만들 반응을 하게 될 것이다. 개도 마찬가지다. 그다지 좋지 않은 인사 경험을 한두 번 이상 하게 되면, 낯선 개가 인사를 하러 다가올 때 긴장하고 초조해하며 거리를 유지하려 한다.

    이런 방어적인 차원에서의 짖기 및 공격성은 개가 어딘가 묶여 있거나 줄을 하고 있을 때 더 심해진다. 우리가 길을 가다가 이상한 사람을 만난다면 길 건너로 도망칠 수 있지만, 기둥에 묶여 있거나, 그것도 몇 미터 길이의 줄에 묶여 있어 도망갈 수 없다면 상대방이 멀리 피해가길 바라는 마음에서 아마도 공격적인 행동을 하게 될 것이다. 마찬가지로 개도 줄

입에 부자연스럽게 주름잡기

두려움에 의한 얼굴 찡그림

입술 양쪽 끝이 뒤로 당겨짐

그림 2. 6

을 하고 있을 경우 불안정해서 다음 일어날 상황이 불확실할 경우 공격적인 행동을 결심한다. 무게 중심이 뒤로 치우쳐 있고 으르렁거릴 때 정신 나간 사람이 웃는 것처럼 입술 양끝이 양쪽 귀까지 닿아 있다면 두려워서 짖는 것으로 볼 수 있다. 하지만 거친 행동이 효과가 좋다고 배운 개는 다른 개에게 달려들어 입에 부자연스럽게 주름을 잡아 앞으로 향한 채(그림 2.6) 으르렁거릴 수도 있다.

다른 개와 인사하거나 어울릴 때의 문제 예방하기

강아지 예절 교실에 참가하면 인사나 상호작용할 때 발생할 수 있는 문제를 예방하는 데 도움이 된다. 예절 교실에서는 강아지를 알맞은 놀이 친구들과 어울리게 해놓고, 보호자들로 하여금 몇 분 간격으로 강아지를 불러 '앉아' 또는 '엎드려'를 시켜 강아지를 통제할 수 있게 한다. 덕분에 강아지는 스스로를 통제하는 법을 배우고 놀이도 정도를 넘어서지 않는다. 일단 강아지가 지시를 잘 따르고 보호자에게 집중하면 그 보상으로 다시 돌아가서 놀게 해준다. 이 방법은 강아지에게 놀이가 중단되고 통제를 받는 것이 좋은 일이라는 것을 가르쳐준다.

공원에 가거나 산책을 할 때도 이 연습을 하는 것이 중요하다. 처음에는 상황을 통제할 수 있도록 2미터 이상의 줄을 한다. 이때 줄은 항상 느슨하게 해서 개가 구속감이나 위축감을 느끼지 않도록 한다. 개는 서로 옆으로 접근해서 인사해야 시선이 마주치거나 싸움이 일어나지 않는다.

만약 개가 과도하게 흥분했거나 긴장하고 있다면 문제가 일어나기 전에 서로 떼어놓은 뒤 개를 불러서 추적 게임을 한다. 우리가 도망가고 개가 쫓아오도록 한 뒤 개가 따라잡으면 보상을 주는 방식으로 게임을 하면 된다. 즉, 재미있는 달리기 경주로 개의 관심을 돌리는 것이다.

강아지에게는 강아지 예절 교실은 물론 일대일 지도가 필요할 수 있으며, 크기나 활동량, 사회적 에티켓 요구가 비슷한 수준의 놀이 상대와의 연습도 필요하다. 예를 들어 사나운 강아지의 놀이 상대로는 더 크고 자신감 넘치며 안정적으로 행동하는 성견이 적합하다. 이런 성견은 강아지를 다치게 하거나 과하게 자극하지 않으면서도, 지나치게 밀어붙이는 행동은 용납되지 않고 경고 신호에 주의를 기울여야 된다는 것을 이들에게 분명하게 가르쳐준다.

강아지가 에티켓을 충분히 배운 다음에도 어린아이를 살피듯 강아지가 다른 개들과 만나서 인사하고 노는 모습을 계속해서 지켜봐야 한다. 다른 개와 문제가 생길 것 같으면 그 사이에 공을 던지거나 계속 걷는다. 실랑이가 벌어지기 전에 이를 막으려면 두 눈을 크게 뜨고 항상 개를 잘 보고 있어야 한다. 개에게 집중하고 그들의 몸짓 언어를 이해하면 개 공원에 가거나 개와 산책하는 것이 훨씬 더 평화로운 일이 될 것이다.

CHAPTER 3
사람과 개 사이의 의사소통
Dog-Human Communication

 사람들은 가끔 어떤 언어가 가장 배우기 어려운지를 놓고 언쟁을 벌이곤 하는데, 2001년 영국의 사우스햄프턴에 있는 인류동물학연구소 Anthrozoology Institute in Southhampton, UK의 니콜라 루니 Nicola Rooney의 연구 결과에 따르면 답은 명확하다. 가장 이해하기도 사용하기도 어려운 언어는 바로 '개의 언어'다. 니콜라 루니는 스물한 쌍의 보호자와 개가 함께 노는 모습을 비디오로 촬영했다. 보호자는 개와 함께 즐겁게 뛰놀기 위해 바닥을 두드리고, 짖고, 인사하듯 상반신을 낮추고, 이리저리 발을 끌고, 자기 허벅지를 때리고, 엎드려서 기는 등 코미디쇼에서나 볼 법한 다양한 행동을 했다.
 연구자들은 이 비디오를 보면서 사람들이 개에게 놀이를 유도할 때 보이는 공통적인 행동을 찾아낸 뒤 실제로 개가 그 신호에 반응하는지를 관

39

찰했다. 그 결과 소리를 내어 개를 부추기면서 인사하듯 몸을 굽히거나 개에게 돌진하는 행동이 놀이를 유도한다는 사실을 발견했다. 반면 우리가 아기한테 하듯 개를 간질이거나 발을 쿵쿵 구르는 행동은 개에게 괴상한 행동으로 비치는 것 같았다. 바닥을 두드린다든지 박수를 치는 것은 놀이 유도 성공률이 50퍼센트 미만이었다. 그리고 짖거나 뽀뽀를 하거나 개를 들어올리는 행동은 오가는 사람들의 웃음만 자아냈을 뿐 막상 개는 이런 행동에 즐거워하지 않았다.

진짜 학습

하지만 진짜 학습은 늘 그렇듯 부차적인 메시지 속에서 일어난다. 연구자들은 어떤 동작은 개를 조용히 쳐다보게 만들고 또 어떤 동작은 놀이를 시작하게 만드는 경향이 있지만 보호자들이 사용한 신호의 빈도는 그 결과와 관계가 없다는 것을 알아냈다. 바꿔 말해 보호자는 잘못된 몸짓을 성공적인 몸짓만큼 자주 사용하는 경향이 있었다. 이것은 개가 우리에게 제대로 반응하고 있는지 아닌지, 우리 동작이 적절한 반응을 이끌어내는지 아닌지를 우리가 모른다는 말이다. 오디션에 앞서 거울 앞에서 연습하는 배우들처럼 무턱대고 몸짓을 만들어내고 있다는 이야기다. 이래저래 아무 동작이나 해대며 놀이를 유도하다니 꽤 재미있게 들릴 수도 있지만 길에서 처음 만난 개에게 이런 서툰 동작을 했다가는 물릴 수도 있다는 사실을 떠올려보면 마냥 우습게 여길 수만은 없는 위험천만한 일이기도 하다.

예를 들어, 한 보호자가 나에게 이런 편지를 보낸 적이 있다.

"다섯 살 된 우리 소프트 코티드 휘튼 테리어Soft Coated Wheaten Terrier*는 제가 모닝 라테를 마시는 동안 카페 밖에 앉아서 저를 기다립니다. 털이 복슬복슬하고 사랑스럽고 아주 매력적으로 생겨서 많은 사람의 관심을 끌지요. 문제는 좋은 의도로 다가오는 사람들, 특히 너무 열광적인 태도로 다가오는 사람을 보면 으르렁대며 짖는다는 것입니다. 게다가 이 행동은 갈수록 심해지고 있습니다. '개조심. 생긴 것과 다름!'이라는 표지판을 옆에 둘 수도 없는 노릇이고, 문제를 해결할 수 있는 가장 좋은 방법은 무엇일까요?"

가장 안전한 방법은 '다가오지 말라'는 경고 표지판을 옆에 걸고 그걸 본 사람들이 가던 길을 계속 가는 것이다. 하지만 지켜보는 사람이 없는 상태에서 행인의 행동을 통제하는 것은 불가능한 법이니 그들이 개의 영역 안으로 들어오지 못하게 차단막을 쳐두거나 아니면 개를 밖에 묶어두지 말고 직접 데리고 있는 것이 가장 안전한 해결책이다.

사람들이 다음 두 가지 중요 규칙만 지켜준다면 모든 것이 해결될 수 있다. 첫째, 보호자의 허락 없이는 개를 쓰다듬지 말 것, 둘째, 항상 개가 먼저 사람에게 접근할 수 있도록 해줄 것. 그런데 문제는 대부분의 사람이 개에게 너무 빠른 속도로 접근하거나 너무 가까이 다가가거나 느닷없이 불쑥 나타난다는 것이다(그림 3.1). 이런 상황을 만나면 악몽이라도 꾼 듯 바짝 얼어붙거나 위축되는 개들도 있지만 대개는 반사적으로 낮게 으르렁거리거나 짖는다. 이렇게

그림 3.1

---

* 아일랜드가 원산지인 중형 크기의 테리어 종 - 옮긴이주

해서 사람을 쫓는 데 몇 번 성공하고 나면 개는 확실한 메시지를 얻는다. '낯선 사람이 다가올 때 으르렁거리거나 짖으면 쫓아버릴 수 있구나.'라는 메시지 말이다. 이런 학습을 통해 우리의 착한 개는 조금만 불안해져도 순식간에 방어적으로 으르렁대는 털북숭이로 변하게 된다.

개에게 다가가기

개에게 친절한 몸짓 신호를 보내는데도 왜 개가 자기를 두려워하는지 모르겠다는 사람이 많다. 입장 바꿔 생각해보면 이유를 알 수 있다. 거미를 정말 싫어하는데 친구가 크고 털이 많은 타란툴라를 우리 얼굴에 들이민다고 상상해보자(그림 3.2). 우리를 안심시키기 위해 친구가 "이 타란툴라는 아주 착해. 이 친근한 표정 좀 봐." 또는 "이 타란툴라는 사람을 해치지 않아. 순진한 아기랑 똑같다니까."라고 말한다고 해서 바로 마음이 놓일까? 아니다. 거미에 익숙해질 수 있는 유일한 방법은 각자의 수준에 맞춰 첫 만남을 갖는 것이다. 거미로부터의 거리를 우리 스스로 조절할 수 있도록 거미를 테이블 위나 어떤 장소에 올려두고, 마음의 준비가 되면 조금 가까이 다가가보고 괜찮으면 만져도 본다.

그림 3.2

개도 마찬가지다. 개라고해서 무조건 외향적이지도 않을뿐더러 낯선 사람들을 만나는 데 익숙하지 않을 수도 있다. 특히 부끄러움을 많이 타거나 제대로 된 사회화 교육을 받지 못한 경우라면 더욱 그렇다. 누군가가 개의 개인 공간을 침범하거나 심지어 앞에서 만지려고 손을 뻗으면 개는 당연히 위협을 느끼고 그 사람의 의도에 의심을 가질 것이다.

그림 3.3

그러나 우리가 살짝 다른 곳을 바라보며 바른 자세로 서 있거나 무릎을 굽힌 채 앉아 있으면 오히려 개가 우리 쪽으로 다가와 냄새를 맡을 것이다(그림 3.3). 일단 개가 편안해하는 것이 느껴지면 뺨이나 턱 아래 목 또는 상반신 옆구리 쪽을 부드럽게 쓰다듬어준다. 그리고 부끄러움을 많이 타는 개가 우리 손바닥 위에 있는 먹을 것을 가져갈 수 있도록 시선을 다른 곳으로 돌려주면 빨리 친해질 수 있는데, 이렇게 하면 개에게 낯선 사람을 좋은 일과 연관 짓도록 가르칠 수 있다.

그런데 이렇게 개와의 첫 만남을 잘 해내고 난 다음에 너무 급하게 또는 부적절하게 움직여서 개가 물거나 도망가도록 겁을 주는 경우가 많다. 앞에서 거미를 처음 만날 때의 상황을 다시 떠올려보자. 겨우 만져도 괜찮을 만큼 안전하구나 하고 느낀 순간 갑자기 거미가 입 주변을 움직이거나 다리 하나를 허우적댄다면 놀라서 펄쩍 뛰기 마련이다. 이런 움직임이 거미가 튀어 올라 자신을 물려는 것으로 생각됐기 때문이다. 거미는 단지 자세를 바꾼 것이거나 심지어 '우리는 친구'라는 신호를 보낸 것일 수도 있는데 말이다.

첫 만남이 무사히 끝난 후에도 개를 놀라게 하지 않는 확실한 방법은 우리의 다른 자세들에 순차적으로 익숙해지게 해주는 것이다. 무엇보다 개의 머리 위로 몸을 기울이거나 손을 뻗거나 개를 붙잡거나 끌어안는 행동들은 피해서 사로잡히는 느낌을 주지 않도록 한다. 개가 언제라도 물러날 수 있는 기회를 주기 위해 천천히 부드럽게 움직인다. 가장 중요한 것은 개가 몸짓 언어를 통해 우리에게 보내고 있는 신호를 늘 주시하는 것이다. 겁먹은 채 눈을 앞뒤로 굴리며 긴장한 것은 아닌지 혹은 복종적으로 잔뜩 움츠린 채 딴 곳을 바라보고 있지는 않는지 잘 살핀다. 하품을 하는지, 혀를 살짝 내민 채 안팎으로 날름거리고 있는지, 입술을 양옆 뒤쪽으로 당긴 채 헐떡이고 있는지 관찰한다. 이런 갈등 또는 불안감을 나타내는 신호들을 보인다면 즉시 개에게 개별 공간을 확보해줘야 한다.

만약 동공이 크게 확대되거나 반대로 축소되면, 그리고 갑자기 입을 다문 채 얼어붙어 미동조차 없거나 차가운 시선을 보낸다면 그때는 조금 늦었다. 곧 물겠다는 의지를 보이는 것이니 말이다. 그래도 시간이 조금 있다면 조용히 시선을 다른 곳으로 돌린 뒤 개가 닿지 않을 곳으로 물러나야 한다.

개를 처음 만났을 때 가장 이상적인 것은, 개의 몸짓 언어들이 이 모든 상황이 따분하다고 말하는 것이다. 긴장하거나 얼어붙어 있기보다는 근육을 이완한 채 편안한 상태로 있어야 하고, 시선은 안정적이고 부드러워야 하며, 꼬리는 흔들거나 또는 느슨하게 늘어뜨리고 있어야 하고, 갑자기 얼어붙은 듯 멈춰 서지 않아야 한다.

[연습문제] 개의 언어 이해하기

다음 질문에 답해보자.

1. 개는 쓰다듬어주기를 바랄 때 어떤 행동을 하나?

　편안한 자세로 다가와 몸을 비비거나 기댄다. 쓰다듬어주면 편안한 자세로 꼬리를 흔들거나 머리를 들어 손에 가져다댄다. 쓰다듬기를 멈추면 다시 몸을 비비면서 쓰다듬어주기를 청하거나 손에 머리를 들이민다.

2. 개가 쓰다듬는 것을 바라지 않을 때는 어떤 행동을 하나?

　쓰다듬어주는 것에 반응하지 않거나 몸을 뻣뻣이 하거나 다른 곳으로 가버리거나 두려움을 나타내는 자세를 취한다. 이런 행동을 취해도 효과가 없으면 으르렁거리거나 물려고 한다.

3. 친근한 성격의 개를 키우는 집 어린아이들이 개를 아예 키우지 않는 집 아이들에 비해 친구네 집 개나 낯선 개에게 더 자주 물리는 이유는 무엇일까?

　모든 사람이 자기를 만난 것을 기뻐한다고 생각하는 강아지처럼 이 어린아이들도 모든 개가 사람을 만나는 것을 좋아할 것이라 생각하기 때문이다. 낯선 개를 만날 때는 예의 바르게 인사를 건네며 그 개의 공간을 존중해주어야 하는데, 집에서 키우는 친한 개를 대하듯 다른 개를 대하기 때문에 사고가 일어날 확률이 높아진다.

4. 개에게 가장 많이 물리는 그룹은 어린 사내아이들인 것 같다. 개와 어린 사내아이들에 대해 알고 있는 지식을 기초로 할 때 그 이유는 무엇일까?

　어린 사내아이들은 움직임이 빠르고 시끄러우며 개가 귀찮다는 신호를 보내도 개의치 않는다. 또한 집 안을 정신없이 이리저리 뛰어다니거나 묶여 있는 개 쪽으로 펄쩍 뛰었다가 다시 달아나는 등 자극적인 장난을 많이 치는데 이런 동작들은 경비견에게 물기 훈련을 시킬 때 사용되는 방법이다.

CHAPTER 4
'개'를 읽고 이해하는 법 배우기
Learning to understand and read "Dog"

인간의 가장 친한 친구일 뿐만 아니라 수많은 사람이 개와 평생을 살아가고 있음에도 불구하고, 학자들이 버빗원숭이나 갈색머리 찌르레기, 심지어 닭 같은 다른 동물에 대해 알고 있는 것과 비교해보면 사실 우리는 개의 의사소통에 대해 아는 것이 거의 없다. 다양한 시각적 신호들이 저마다 의미가 있다는 것에는 모두 동의하지만 그 의미에 대해서는 의견이 분분하다. 예를 들어 개가 원을 그리듯 천천히 꼬리를 흔드는 행동에 대해 어떤 사람은 우호적인 신호라고 하고 어떤 사람은 공격 의사를 나타내는 신호라고 한다. 또 어떤 이들은 자연적으로 귀가 선 개가, 또 어떤 이는 단이(斷耳)를 한 개들이 지나치게 자신감 넘치는 개로 다른 개들에게 '읽히기' 때문에 결과적으로 더 자주 싸움에 휘말린다고 말한다. 과연 누구의 말이 맞을까? 공격이 임박했음을 나타내는 시각적 신호는 어떤 것일까? 개를 만났을 때 그 개의 의중을 가장 잘 알 수 있는 신호는 귀일까? 아니면 다른 신호들도 모두(혹은 더) 중요한 걸까? 개가 꼬리를 등 위로 말고 있는 것이 다른 개들에게 더 공격적으로 보일까? 그래서 더 자주 싸움에 휘말릴까? 꼬리의 위치가 의미하는 것은 무엇일까?

개를 체계적으로 관찰해보지 않는다면 이에 대한 답은 절대 알 수 없을뿐더러 개과(科) 동물의 몸짓 신호가 얼마나 광범위한지도 깨닫기 힘들다. 키우고 있는 개부터 자세히 살펴본다면 개의 몸짓이 우리 생각보다 훨씬 더 다양하고 복잡하며 품종이나 개체에 따라 다르다는 것은 물론 특정한 특성을 가진 개들이 다른 개나 사람과 더 의사소통을 잘한다는 것도 알게 될 것이다.

행동 기록하기

개의 의사소통에 대해 '제대로' 배우기 위해 과학자들이 개에 대한 연구를 완전히 끝낼 때까지 기다릴 필요는 없다. '개를 읽는 법'을 배울 수 있는 가장 좋은 방법은 과학자처럼 개를 관찰하고 연구하는 것이다. 키우고 있는 개를 직접 관찰하면서 본 것을 체계적으로 묘사하고 기록하면 된다는 얘기다.

행동은 몇 가지 방식으로 묘사할 수 있다. 각 신체 부위가 어떻게 움직이는지를 묘사하는 동작 패턴(실증적 묘사)motor patterns과 기능적인 면에서의 그 행동을 묘사하는 기능적 묘사functional description가 있다. 예를 들어 '개가 우위의 자세를 갖춘 채 다른 개와 인사한다.'라는 것은 기능적 묘사다. 그리고 이것은 그 자세의 의도가 '나는 자원에 대한 우선적인 접근 권한을 갖기 위해 더 높은 서열을 원하고 이를 위해 공격성을 사용할 것이다.'라는 메시지를 전하기 위한 것임을 우리가 안다는 것을 의미한다. 만약 이것을 동작 패턴으로 묘사하고자 한다면 '개가 몸을 똑바로 세운 채 머리와 꼬리는 높게 올리고 귀를 세우고 있다.'라고 기록하면 된다.

한 종에 대해 막 배우기 시작했거나 시각적 의사소통의 특정 측면에 대해 더 알고 싶을 때는 동작 패턴을 묘사하는 것이 가장 좋은데, 그 이유는 포함되는 해석이 없어서 특정 행동을 유발시킨 동기를 잘못 판단할 가능성이 낮아지기 때문이다. 예를 들면 우리는 개가 몸을 똑바로 세운 채 머리와 꼬리를 높이 세우고 있는 것을 '우위의 자세dominant posture'로 보는 경향이 있는데, 사실 개는 다람쥐를 발견했을 때나 저 멀리 공이나 정체 모를 대상을 발견했을 때도 이 자세를 취하기 때문에 '흥분했을 때 자세aroused posture'라고 부르는 것이 더 적합하다.

다양한 상황에서 동작 패턴을 표현하는 데 익숙해지면 그 자세의 기능을 밝히는 일도 시작할 수 있다. 자세의 기능이 무엇인지는 보통 그 자세를 접한 상대편 동물의 반응을 보면 알 수 있다. 예를 들어 놀이를 유도하기 위해 상반신만 낮춘 자세를 '놀이 인사play bow'라고 부르는데, 그 이유는 그 인사를 받은 상대편 동물이 놀이를 시작하기 때문이다.

에소그램

에소그램ethogram은 동물이 보여주는 행동 요소들을 목록화한 것을 말하는데, 이제부터는 개의 에소그램을 이용해 개의 특정 자세와 몸 움직임이 발생하는 상황을 기록하는 법을 알아보자.

특정 자세와 상황을 연결지을 수 있다면 그 자세의 기능을 밝힐 수 있다. 예를 들어 개가 다른 개를 만나는 경우, 꼬리를 원을 그리며 흔들 때는 싸움이 일어나지 않았는데 좌우로 빠르게 흔들 때는 싸움이 일어났다면, 꼬리를 원을 그리며 흔드는 것은 이 개에게는 우호적인 행동이라는 것을 예측할 수 있다. 이런 식으로 반려견의 신호를 해석하는 법을 체계적으로 배울 수 있다. 다음은 수많은 상황에서 관찰할 수 있는 동작 패턴 목록으로, 이 섹션의 마지막에 나오는 연습에서도 사용할 수 있다. 각 동작 패턴은 약자로 표기되며 행동 차트 속에 이 약자를 써넣으면 된다. 물론 별도의 약자를 만들어 써도 상관없다.*

에소그램을 위한 동작 패턴

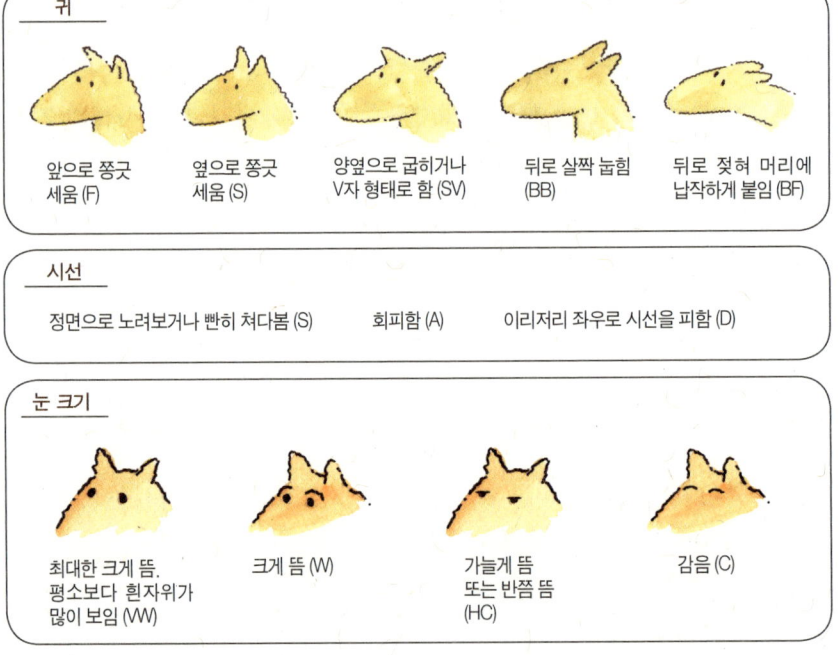

* 위 그림에서는 영어 약자를 그대로 사용한 것이므로 우리는 한글식 약자를 적당히 만들어 사용하면 된다. - 옮긴이주

입

| 다뭄 (C) | 입술을 핥음 (LL) | 입에 부자연스럽게 주름 잡음 또는 복종적인 미소 : 입술이 올라가고 일그러져 앞니와 송곳니가 보임* (AP) | 두려움의 미소 또는 얼굴 찡그림 : 입술이 위로 올라가며 양쪽 뒤로 당겨짐. 작은 어금니와 큰 어금니가 보임 (FG) | 헐떡임 (P) | 하품함 (Y) |

머리 위치

몸보다 위 (AB)   몸보다 아래 (BB)   몸과 수평 (B)

꼬리 위치

| 하늘을 향해 최대한 높게 (SH) | 등보다 더 위 (AB) | 등과 수평 또는 약간 아래 (LB) | 바닥을 향해 늘어뜨림 (H) | 뒷다리 사이에 (BL) |

꼬리 움직임

움직임 없음 (M) | 원을 그리며 빙빙 돌림 (C) | 천천히 좌우로 흔듦 (S) | 짧고 빠른 날갯짓처럼 흔듦 (F) | 뒷다리와 엉덩이까지 함께 흔듦 (R)

몸의 무게중심

앞으로 기대며 체중을 앞다리에 실음 (LF) | 뒤로 기대며 체중을 뒷다리에 실음 (LB) | 균형을 유지하나 긴장 상태 (EBT) | 근육이 이완된 균형 상태 (EBR) | 웅크림 (C)

---

* 주의 사항 : 두 경우 입술 모양이 같으니, 다른 신체 부위의 자세를 통해 입에 부자연스럽게 주름잡기인지 복종적인 미소인지 판단한다.

연습해보기

개를 체계적으로 관찰하는 연습을 하면 개가 우리에게 혹은 다른 개에게 말하고자 하는 것이 무엇인지 알 수 있다. 다음 중 한두 문제라도 연습해보면 개를 좀 더 정확하게 관찰할 수 있고, 모두 해보면 개를 읽는 전문가가 될 수 있다. 한 번에 한 부위씩 관찰하다보면 나중에는 완성된 그림으로 볼 수 있게 된다. 예를 들면, 지금껏 개가 개 공원에서 만난 다른 개와 놀고 싶어서 그럴 것이라 생각했던 행동이 사실은 몹시 흥분했거나 긴장했거나 또는 사교적으로 불편하다고 다른 개들에게 말하는 것이었음을 알게 될 것이다. 혹은 두 마리의 개를 키우고 있다면 한 마리의 얼굴 표정이 다른 녀석보다 더 풍부하다는 사실도 발견할 수 있다.

연습 1. 1분 관찰

개가 어떤 행동을 하고 있을 때 1분 내내 신체의 한 부분만 관찰하자. 1분 동안은 귀를, 그다음 1분은 머리를, 또 다음 1분은 꼬리 부분을 관찰하면서 부위가 바뀔 때마다 기록하자. 아니면 1분 동안 5~10초마다 자세를 기록해도 된다. 이 연습은 짧은 시간 안에 얼마나 다양하게 자세가 바뀌는지에 대한 개념을 심어주고 신호가 일어나는 순간을 더 잘 인지하게 해준다.

연습 2. 활동 관찰

매일 개의 하루 활동을 관찰해보자. 모든 활동과 신호 체계를 다 살펴볼 수 있을 때까지 하루는 귀를, 하루는 입을, 또 하루는 눈을, 또 하루는 다른 부위를 집중적으로 관찰해보자. 중간 중간 다른 개들이 그 개에게 보이는 반응 등 흥미로운 반응을 적는 것도 잊지 말자. 각양각색의 사건이 일어나는 동안 나타난 모든 신체 부위와 자세에 대한 결과들을 종합해 개의 몸짓 언어 그림을 하나로 완성시켜보자. 예를 들어 개가 놀기 직전에 다른 개에게 인사할 때의 자세와 인사를 한 뒤 싸우게 됐을 때의 자세를 비교해보자. 또는 단순히 땅 냄새를 맡고 다닐 때와 음식물처럼 뭔가 중요한 것을 찾아다닐 때의 자세도 비교해서 기록하자.

연습 3. 자세 예측하기

54~55쪽의 차트를 이용해 익숙한 상황과 낯선 상황 모두에서 볼 수 있는 행동을 예측할 수 있는지 알아보자. 동물병원 또는 펫샵에 갔을 때는 어떤 자세를 취할까? 자기 영역 안에서 낯선 개를 만났을 때와 잘 아는 개를 만났을 때의 자세는 각각 어떻게 다를까?

연습 4. 다른 개에게 인사하기

개 공원에 가서 다른 개를 만났을 때 어떻게 인사를 하는지 살펴보자. 개가 다른 개를 만날 때마다 한 부위에만 집중해보자(예, 꼬리 위치). 매일 한 가지 특징에 집중하자. 인사의 결과가 싸움이었는지 놀이였는지 또는 무엇이었는지를 적고, 개가 줄에 매여 있었는지 아닌지를 기록하자.

연습 5. 사람에게 인사하기

개 공원에 가서 개가 사람을 만났을 때 어떻게 인사하는지 살펴보자. 낯선 사람이 다가와 손을 뻗을 때와 사람이 개가 먼저 접근해오길 기다려 줄 때 개의 행동이 어떻게 다른지 관찰해보자. 앞에서 배운 자세에 대한 지식을 바탕으로 개가 자신감에 넘치는지, 위협적이지는 않은지 또는 겁을 먹었거나 상대방을 지나치게 밀어붙이지는 않는지 알 수 있을 것이다.

자세 차트

	귀	시선	눈 크기	입	머리 위치	꼬리 위치	꼬리 움직임	몸의 무게 중심
잠잘 때								
밥 먹을 때 (다른 동물이 근처에 없는 상황에서)								
개껌 또는 장난감을 씹을 때								
집 주변 또는 마당에 서 있을 때 (사람이나 물건과 아무런 상호작용을 하지 않는 상태로)								
밥을 기다릴 때								
먹이 보상을 기다릴 때 (뒷다리로 서서 간청하면서)								
보호자가 쓰다듬어주기를 원할 때								
대소변 할 자리를 찾기 위해 냄새를 맡고 다닐 때								
힘이 넘치는 상태로 걸을 때								

	귀	시선	눈 크기	입	머리 위치	꼬리 위치	꼬리 움직임	몸의 무게 중심
피곤한 상태로 걸을 때 (산책이 끝날 무렵)								
보호자를 맞이할 때								
낯선 사람을 만났을 때								
친구를 만났을 때								
초인종이 울렸을 때								
문이 잠겨 있는데 안으로 들어가고 싶을 때								
놀이 친구인 친한 개를 만났을 때								
줄을 하지 않은 낯선 개를 만났을 때								
줄을 한 낯선 개를 만났을 때								

인식하건 못하건 간에 우리는 동물과 상호작용할 때마다 뭔가를 학습하고 있으며 이는 동물도 마찬가지다. 즉, 모든 상호작용이 교육 과정인 셈이다. 그러나 동물이 배우고 있는 것과 우리가 그들이 배우길 원하는 것이 서로 다를 수 있다는 게 문제다. 예를 들어 산책할 때, 개가 앞에서 우리를 끌고 가고 지나가는 다른 개를 보면 잡아먹을 듯 짖고 가로수마다 영역 표시를 하기 위해 기분 내키는 대로 멈추게 내버려둔다면, 개는 그런 행동을 해도 괜찮다는 것을 학습하게 된다. 즉, 개가 이런 행동을 하는 것을 내버려둘 때마다 우리는 개가 그렇게 행동하도록 가르치는 것이고, 동시에 개는 자기가 그렇게 행동하는 것을 내버려두도록 우리를 가르치는 것이다.

SECTION 2

학습 과학 : 개와 고양이의 행동 수정

The Science of Learning : How to Modify Behavior in Your Dog and Cat

개가 점잖게 걷기를 원한다면, 다시 말해 개의 행동을 수정하려면 우리 행동부터 바꿔야 한다. 개가 어떤 식으로 생각하고 학습하는지 알면 가장 효율적으로 개의 행동을 수정할 수 있다. 이 섹션에서는 사람은 물론 벌새부터 말에 이르기까지 모든 동물을 학습시킬 수 있는 두 가지 주요 학습 방법에 대해 중점적으로 다루고자 한다. 고전적 조건형성(classical conditioning : 연관에 의한 학습)과 조작적 조건형성(operant conditioning : 시행착오에 의한 학습)이 그것이다. 이 학습 원리의 보편성을 설명하기 위해 다양한 종의 동물의 사례를 들고 예제를 줄 것이다. 이 섹션을 읽고 스스로 예제를 풀어나간다면 개뿐만 아니라 고양이, 햄스터, 말 그리고 한집에 사는 반려인의 행동까지도 고칠 수 있는 놀라운 능력을 지니게 될 것이다.

CHAPTER 5

고전적 조건형성 : 연관에 의한 학습
Classical Conditioning : Learning by Association

　　1900년대 초반, 러시아의 의사이자 과학자인 이반 파블로프Ivan Pavlov는 개의 소화에 관한 연구를 하기 위해 개에게 고기 분말을 주면서 그때 개가 흘리는 타액의 양을 측정하는 실험을 했다. 개는 고기 분말을 줄 때마다 침을 흘렸는데 실험이 계속되면서 파블로프는 먹이를 주기도 전에 즉, 먹이를 보거나 먹이를 주는 사람의 발소리만 들어도 개가 침을 흘린다는 사실을 알게 되었다. 실험이 엉망이 되었지만 파블로프는 이 실험을 접는 대신 새로운 현상을 연구하기로 마음먹고, 원래는 아무 의미도 없는 소리 자극과 먹이를 함께 짝지어 개에게 제시하기 시작했다(파블로프가 종소리를 소리 자극으로 선택한 이유는 동물은 보통 종소리에 선천적으로 아무 반응도 하지 않기 때문이었다). 종을 울리자마자 먹이를 보여주는 과정을 수차례 반복한 뒤 종소리만을 들려주자 개가 침을 흘리기 시작했다. 종소리와 먹이를 함께 제시했던 것 때문에 두 자극이 '연관'된 것이었다. 종소리는 먹이가 신체 내부에서 일으키는 반응과 똑같은 반응을 이끌어냈다. 먹이와 기본적으로 같은 의미로 받아들여진 것이다.

일반적으로 고전적 조건형성*은 이렇듯 두 개의 자극이 하나의 반응으로 나타나는 패턴을 가진다. 파블로프의 실험에서 개는 먹이를 먹는 동안 반사적으로 침을 흘리는데 이때 침을 흘리는 반응은 학습이나 교육 없이도 발생되는 것이기 때문에 무의식적 생리 반응 involuntary physiologic response이라 하며, 먹이 자극은 무조건 자극 unconditioned stimulus, 침이 흐르는 반응은 무조건 반응 unconditioned response이라고 한다. 충분히 먹이와 중립 자극 neutral stimulus을 짝지어 제시하면 개는 중립 자극인 종소리만 들어도 침을 흘리기 시작한다. 종소리는 이제 반사적으로 침 분비 반응을 일으키게 되었고, 처음에는 중립 자극이었지만 먹이와 충분히 오랜 시간 동안 짝지어지면서 먹이와 같은 의미를 갖게 되었다. 종소리는 조건 자극 conditioned stimulus이 되고 이 자극은 침을 흘리게 만드는데, 이것은 교육된 것이기 때문에 이때의 침을 흘리는 반응은 조건 반응 conditioned stimulus이라고 한다(그림 5.1).

생활 속에서 일어나는 고전적 조건형성

고전적 조건형성은 일상생활 속에 늘 일어나고 있다. 예를 들어 새로 입양한 강아지를 생애 첫 예방접종을 맞추기 위해 동물병원에 데려가는 상황을 떠올려보자. 강아지를 이동용 크레이트에 넣은 뒤 자동차에 태운

---

* 자극과 반응 사이의 생리적 관계를 이용해 서로 관계가 없는 자극에 대해서도 동일한 반응을 보이도록 학습시키는 것. 고전적 조건화, 고전적 조건부여 등으로도 번역된다. - 옮긴이주

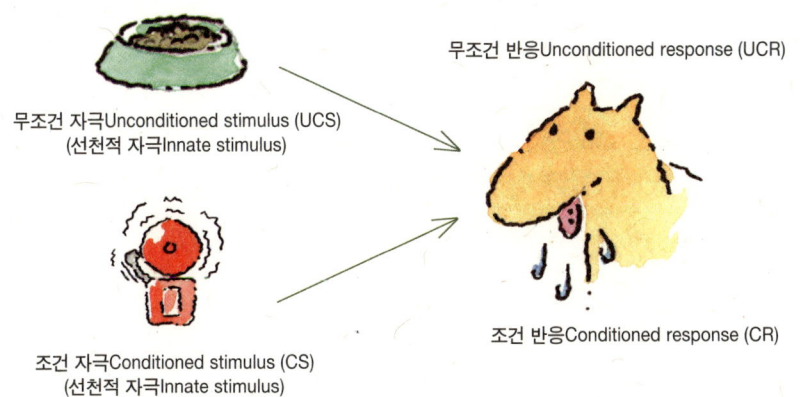

그림 5.1 파블로프의 실험

다. 처음 차를 탄 강아지는 속이 메스꺼워진 데다가 동물병원 대기실에 도착해서는 다른 개들이 짖는 소리를 들으며 잔뜩 겁을 먹게 된다. 진료실로 들어가면 수의사가 몸 여기저기를 검사한 후 주사를 놓는데 막상 강아지는 그저 조용히 앉아 있을 뿐 그다지 신경 쓰지 않는 것 같아 보인다. 그런데 몇 주 후 2차 예방접종을 하는 날, 동물병원에 데려가기 위해 이동용 크레이트를 꺼내자마자 강아지는 부리나케 도망가 숨어버린다. 어떻게 된 일일까?

강아지가 자신의 두려웠던 경험을 이동용 크레이트와 '연관'시킨 것이다. 다시 말해 이동용 크레이트와 속을 메스껍게 만든 자동차 타기를 짝짓고, 이를 다시 겁을 주는 개들로 가득 찬 동물병원 대기실과 짝짓게 됨으로써 우리는 부지불식간에 강아지에게 크레이트는 두려운 것이라고 고전적 조건형성을 시킨 셈이 되었다.

만약 이런 문제를 만들었다면 수정해줘야 한다. 어떻게 그 '연관'을 바꿀 수 있을까? 정답은 또 다른 연관으로 다시 고전적 조건형성을 하는 것

61

그림 5.2

이다. 즉 이동용 크레이트를 먹이처럼 개가 좋아하는 무언가와 연관 짓게 하면 된다(그림 5.2). 이것을 역조건형성 counter-conditioning* 이라고 하는데, 이미 고전적 조건형성이 된 연관을 반대로 만드는 것이라는 뜻에서 붙은 이름이다.

간단한 것 같지만 실제로는 다소 어려운 방법이다. 크레이트를 무서워해서 안으로 들어가지 않으려는 개의 경우에는 크레이트 안에 먹이를 넣어두어도 효과가 없다. 이때는 개가 쉽게 다가가 먹을 수 있도록 우선 크레이트에서 멀리 떨어진 곳에 먹이를 둔 다음, 며칠에 걸쳐 조금씩 먹이 위치를 크레이트 가까이로 옮긴다. 결국 크레이트 안으로 들어갈 때까지 말이다. 이렇게 멀리서부터 시작해 가까이로 접근하는 단계적 접근 방법을 체계적 탈감각화 systematic desensitization 라고 하고, 방금 묘사한 전체 과정을 탈감각화와 역조건형성이라고 한다. 보통 탈감각화와 역조건형성을 함께 사용하는데 한 가지 방법만 쓸 때보다 효과가 훨씬 더 좋기 때문이다.

---

* 약화시키고자 하는 행동과 상반되는 행동을 강화해서 새로운 조건을 형성하는 것. 역조건화, 자극 대치 조건형성, 반대 자극 조건형성 등으로도 번역된다. – 옮긴이주

이제 고전적 조건형성이 생활 속에서 늘 일어나고 있다는 사실을 알았으니 개가 매일 형성시키고 있는 '연관'이 무엇인지 주의 깊게 살펴보자.

[연습문제] 고전적 조건형성 찾아보기

고전적 조건형성에 대해 배웠으니 다음 상황에서 일어나는 고전적 조건형성이 무엇인지 찾을 수 있는지 살펴보자. 다음 질문에 답할 때는, 발생하는 무의식적 생리 반응뿐만 아니라 감정적인 연관(즐거움 대 두려움)도 고려해서 고전적 조건형성을 생각하자.

1. 어린 양이나 다른 동물들이 젖을 빠는 것이 어미와 새끼 간의 유대를 강하게 한다는데 어떤 원리일까?

　어린 양은 온종일 어미젖을 먹는다. 젖을 빠는 행동이 모자간의 유대를 강하게 하는 이유는 젖을 먹는 동안 어린 양이 어미와 먹이를 연관 지어 학습하기 때문이다. 어미의 존재는 먹이와 관련된 신체 내적 변화를 일으킨다.

2. 젖소가 착유기를 끼우기도 전에 바닥에 젖을 흘리는 이유는 무엇일까?

　젖소는 하루에 2~3회 착유실에 들어가 착유기를 끼운 채 젖을 짜게 된다. 젖을 짤 때 보이는 착유실 광경, 소리, 냄새 등이 젖 분비와 관련된 호르몬을 방출하거나 관련된 생리적 변화를 일으키기 때문에 어떤 젖소들은 착유실에 들어가기만 해도 젖을 바닥에 흘리게 된다. 그래서 낭비를 막는 차원에서 이런 소들을 골라 착유기를 가장 먼저 채우기도 한다.

3. 놀 때는 힘이 넘치고 잔뜩 들떠 있던 개들이 복종 훈련 대회나 훈련 교실에 참가하기가 무섭게 뒤로 처지거나 생기를 잃는 경우가 많은데, 왜 그럴까? 그리고 이 행동은 어떻게 수정해야 할까?

　개가 훈련 교실을 괴로운 일과 연관 지었기 때문이다. 틀림없이 그동안 개가 아주 싫어하거나 피하고 싶어 하는 방식으로 훈련받았을 것이다. 물론 칭찬과 먹이 같은 보상도 받았겠지만 고함소리나 갑작스럽게 목줄이 잡아당겨지는 피하고 싶은 일도 함께 겪었을 것이다. 핸들러에게는 이런 일들이 그다지 거칠어 보이지도 않고 아주 드물게 일어나니 괜찮다고 생각할 수 있겠지만, 개에게는 '강화' 보다 이런 것들이 더 크게 작용한 것이 분명하다. 아니면 개가 훈련 교실을 지루하게 느꼈을 수도 있다. 복종 훈련 대회*에서는 진행 중 핸들러가 개에게 소리를 지르거나 개의 행동을 지적하거나 반복적으로 강화하는 것이 허락되지 않기 때문에 그 상황에 대해 개가 어떤 감정을 느끼는지가 그대로 드러난다. 훈련 시간을 즐겁게 만들어주는 것으로 이 연관을 역조건형성시킬 수 있다. 개가 놀이와 훈련을 구분하지 못하게 하는 것이 중요한데, 따라 걷기, 물어오기, 엎드려 기다리기 같은 것들을 모두 게임으로 여기게끔 만들어줘야 한다.

4. 승마는 막상 힘든 운동이 아닐 수 있지만 시작하기 전 말을 붙잡는 일은 정말 힘들다. 특히 목장에서 풀을 뜯고 있을 때면 아무리 보호자를 잘 따르는 말이라 해도 잡기가 쉽지 않다. 왜 말은 보호자가 고삐를 가지고 있지 않은 경우에는 자발적으로 옆으로 다가오기도 하면서 고삐를 들고 있으면 오지 않는 걸까? 이 경우 어떤 방법으로 역조건형성을 시켜줄 수 있을까?

    말이 고삐를 두려워하거나 고삐를 불쾌한 일이나 사건과 연관 짓고 있기 때문이다. 고삐를 채운 후 이어지는 행위들은 말에게 힘든 일뿐이다. 일단 고삐를 채우고 나면 안장을 얹고 사람이 올라타거나 고된 일을 시킨다. 어떤 말은 먹이를 좋아하고, 또 어떤 말은 만져주는 것을 좋아하며 다른 말이나 사람과 노는 것을 좋아하는 말도 있지만, 정말 좋아하는 것은 바로 휴식이다. 고삐를 채운 뒤 일만 시키면 말은 고삐를 힘든 일과 연관 지을 수밖에 없다. 이 경우 다음과 같이 역조건형성을 시킬 수 있다. 고삐를 채우기 전에 먹이를 주고, 고삐를 채운 후에는 만져주고 먹이를 또 주며 그다음에는 마음껏 뛰어다닐 수 있도록 풀어주거나 아예 방목장 밖으로 데리고 나가서 말이 좋아하는 것을 경험하게 한 뒤에 말에 탄다. 아니면 말에 타고 있는 동안 말이 좋아할 만한 경험들을 하게 해줄 필요도 있다.

---

* 보호자가 제시하는 지시어들을 제대로 따를 수 있는지 테스트하는 경연대회 - 옮긴이주

CHAPTER 6

조작적 조건형성의 기본 : 시행착오에 의한 학습

Basics of Operant Conditioning : Learning by Trial and Error

 고전적 조건형성에서 동물은 연관을 통해 학습한다. 생리 반응을 일으키는 자극, 즉 음식 같은 자극을 종소리 같은 중립 자극과 동시에 짝지어 수차례 들려주면 동물은 결국 종소리와 음식을 연관시키게 되고, 종소리는 음식을 먹을 때만 일어나던 반사적인 신체 내부 반응을 불러일으킨다. 한편 동물은 조작적 조건형성 혹은 시행착오를 통해서도 학습한다. 동물은 효과가 있는, 즉 자신이 좋아하는 결과가 따라오는 행동은 반복해서 하고, 효과가 없는, 즉 싫어하는 결과가 따라오는 행동은 기피하는 것을 배우며 살아간다.
 효과가 있는 행동은 반복하고, 효과가 없는 행동은 기피하는 이 현상은 알파벳 배우기보다도 간단해 보이지만, 이 현상을 설명하는 데 사용되는 용어는 경험 많은 트레이너들은 물론 심리학 전공학생들조차도 혼란

스러워할 만큼 복잡하다. 그래도 다른 사람들과 조작적 조건형성에 대해 이야기하려면 이해할 필요가 있다.

조작적 조건형성 관련 용어

조작적 조건형성에 대해서 반드시 알아야 될 용어들은 다음과 같다.

강화와 벌

가장 먼저 알아야 할 두 가지 용어는 강화reinforcement와 벌punishment이다. 강화는 한 행동이 다시 일어날 가능성을 증가시켜주는 무엇이다. 예를 들어 개를 부른 뒤 개가 왔을 때 먹을 것을 주었다고 가정해보자. 아마도 다음에 개를 불렀을 때 개가 올 확률은 더 높아진다. 즉 보상을 주는 것으로 부르면 오는 행동을 강화시킨 것이다.

반면 벌은 한 행동이 다시 일어날 가능성을 감소시키는 무엇이다. 예를 들어 개를 불러 놓고 개가 오면 소리를 지르거나 야단을 친다면 다음에 개를 불렀을 때 개가 올 확률은 아마도 줄어들 것이다. 즉 소리를 지르는 것으로 불렀을 때 온 행동을 벌한 것이다. 이 두 번째 시나리오는 우리 생활과 별 상관없어 보이지만 사실은 매일같이 일어나고 있다. 우리는 흔히 개가 달려오기 전 대여섯 번씩 이름을 불러놓고는 늦게 왔다고 소리를 지르는데 이는 개가 이름을 듣고 온 것에 벌을 내리는 셈이다.

양성과 음성

두 번째 용어는 양성positive과 음성negative이다. 여기에서 양성과 음성*은 좋고 나쁨을 의미하는 것이 아니다. 덧셈과 뺄셈 부호를 생각하면 된다. 양성은 어떤 것을 더하는 것을 뜻하고 음성은 어떤 것을 빼는 것을 뜻한다. 양성과 음성은 강화와 벌 양쪽에 모두 적용할 수 있다.

> **강화** : 강화는 한 행동이 다시 발생할 가능성을 높인다.
> **양성 강화** Positive Reinforcement : 동물이 원하는 것을 더해주어서 한 행동이 다시 발생할 가능성을 높인다.
> **음성 강화** Negative Reinforcement : 동물이 싫어하는 것을 제거해서 한 행동이 다시 발생할 가능성을 높인다.
>
> **벌** : 벌은 한 행동이 다시 발생할 가능성을 낮춘다.
> **양성 벌** Positive Punishment : 동물이 싫어하는 것을 더해주어서 한 행동이 다시 발생할 가능성을 낮춘다.
> **음성 벌** Negative Punishment : 동물이 원하는 것을 제거해서 한 행동이 다시 발생할 가능성을 낮춘다.

양성 강화와 음성 강화

양성 강화Positive Reinforcement는 동물이 원하는 뭔가를 '더해서' 그 행동이 다시 발생할 '가능성을 증가시키는' 것이다. 예를 들어 '이리 와' 교육을 할 때 올 때마다 보상을 해주는 것은 양성 강화를 사용하는 것이다(그림 6.1). 개가 좋아하는 먹이를 줘서 다음에도 오게 할 가능성을 증가시킨다.

그림 6.1

---

* 긍정과 부정, 또는 정적과 부적이라는 용어로도 많이 번역된다.- 옮긴이주

음성 강화Negative Reinforcement는 개가 싫어하거나 회피하고 싶은 것을 '제거해서' 그 행동이 다시 발생할 '가능성을 증가시키는' 것이다. 예를 들어 줄과 초크체인을 이용해 '이리 와' 교육을 하고자 한다면, 개가 앞으로 한 걸음 나올 때까지 줄을 잡아당기고 있다가 개가 그렇게 하자마자 힘을 풀어 줄을 느슨하게 해준다. 이것이 음성 강화다. 개가 앞으로 나오자마자 압박을 제거해줘서 개가 다음에도 목이 졸리거나 잡아당겨지는 것을 피하기 위해 앞으로 나올 가능성을 높인다.

일상생활 속에서 흔히 볼 수 있는 음성 강화의 예로는 잔소리를 들 수 있다. 어렸을 때 나는 스스로 내 방을 청소해야 했는데 어머니는 내가 깨끗하게 치울 때까지 계속해서 잔소리를 하시곤 했다. 나는 잔소리를 듣지 않으려고 결국 청소를 했다.

양성 벌과 음성 벌

이상하게 들릴지 모르겠지만 벌에도 양성적인 것과 음성적인 것이 있다. 우리가 일반적으로 말하는 벌은 대개 양성 벌에 해당한다. 양성 벌Positive punishment이란 싫어하는 뭔가를 '더해서' 그 행동이 다시 발생할 '가능성을 낮추는' 것이다. 예를 들어 보호자가 집을 비웠을 때 개가 쓰레기통을 뒤진다면 그 행동을 막기 위해 쓰레기통에 쥐 잡는 부비트랩을 설치할 수 있다. 개가 쓰레기통을 뒤지다가 부비트랩 때문에 깜짝 놀라게 되면 이후에는 쓰레기통을 뒤지지 않게 될 것이다. 이것이 양성 벌이다.

반면 음성 벌Negative punishment은 동물이 좋아하는 것을 '제거해서' 그 행동이 다시 발생할 '가능성을 낮추는' 것이다. 예를 들어 보호자가 집에 돌아왔을 때 개가 마구 뛰어오르며 반길 경우 이 행동을 없애기 위해 음성 벌을 사용할 수 있다. 집에 왔을 때 개가 뛰어올라도 아무 반응도 하지 않고 반겨주지도 않으며 무관심하게 다른 곳만 보기를 반복하면 개는 뛰어오르며 반기는 행동을 더는 하지 않게 된다. 이것이 음성 벌이다. 개가 원하는 보호자의 관심을 제거해서 마구 뛰어오르는 행동을 감소시킨 것이다.*

기법을 분류하는 체계적인 방법

지금까지 언급된 용어들은 보기엔 간단해도 막상 그 기법들을 실생활에 적용해보려 하면 혼란스러워진다. 그 기법이란 것이 설명하는 방식에 따라 한 가지 이상의 범주에 속할 수 있기 때문이다. 따라서 혼란을 피하려면 체계적인 방식으로 이를 분류해야 한다.

첫 번째, 그 행동을 정확히 정의한다. 예를 들어 바꾸고자 하는 행동이 개가 과도하게 반기는 것이라면, "나는 뛰어오르는 행동이 싫어." 또는 "나는 개가 앉아서 반겨주는 게 더 좋아."라고 말할 수 있다. 이렇듯 대개 두 가지 행동을 선택할 수 있다.

두 번째, 그 행동을 증가시킬지 감소시킬지를 결정한다. 증가시키고자 한다면 강화를 해줘야 하고, 감소시키고자 한다면 벌을 주면 된다. 예를 들어 뛰어드는 행동이 싫어서 못 하게 하고 싶다면 벌을 주면 된다. 반면 뛰어드는 것을 적절한 대체 행동, 즉 앉아서 얌전히 반기는 것으로 대체하고자 한다면 강화를 사용한다.

마지막으로, 양성 또는 음성을 사용할 것이라면 어떤 것을 더해줄지, 반대로 어떤 것을 제거할지 결정한다. 예를 들어 만약 뛰지 못하도록 목

---

* 대형견을 키우는 가정이 더 많은 해외에서는 사람에게 뛰어오를 경우 큰 부상을 입는 경우가 많아서 이런 에티켓 교육을 시킨다. -옮긴이주

줄을 홱 잡아챈다면 어떤 기법을 사용하는 것일까? 행동을 줄이기 위해 싫어하는 것을 더하고 있으므로 양성 벌에 해당한다(나는 초크체인 등을 이용해 목줄을 잡아채는 행위를 옹호하지 않는다. 그저 예를 들기 위해 사용했음을 밝힌다). 또, 만약 그 행동을 줄이기 위해 개가 원하는 관심을 제거해버린다면 이것은 어떤 종류의 벌일까? 음성 벌(그림 6.2)이다. 개가 뛰어드는 행동을 없애기 위해 개가 원하는 무언가를 제거했기 때문이다. 즉, 바람직하지 않은 행동에 대한 보상을 제거한 것이다. 한편, 개가 앉을 때까지 기다린 다음 개가 원하는 보상을 해줘서 앉아 있는 행동을 증가시킨다면 양성 강화를 사용하는 것이다(그림 6.3). 또, 초크체인과 줄을 착용하게 한 후 개가 앉을 때까지 팽팽하게 당기고 있다가 개가 앉자마자 줄을 느슨하게 해준다면 음성 강화를 사용하는 것이다.

그림 6.2 음성 벌(Negative Punishment)

그림 6.3 양성 강화(Positive Reinforcement)

기법 분류해보기

이제 스스로 행동 수정 기법을 알맞게 분류할 수 있는지 살펴보자. 먼저 행동을 정의하는 것부터 해야 한다는 것을 기억하자. 그런 다음 '증가시킬지' 또는 '감소시킬지/멈추게 할지', '더할지' 또는 '제거할지' 키워드를 사용하면 더 명확해진다. 그러면 다른 사람들과 기법에 대해 토론할 때 자신이 기법을 제대로 사용하고 있는지 확실히 알 수 있다. 또 한 가지 분명히 해두고 싶은 것은 이 책에서 예로 들고 있는 불쾌감을 주는 기법은 내가 권하거나 좋아하는 것이 아니라 단순한 예일 뿐이라는 점이다. 이 섹션은 기법을 범주에 맞게 분류하는 연습을 하는 것이므로 다른 사람과 이야기할 때 적절한 예로 사용할 수 있을 것이다.

연습. 도망가는 개

한 여성이 자기 개 '플루피'를 친구의 개 '파코'와 놀게 해주려고 개 공원에 데리고 갔다. 그런데 플루피는 파코와 노는 데 정신이 팔려 불러도 오기는커녕 도망치며 그녀를 무시했다. 먼저, 고치고 싶은 행동을 정의한 뒤 조작적 조건형성의 각 범주에 맞게끔 기법을 설명해보자.

- 증가 : 이름을 부르면 오는 것(이 행동은 강화한다).
- 감소 : 파코와 놀기 위해 도망가는 것(이 행동은 벌한다).
- 양성 강화 : 부를 때 오면 보상을 준다. 플루피가 좋아하는 보상을 줌으로써(더함으로써) 다음에 불렀을 때 올 가능성을 높인다.
- 음성 강화 : 전기 목걸이를 사용해 전기쇼크를 주다가 개가 오려고 하는 순간 전기쇼크를 중단한다(제거한다).
- 양성 벌 : 파코에게 달려가는 행동을 줄이기 위해 파코 앞으로 달려가

는 순간 전기 목걸이를 사용하여 전기쇼크를 준다(더한다).
- 음성 벌 : 파코에게 달려가는 행동을 없애거나 줄이기 위해 파코에게 달려가는 순간 파코를 다른 곳으로 보내버린다(제거한다).*

아마도 여기서 이상한 점을 발견했을 것이다. 양성 벌을 위해 사용한 기법이 음성 강화를 위해 사용한 기법과 유사해 보인다. 이 두 가지의 차이는 우리가 행동을 어떻게 정의했느냐에 있다. 행동을 증가시키기 위해 싫어하는 것을 사용한다면 그것은 음성 강화다. 행동을 그만두게 하기 위해 싫어하는 것을 사용한다면 그것은 양성 벌이다. 게다가 음성 강화를 제대로 사용하려면 동물이 올바른 행동을 하는 찰나에 싫어하는 것을 제거해줘야만 한다. 따라서 행동을 제대로 정의하지 못한다면 정의하기에 실패한 또 다른 사람들과 요점 없는 논쟁을 끝없이 벌이기 쉽다.

어떤 방법이 가장 좋은 것일까?

야생에 있든 교육을 받고 있든 간에 동물은 살면서 조작적 조건형성의 네 가지 범주를 모두 접하며 학습한다. 그중에서 가장 효과가 좋은 것은 음성 벌과 결합된 양성 강화다.

우리는 행동 문제를 해결하려 할 때 보통 "그 행동을 어떻게 멈출 수 있을까?" 또는 "그 행동에 어떻게 벌을 줄까?"부터 생각하는 경향이 있는데, 그보다는 "부적절한 행동을 강화시키고 있는 것을 어떻게 멈출 수 있을까?" 또는 "나쁜 행동을 대체해줄 적절한 행동을 강화하려면 어떻게

---

* 이 기법은 쉽지 않지만 범주의 개념을 제대로 이해하는 데 필요하다. 다음 챕터에서 배우게 될 것이다. - 지은이주

해야 할까?"에 초점을 맞춰야 한다. 예를 들어 개가 인사를 하기 위해 뛰어드는 것이 싫다면 이렇게 자문해야 한다. "저 행동을 우연히 강화시킨 것은 무엇일까? 그리고 인사할 때 뛰어드는 것 대신 얌전히 앉아 있는 것을 강화하려면 어떻게 해야 할까?"

이 부분에 대해서는 다음 장에서 깊이 있게 다루기로 하고, 여기서는 우리가 행동을 가르치는(조작적 조건형성) 순간에도 동물은 연관을 형성하고(고전적 조건형성) 있다는 사실을 분명히 기억하자. 즉, 행동을 가르칠 때 (조작적 조건형성) 동물이 싫어하는 것을 많이 사용하면 동물은 싫어하는 일이 일어나는 상황과 우리를 연관 지어 학습하게 된다(고전적 조건형성)는 사실을 잊지 말아야 한다. 싫어하는 것을 사용했을 때 금세 잊는 동물도 있지만 대부분은 최고의 능력을 발휘하지도 못할 뿐만 아니라 보호자와 강한 유대 관계를 형성하지도 못한다.

싫어하는 것을 사용하는 것이 유용한 상황도 있지만, 그런 경우는 아주 제한적이니 전문가의 감독하에서만 사용되어야 한다. 이 책에서는 이에 대해서는 언급하지 않을 것이다. 그 대신 원하지 않는 나쁜 행동을 강화하는 요인을 제거하는 방법(음성 벌)과 좋은 행동을 강화하는 방법(양성 강화)에 초점을 맞출 것이다. 이 두 가지 방법을 조합해 사용하면 바람직하건 바람직하지 않건 간에 대부분의 행동을 놀랍도록 빠르게 교육시킬 수 있다.

CHAPTER 7
학습 이론 실제 적용하기
Putting Your Tools to Work

앞서 고전적 조건형성과 조작적 조건형성에 대해 살펴보았으니 행동 문제를 해결할 수 있는 기초 지식을 갖춘 셈이다. 이제 체계적 방법으로 대부분의 문제에 접근할 수 있다. 고정관념을 버리고 새로운 관점에서 생각하기만 하면 된다.

지금까지는 동물이 싫어하는 행동을 하면 대부분 "저 행동을 어떻게 하면 그만두게 하지?"라고 생각해 왔다면, 이제부터는 우리가 배운 행동 수정 지침에 따라 "저 바람직하지 않은 행동은 왜 강화된 거지? 대신 어떤 행동을 강화시켜주면 될까?"라고 생각해야 한다.

나쁜 행동을 좋은 행동으로 바꾸기

동물이 어떤 행동을 하는 것은 그 행동이 강화되었기 때문이라고 했다. 그러니 나쁜 행동을 바꾸기 위한 가장 기본적인 접근은 먼저 그 행동을 강화시킨 것이 무엇인지 찾는 것이다. 동물의 종별, 개체별 이력을 고려하고 주변 환경을 신중하게 살펴서 강화 요인이 무엇인지 찾아 제거하면 된다. 그런 다음 그 행동을 대체할 적당한 행동을 선택한 후 그것을 강화시킨다.

예를 들어 퇴근하고 집에 올 때마다 앵무새가 새장 안에서 계속 '꽤액' 하고 소리를 질러댄다고 가정해보자. 조용히 하라고 소리를 질러봐야 앵무새의 소리는 오히려 더 커질 뿐이다. 그런데 배우자의 말에 따르면 앵무새는 우리가 집에 왔을 때만 소리를 지를 뿐 하루 종일 조용히 지낸다고 한다. 이 문제를 해결하기 위해서는 우선 앵무새의 소리 지르기를 강화하는 것이 무엇인지부터 찾아야 한다. 이미 두 가지 실마리를 가지고 있다. 하나는 앵무새가 배우자와 있을 때는 소리 지르지 않는다는 것이고, 다른 하나는 우리가 앵무새에게 고함칠 때면 앵무새 소리가 더 커진다는 것이다. 새의 소리 지르기 행동을 강화하는 것이 무엇인지 정확히는 모른다 해도, 어떤 식이건 간에 '관심'이 작용했다는 것을 짐작할 수 있다. 그러니 가장 먼저 할 일은 집에 온 뒤 앵무새가 소리를 지를 때 보였던 관심을 '제거'하는 것이다. 말을 걸지도 쳐다보지도 케이지 가까이 가지도 말고 특히 고함치지도 말자. 그런 다음 적절한 행동을 하면 보상을 해준다. 즉 앵무새가 조용해졌을 때 관심을 주는 것으로 조용히 한 것에 대해 보상을 해주는 것이다.

소거와 자발적 회복

문제 행동을 수정하는 과정에서 그 행동이 사라지는 데 시간이 좀 걸리는 것 같거나 또는 다시 불쑥 나타나는 현상을 볼 수 있다. 사실 초반에는 심지어 이전보다 행동이 더 심해지는 것 같아 좌절감을 느끼게 되기도 한다. 행동은 더 이상 강화되지 않으면 점차적으로 사라지는 소거extinction의 과정을 거친다. 하지만 일정한 속도로 사라지는 것이 아니라 초반에는 그 행동의 강도나 빈도가 증가하는 소거 폭발extinction burst 과정을 거칠 수 있다.

예를 들어, 아침에 자동차 시동이 잘 걸리지 않으면 우리는 대부분 바로 포기하지 않고 두세 번은 더 시도하게 된다. 과거에는 늘 성공적이었던 행동인데 당장 보상이 일어나지 않으면 더 열심히 하기 마련이다. 게다가 과거에 시동이 잘 안 걸렸던 이력이 있는 차라면 더 열심히 더 오랫동안 시도하게 된다. 이처럼 마당에서 집 안으로 들여보내달라고 화가 나서 짖는 개를 참고 참다가 결국 들여보내주곤 했다면, 처음에는 개의 행동을 무시해도 짖는 행동이 바로 없어지지 않는다. 개는 더 열심히 더 많이 짖는다. 개가 얼마나 열심히 노력하느냐는 개가 과거에 집 안으로 들어가기 위해 얼마나 열심히 짖었어야 했는지에 달려 있다. 이렇게 소거 폭발이 있을 수 있기 때문에 보상을 제거하는 것으로 개의 문제 행동을 다룰 때는 행동이 일시적으로 더 심해질 수 있다는 것을 미리 알고 대비할 필요가 있다.

많은 보호자가 행동 수정을 하다보면 좌절감에 이런 의문을 가진다. "나쁜 행동을 강화하던 것을 멈추고 새 행동을 교육시켰을 때 그 좋은 행동은 얼마나 오래 유지될까?" 마치 문제 행동이 개의 머릿속에서 사라지고 더 적절한 새 행동으로 완전히 대체될 것이라는 듯이 말이다. 하지만 불행히도 정보는 개의 뇌에서 절대 지워지지 않는다. 뇌에 잠복해 있다가 미숙한 보호자들이 생각지도 못한 상황에서 다시 나타난다. 즉, 적절한 행동은 우리가 계속 그 행동을 강화하고 나쁜 행동은 더 이상 강화하지 않는 한 지속된다. 바람직한 행동은 짧은 시간 내에 자주 강화해주고 바람직하지 않은 행동은 전혀 강화해주지 않는다면 새로운 행동은 습관이 된다. 하지만 교육이 지속적으로 이뤄지지 않거나 바람직하지 않은 행동에 대한 개의 동기가 극단적으로 강하다면 교육은 평생 지속돼야 할 수도 있다.

자발적 회복

재발resurgence이라는 용어로 더 많이 쓰이기도 하는 자발적 회복Spontaneous recovery이란, 동물이 오랫동안 강화받았던 과거의 행동을 기억하는 학습 체계로, 오랫동안 강화된 적 없음에도 불구하고 갑자기 그 행동이 튀어나오는 것을 말한다. 이는 끊임없이 변하는 환경에서 생존하기 위해 동물에게 반드시 필요한 본능이다. 예를 들어 '마을 떠돌이 개'처럼 야생에서 스스로 먹이를 찾는 개들은 한 먹이원이 고갈되면 다른 먹이원에 더 자주 접근해야 한다는 사실을 배우게 된다. 집주인이 이사를 가서 쓰레기통 A에서 더 이상 먹이 강화물을 얻지 못하게 되면, 개는 새로 이사 온 사람이 규칙적으로 채워놓는 쓰레기통 B나 C에 더 자주 가게 된다. 그렇다 해도 쓰레기통 A를 잊지는 않는다. 쓰레기통 A가 더 이상 먹이 강화물을 주지 않기 때문에 안 찾아가긴 하지만 쓰레기통 B나 C에 먹이가 적어지면 다시 정기적으로 쓰레기통 A를 찾아갈 것이다.

개를 대할 때는 항상 소거 폭발과 자발적 회복 현상을 염두에 두고 있어야 한다. 문제 행동에 대한 강화를 계속 막는다면 결국 그 행동은 없어질 것이다. 예를 들어 심하게 짖는 개의 경우에는 짖는 것을 결국 멈출 것이다. 하지만 앞서 말했듯 그 행동이 개의 뇌에서 완전히 지워진 것은 아니다. 훗날 개를 집에 못 들어오도록 마당에 내놓게 되면 개가 자발적 회복 현상으로 인해 다시 짖을 것이란 사실을 예상해야 한다. 하지만 이번에는 소거 폭발이 더 약하게 일어날 것이고 소거 시간도 더 짧아질 것이다.

[연습문제] 문제 행동 수정하기

다음의 나쁜 행동들은 어떻게 수정할 수 있을까?

1. 아침 일찍 일어나는 고양이
문제 행동 : 매일 아침 5시가 되면 일어나 보호자를 깨우는 고양이가 있다. 자고 있는 보호자를 향해 계속 울어대고 침대 위로 올라온다. 침대 밖으로 밀어내도 소용없다. 결국 밥을 주고 나서야 조용해진다. 왜 고양이는 매일 새벽마다 보호자를 깨울까? 어떻게 해야 이 행동을 수정할 수 있을까?

해결 방법 : 보호자는 고양이가 침대 위로 올라올 때마다 반응을 보이고(밀어내는 것으로) 밥을 주기 위해 일어나는 것으로 그 행동을 강화하고 있다. 아무런 관심도 주지 말고 완전히 무시하며 고양이가 조용히 있을 때만 밥을 주도록 한다. 보호자가 주고 싶은 시간에 주는 것이 더 좋다. 울음소리를 견디기 힘들다면 밤에 고양이를 다른 방에 두고 자면 된다.

2. 버릇없는 말
문제 행동 : 평소 말에게 당근을 주는 보호자가 있다. 그런데 말이 버릇이 좀 없어서 보호자의 뒷주머니에 있는 당근을 덥석 물거나 손 안의 당근을 확 채가기도 한다. 주변 사람

들은 "그래서 말은 당근을 주면 안 돼."라고 말하고, 또 다른 사람은 "아니야. 당근을 어떻게 주느냐가 중요한 거야."라고 말한다. 무슨 말일까? 그동안 이 나쁜 행동은 어떻게 강화돼 왔고, 어떻게 하면 이 행동을 수정할 수 있을까?

해결 방법 : 당근을 말의 입이 닿지 않는 곳에 둔 뒤, 말이 얼굴을 당신에게서 멀리하고 있을 때만 당근을 주면 된다. 말이 머리를 비비거나 주머니 냄새를 맡거나 했을 때는 당근을 받지 못한다는 사실을 확실하게 알려준다. 말이 얼굴을 보호자에게서 멀리 두고 예의 바르게 기다릴 때만 당근을 준다. 당근을 작게 잘라 조각으로 만들면 한 세션에 20~30회 정도 연습할 수 있기 때문에 몇 세션 만에 말은 금방 이 사실을 배울 수 있다.

3. 사납게 짖는 개

문제 행동 : 우체부가 오면 그가 갈 때까지 사납게 짖어대는 개가 있다. 1년 전 처음 이사 왔을 때도 짖긴 했었지만 지금은 미쳐 날뛰며 너무 심하게 짖는다. 보호자는 개가 영역 본능이 있어서 침입자가 들어온 것을 짖어서 알리고 재산을 지키는 동물이란 사실을 알고 있다. 하지만 왜 점점 더 강도가 심해지는 걸까? 이 행동은 어떻게 고칠 수 있을까? 현실적으로 수행하기 어렵다 해도 이론적으로 맞는 답을 제시해보자. 물론 좀 더 현실성 있는 답도 가능하다.

해결 방법 : 우체부는 사실 볼일이 다 끝나서 자리를 뜬 것이지만, 개는 자기가 짖었기 때문에 그가 떠났다고 생각하면서 행동이 강화되었다. 재산을 지키는 것이 짖기의 목적이고 우체부를 '떠나게 만드는' 그 목적이 달성되면서 짖기가 강화된 것이다. 이 문제를 해결하기 위해서는 개가 짖을 때 떠나서 짖기를 계속 강화하기보다는 개가 조용히 할 때까지 우체부가 계속 머물러 있어야 한다. 또 개가 우체부를 좋은 일과 연관 지을 수 있도록 보호자 또는 우체부가 계속 먹이 보상을 던져주면 좋다. 하지만 대부분의 우체부들이 이렇게 협조해줄 시간이 없으니(모든 우체부가 강아지에게 이렇게 해줄 수 있다면 훗날 개에게 물리는 사고도 사라질 텐데 말이다), 개가 우체부가 온 것을 보거나 소리를 듣지 못하도록 보호자가 환경을 통제하는 방법을 써보는 것이 좋다. 또는 문 앞으로 달려가려 할 때 개

를 불러서 우리 앞에 오도록 가르칠 수도 있다. 또 '매너스마인더MannersMinder'라는 원격 조정 먹이 보상 교육기(그림7.1)를 사용해 개가 지정된 자리로 달려와 엎드려 있는 것에 대해 보상을 해줄 수도 있다.*

그림 7.1

---

* 리모트컨트롤로 먹이 보상을 급여할 수 있는 일종의 교육 보조 장치로, 예를 들어 이 장치를 집 안쪽에 두고 있다가 초인종 소리를 듣고 개가 문 앞으로 달려 나가려 할 때 사용하면 상황이 손쉽게 정리된다. – 옮긴이주

CHAPTER 8
조작적 조건형성 : 행동형성하기와 행동연결하기
Operant Conditioning : Shaping and Chaining

 '앉아' 정도는 개에게 간단하게 가르칠 수 있지만 좀 더 복잡한 행동들은 어떨까? 사진촬영을 위해 세 마리 개를 5분 정도 함께 나란히 앉아 있게 한다든지, 사람이 붐비는 공공장소에서 복잡한 패턴으로 '따라 걷기heel'*를 가르치는 것은 어떨까?

 복잡한 행동은 행동형성하기shaping와 행동연결하기chaining 또는 두 가지를 혼합 사용해서 가르칠 수 있는데 우선 행동형성하기에 대해서 알아보자.

---

* 뒤꿈치를 뜻하는 단어로, 발꿈치에 바짝 붙을 정도로 가까이 따라 걷는 것을 의미하는데, 보통 힐링이라고 한다.- 옮긴이주

행동형성하기

동물을 교육시킬 때 한 번에 원하는 목표 행동을 얻을 수는 없다. 개에게 '앉아'도 가르치지도 않고 초인종이 울린 순간 5분간 착하게 앉아 있는 것을 기대할 수는 없다는 말이다. 더 정확히 말하자면, 교육할 수 있는 행동부터 시작해서 차츰차츰 목표 행동에 가까운 행동을 단계별로 교육해나가야 한다는 이야기다. 다른 말로는 연속적 접근successive approximation이라 불리는 점진적 단계를 통해 '그 행동을 형성한다'고 한다.

예를 들어 개에게 앞구르기를 가르치고 싶다면 먼저 코로 타깃 막대기 또는 목표물로 할 만한 다른 물건을 건드리게 한다. 그리고 개가 타깃 막대기나 목표물을 코끝으로 건드릴 때*마다 먹이를 줘서 그 행동을 강화시킨다. 개가 이 행동을 안정적으로 잘 해내면 타깃 막대기를 낮게 내린 후 건드리도록 가르친다. 다음에는 타깃 막대기를 개의 앞다리 사이로 넣은 후 건드리도록 가르친다. 이런 식으로 참을성 있게 점진적인 단계를 거치며 계속해 나가면 결국은 앞구르기를 가르칠 수 있다.

행동형성하기, 어디서부터 시작하나?

어디서부터 시작해야 할지 알고 싶다면 개를 테스트해보면 된다. 동물도 개체에 따라 업무 수행력에 영향을 미칠 기질, 신체적 조건, 과거 교육 경험이 다르기 때문에, 어떤 개는 처음부터 다리 사이의 타깃 막대기를

---

* 타깃은 원래 목표물, 표적을 뜻하는데, 반려견 교육에서는 주로 막대기나 손가락 끝을 코로 건드리게 해서 동물의 움직임을 유도하는 과정을 말한다. – 옮긴이주

건드릴 수 있는가 하면, 어떤 개는 타깃 막대기를 코로 건드리는 단계부터 시작해야 할 수도 있다. 직접 시도해 확인해보자.

매개 단계 인지하기

대부분 최종 목표 행동과 시작 행동은 잘 알고 있지만, 목표 행동에 도달하기 위한 매개 단계 행동에 대해서는 잘 모르는 것 같다. 동물은 저마다 조금씩 다른 매개 단계를 거치므로 보호자는 목표 행동에 더 가까운 행동이 무엇인지 인지하는 법을 배워야 한다.

행동형성하기 계획이 뜻대로 되지 않을 때

행동형성하기는 계획대로 진행되지 않을 때가 많고, 그러면 효과가 없다고 생각하게 된다. 이럴 때는 분명 다음 세 가지 실수 중 하나를 범했을 가능성이 크다.

실수 1. 진도를 너무 빨리 나간 경우

보호자들이 저지르는 가장 흔한 문제로, 마음이 급한 나머지 진도를 너무 빨리 나가는 것이다. 행동을 서너 번 제대로 했다고 해서 동물이 그 행동을 제대로 안다는 의미는 아니다. 학창 시절 수학 문제 몇 개를 제대로 풀었다고 수학 과목 전체를 마스터한 것은 아니듯, 동물이 하나의 행동을 몇 번 잘한 것도 그냥 운이 좋아서일 수 있다. 가장 중요한 첫 번째 규칙은, 동물이 '다음에 지시를 내렸을 때도 정확하게 지금 단계의 행동을 할 것이다'를 놓고 자신 있게 내기를 할 정도가 아니라면 다음 단계로 넘어가선 안 된다는 것이다. 적어도 80~90퍼센트 정도 정확하게 교육한 행동을 해낼 경우에만 다음으로 넘어간다. 10회 연속으로 같은 행동을 하게 했을 때 8~9회는 정확하게 수행할 수 있어야 한다는 말이다.

실수 2. 단계를 건너뛴 경우

두 번째로 흔한 잘못은 기대를 너무 많이 하는 것이다. 똑똑한 우리 인간도 덧셈, 곱셈, 뺄셈을 한다고 미적분까지 배울 준비가 된 것은 아닌데, 동물에게는 너무 비약적인 발전을 요구하면서 그런 사실을 깨닫지도 못하는 것 같다. 예를 들어, 개가 자기 코앞의 타깃 막대기나 목표물을 건드릴 수 있다고 해서 1.5미터 정도 떨어져 있는 타깃 막대기나 지면 가까이 놓인 타깃 막대기까지 건드릴 수 있는 것은 아니다. 마찬가지로, 개가 흥미로울 것이 별로 없는 집 안에 있을 때 부르면 항상 쏜살같이 달려온다고 해서 줄을 매지 않은 채 신나게 놀고 있는 개 공원에서도 똑같이 할 수 있는 것은 아니다. 만약 개가 전에 교육받은 행동을 80~90퍼센트 이상 잘 해냈는데도 불구하고 다음 단계 행동을 해내지 못한다면, 즉 40퍼센트 이상 틀린다면, 두 단계 사이에 매개 단계를 더 끼워 넣어야 한다. 단계를 더 세분화하면 한 번에 멀리 나가려고 했을 때보다 더 빨리 목표를 이룰 수 있다.

실수 3. 한 단계를 너무 오래 하는 경우

행동형성하기 중에 일어나는 실수 대부분은 참을성이 없거나 너무 서두르기 때문에 생기지만, 너무 보수적이고 조심스럽거나 다음 단계에 무얼 할지 계획이 없을 때도 행동형성하기 과정을 망친다.

행동형성하기 게임

이제 행동형성하는 법에 대해 이론적으로 알았으니 개에게 적용하기에 앞서 실제 과정과 똑같이 사람들끼리 행동형성하기 게임을 해보자. 세 사람이 한 팀이 되어, 한 사람은 교육받는 동물 역할, 한 사람은 보호자 역할, 나머지 한 사람은 보호자를 코치하는 역할을 한다. 보호자와 코치는 계획을 함께 짜야 한다. 어떤 행동을 형성할지 결정하고, 거기에 필요한 세부적인 단계들을 준비한다. 그러기 위해 보호자와 코치는 동물 역할을 하는 사람이 보여주는 행동 중에 어떤 것을 강화하면 되는지 또 그중 어떤 행동이 목표 행동에 더 가까운지를 알고 있어야 한다. 예를 들어, 시계방향으로 한 바퀴 원을 그리며 도는 것을 목표 행동이라고 해보자. 동물 역할을 하는 사람이 오른쪽을 봤을 때 처음 강화할 수 있다. 그가 연속적으로 5회 정도 정확히 이 행동을 할 때까지 반복해서 이 행동을 강화한다. 동물 역할을 하는 사람이 오른쪽을 바라보면 보상을 받는다는 것을 확실히 알았다 싶으면, 그다음에는 고개를 오른쪽으로 돌리기를 기다린다. 기대했던 행동을 하면 강화해주고 이를 반복한다. 다음 단계에서는 머리와 어깨가 오른쪽으로 돌아가는 것, 그다음 단계에서는 엉덩이가 오른쪽으로 도는 것, 또 그다음은 오른발을 오른쪽으로 한 발자국 옮기는 것, 그다음은 몸 전체가 오른쪽으로 90도 도는 것을 강화한다. 그리고 180도 도는 것, 마지막으로는 완전히 돌아 시계방향으로 한 바퀴 도는 것을 강화한다.

이 교육 게임을 하는 동안 보호자는 동물 역할을 하는 사람의 행동이 옳았을 때, '좋아' 같은 표시 단어^{marker word}를 사용해 신호를 주고 사탕 같은 먹을 것을 상으로 줘야 한다. 그러면 동물 역할을 한 사람은 다음 진행을 위해 처음 시작했던 위치로 돌아와야 한다. 동물 역할을 하는 사람은 스스로의 목표가 강화물을 얻는 것이지 최종 목표 행동이 무엇인지 맞추는 것이 아님을 기억하자.

게임이 끝나면 참가자 모두 모여서 교육이 어떻게 진행되었으며 동물이 되어본 느낌이 어땠는지에 대해 토론해보자. 실제 동물을 가르치기 전에 반드시 모든 사람이 동물 역할을 해보는 것이 중요하다.

행동연결하기

복잡한 행동을 가르칠 때 쓰는 또 다른 방법은 여러 개의 간단한 행동들을 함께 연결하는 것이다. 완벽하게 할 때까지 한 행동을 연습한 다음, 차츰 두 가지, 세 가지, 네 가지 행동을 이어서 연결한다. 사실 행동연결하기는 이미 우리가 잘 알고 있는 것이다. 매일매일 하고 있는 사람도 있다. 예를 들어 골프, 축구, 야구 선수들은 무작정 처음부터 필드에 나가 경기를 하지 않는다. 경기를 구성하는 요소들을 하나씩 연습한다. 공연을 준비하는 전문 음악인들도 곡 전체를 처음부터 끝까지 무조건 반복하는 것이 아니라 부분별로 나누어 분석하고 연습한 다음 그 부분들이 일정 수준에 이르면 조각을 맞춰 전체 연주곡을 완성한다.

동물을 가르치는 것도 마찬가지다. 예를 들어 복종 훈련 대회에서 개가 보호자 옆에 '따라 걷기'를 하면서 오른쪽으로 돌기, 왼쪽으로 돌기, 빨리 걷기, 천천히 걷기, 멈추면 앉기 등의 다양한 행동을 해야 한다고 치자. 가장 좋은 연습 방법은 전체를 작은 구분 동작들로 쪼개서 가르치는 것이다. 즉, 느린 걸음으로 따라 걷기, 빠른 걸음으로 따라 걷기, 보통 걸음으로 따라 걷기, 느린 걸음에서 빠른 걸음으로 전환하기, 빠른 걸음에서 느린 걸음으로 전환하기, 오른쪽으로 돌기, 왼쪽으로 돌기, 멈추면 앉기, 앉아 있다가 따라 걷기 등으로 구분해서 각각 가르친다. '느린 걸음에서 빠른 걸음으로 전환하기' 같은 동작을 연습할 때는 일반적인 속도로 따라 걷기를 하고 나서 몇 단계에 거쳐 속도를 올려야 한다. 개가 우리가 걷는 속도 변화에 맞춰 잘 따라오면 보상을 주고 연습을 끝낸다.

    이런 식으로 최종 목표 행동에 접근하는 이유는 각 단계별 동작을 정확하게 하기 위해서다. 각 구분 동작들이 완벽해질 때 한 번에 두세 가지 동작을 쉽게 조립할 수 있고 결국 체계적으로 행동연결을 할 수 있다.

역행동연결하기

    우리는 순서가 있는 행동이나 정해진 순서대로 수행해야 되는 동작을 배울 때면 보통 첫 번째 행동을 배운 다음 새 행동을 배워 더해 나간다. 예를 들어 춤을 배울 때는 첫 번째 동작을 먼저 배워 그걸 연습하고 다시 두 번째 동작을 배운 후 두 동작을 연결한다. 처음에는 꽤 쉬워 보이지만 동작이 점점 늘어나면서 마지막 동작 때는 과정이 훨씬 더 어렵게 느껴진다. 다른 동작들과 분리해 한 동작씩만 배울 때는 쉬워 보여도 예닐곱 가지 동작으로 늘어났을 때 전체 동작을 연결해서 하다보면 제일 최근에 배운 동작을 잊어버리기도 한다.

    이때 역행동연결하기 back chaining를 사용하면 더 효율적으로 순서가 있는 행동을 배울 수 있다. 제일 먼저 마지막 동작을 배우고 그다음 끝에서 두 번째 동작을 배운 뒤 둘을 연결하는 것이다. 점차 새 행동을 더해 나가되 각 동작을 앞서 배운 동작 앞에 붙인다. 춤 배우기를 예로 들자면, 또렷하게 기억하는 최근에 배운 동작으로 시작해 더 익숙한 동작으로 진행해 나가는 것이다. 이 방식이 효과가 좋은 이유는 끝의 동작이 시작하는 좀 더 새로운 동작을 강화하는 역할을 하기 때문이다.

[연습문제 1] 행동형성하기

다음 사례에서 어떻게 하면 목표 행동을 더 쉽게 달성할 수 있을지, 어떻게 행동형성하기를 할지 생각해보자.

1. 닭에게 경사로를 뛰어올라가 그 사이에 놓여 있는 후프를 통과하여 반대편 경사로에 착지한 후 내려가는 것을 가르치려면 어떻게 해야 할까?

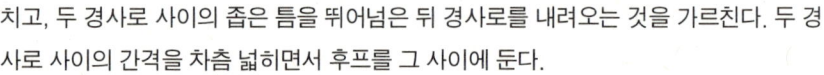

　처음에는 후프를 더 크게 만들고 두 경사로도 가까이 붙여둔 상태로 시작한다. 나는 내가 키우는 닭 몇 마리에게 경사로를 뛰어 내려오는 것부터 시작해 이 묘기를 가르친 적이 있다. 그다음 경사로를 뛰어올라가는 것을 가르치고, 두 경사로 사이의 좁은 틈을 뛰어넘은 뒤 경사로를 내려오는 것을 가르친다. 두 경사로 사이의 간격을 차츰 넓히면서 후프를 그 사이에 둔다.

2. 단체 사진 촬영을 하기 위해 개가 카메라에서 3미터 정도 떨어진 곳에 다른 개들과 함께 2분 정도 가만히 엎드려 있게 하려면 어떻게 가르치면 될까? 단, 그 개는 이미 사회화가 잘 되어 있어서 다른 개들을 두려워하지 않는다.

　'엎드려'를 시킨 후 개로부터 한 걸음씩 뒷걸음질을 치되, 개가 일어나려는 낌새가 보이면 일어나기 전에 재빨리 제자리로 돌아간다. 이렇게 점차 개와의 거리를 넓힌다. 물론 항상 개가 일어나기 전에 되돌아가 있어야 한다. 3미터 이상 거리가 되면 2분 정도 기다릴 수 있을 때까지 시간을 늘린다. 이것이 완성되면 다른 개들을 차례로 합류시켜서 앞의 과정을 반복한다. 차츰차츰 시간과 거리를 늘린다.

[연습문제 2] 행동연결하기

다음 행동을 가르치기 위해 어떻게 행동연결하기를 활용할 수 있을까?

1. 닭이 실로폰에서 '도레미'를 치게 하려면 어떤 방법으로 교육해야 할까?

　처음에 마지막 '미'를 치게 가르친다. 그런 다음 두 번째 음인 '레'를 치도록 가르친 후, 두 음을 역행동연결한다. 마지막에 첫 번째 음인 '도'를 가르쳐 세 음을 모두 연결해 '도레미'를 치게 한다.

2. 초인종이 울릴 때 개가 침대나 특정한 장소로 가 앉아서 기다리게 하려면 어떻게 가르치면 될까?

　두 가지를 별개로 나눠서 가르칠 수 있다. 첫 번째는 개가 침대로 달려가는 것을 가르친다. 보상으로 먹이를 사용한다. 그다음에는 개가 침대로 달려가서 첫 번째 먹이를 먹은 뒤 두 번째 먹이를 먹기 위해 뒤돌아 엎드리는 것을 가르친다. 일단 이 행동을 할 수 있게 되면 보호자로부터 점점 거리를 늘린다. 그리고 두 번째는, 보호자가 뒷걸음질했다가 다시 되돌아올 때까지 침대에서 얌전히 기다리는 것을 가르친다. 점차 더 멀리까지 가면서 현관문을 두드리거나 문을 열거나 초인종을 누르는 것 같은 방해물을 추가한다. 그리고 이 두 행동을 연결한다.

CHAPTER 9

가르치기는 전문 기술이다
Training Is a Technical Skill

　조작적 조건형성의 원리를 이해했다면 이제는 이의 성공적인 활용을 위해 연습을 할 차례다. 이론상으로는 쉬워 보이지만 동물을 가르치는 것은 전문적인 기술이다. 반려동물을 이해하고 그들의 행동을 바꾸는 데에는 초자연적인 기적이나 마술 같은 일은 일어나지 않는다. 우리의 움직임과 개의 반응 둘 다에 집중해야 한다. 특히 속도와 방향을 급격하게 바꾸며 달리는 행동이 포함되는 경우에는 더 그렇다.

　동물을 성공적으로 가르치고 행동을 바꾸기 위해서는 반드시:

· 타이밍을 정확하게 맞추어야 하고,

· 행동을 요구하거나 신호를 줄 때는 일관성 있고 명확해야 하며,

· 올바른 비율의 강화를 제공해야 한다.

　이 세 가지 간단한 기술을 완벽하게 익히면 초보 보호자라도 즉시 동

물에게 리더가 될 수 있다. 전문 트레이너들이 말이나 개 같은 반려동물을 단번에 집중하게 만드는 것은 이 세 가지 원칙을 정확하게 알고 있기 때문이다. 동물은 이들이 무엇을 원하는지 이해하며, 이들을 자신을 지도해줄 수 있는 예측 가능하고 믿을 만한 존재로 여긴다.

타이밍이 전부다

양성 강화를 이용해 흰 종이 위의 검은 점을 쪼는 것을 닭에게 가르친다고 가정해보자. 닭이 검은 점 주변의 흰 바탕을 쪼다가 드디어 검은 점을 쪼았을 때 재빨리 먹이를 준다. 그런데 불행히도 먹이를 주는 행동이 너무 느려 닭이 다시 흰 바탕을 쪼고 있을 때 먹이를 주고 말았다면, 이는 닭이 검은 점이 아니라 흰 바탕을 쪼는 것을 강화한 셈이 된다. 결과적으로 닭이 검은 점이 아니라 흰 바탕을 쪼게 될 가능성이 더 높아지고 말았다.

이 예는 타이밍이 정확하지 않다는 것이 어떤 의미인지를 확실히 알려주는데, 사실 대개의 경우 이렇듯 흑백을 보듯 정확하게 나타나지는 않는다. 때문에 우리는 '우리가 강화하는 행동을 얻게 된다'는 사실을 늘 염두에 두고 있어야 한다. 이 말은 '강화했다고 생각한' 행동도, '강화하려고 마음먹은' 행동도 아닌 실제 강화한 행동을 얻게 된다는 의미다. 즉, 가르치려고 했던 행동을 얻지 못한다면 타이밍이 정확했는지 살펴볼 필요가 있다.

연결 자극 사용하기

이상적으로는 동물이 '올바른 행동을 하는 찰나에 그리고 다음 행동이 일어나기 이전'에 강화를 해줘야 하지만, 동물이 너무 빨리 움직이거나 또는 그 이외의 다른 이유들 때문에 제때 보상을 주기가 힘들다면 올바른 행동이 무엇인지 개에게 정확히 알려주기 어렵다. 이런 경우에는 올바른 행동과 먹이 보상 간의 시간차를 연결시켜주는 연결 자극$^{bridging\ stimulus}$을 사용할 수 있다. 즉, 고전적 조건형성이 이뤄질 수 있도록 호루라기 소리, 종소리, 클리커의 클릭 소리 같은 새로운 소리와 먹이를 짝지을 수 있다는 것이다. 올바른 행동을 표시^{mark} 해주기 위해서 또는 앞에서 말했듯 올바른 행동과 먹이 강화물 간의 시간차를 연결해주기 위해서 이 새로운 소리를 사용할 수 있다. 물론 소리와 먹이 강화물 역시 가능한 한 재빨리 연이어 제공해야 하긴 하지만 연결 자극을 사용하면 약간이나마 시간을 벌 수 있다. 클리커를 연결 자극으로 사용하고 양성 강화로 먹이를 사용하는 것을 클리커 트레이닝이라고 한다. 즉 클리커 트레이닝은 클리커를 연결 자극으로 사용하는 양성 강화를 말한다.

타이밍 테스트 게임

동물을 직접 가르치기 전에 타이밍을 잘 맞출 수 있을지 미리 테스트해 보는 것이 좋다. 혼자 또는 친구들과 해볼 수 있는 몇 가지 연습 방법이 있다. 우선, 클리커와 테니스공을 준비하고, 친구가 공을 바닥에 떨어뜨려 공이 바닥에 닿는 순간 클리커를 누른다. 여러 명의 친구들과 함께 공이 바닥에 닿는 순간에 클리커를 누를 수 있는지 번갈아가며 연습해본다. 공을 떨어뜨리는 속도나 떨어지는 간격을 달리하면서 과정을 좀 더 어렵게 만든다.

속도를 다양하게 바꿔가며 공을 갖고 하는 이 연습은, 개, 줄, 먹이를 동시에 다루면서 정확한 타이밍에 개에게 먹이를 줘야 하는 실제 상황에 비하면 너무 쉽다. 여러 가지 방식으로 타이밍 연습의 난이도를 높일 수 있다. 우선, 클리커를 누른 뒤 바로 개에게 먹이를 준다. 개 위로 몸을 숙여 먹이를 주는 것이 아니라 찰나의 순간에 줘야 한다. 개의 입 앞에 먹이를 쥐고 있다가 재빨리 줘야 된다는 말이다. 또 한 발로 폴짝 뛰었다가 땅에 닿는 순간 클리커를 누르는 것

그림 9.1

도 해본다. 이 정도쯤은 너무 쉽다면 테니스공을 던지는 사람을 중심에 두고 큰 원을 그리면서 걸어보자. 일정한 속도로 걷는 동안 가운데 있는 사람이 숫자를 세도 좋다. 걷는 사람은 발을 내딛는 사이사이 한 손으로 자기 머리를 톡톡 친다(그림 9.1). 즉 '스텝-머리 치기-스텝-머리 치기-스텝-머리 치기' 하는 식으로 리듬을 타며 걷다가 공이 땅에 떨어지는 순간 클리커를 누르는 연습을 한다. 최고의 트레이너가 되기 위한 타이밍과 집중력을 키울 수 있는 방법이다.

기준을 분명히 정의해야 명확하고 일관성 있게 할 수 있다

닭에게 검은 점을 쪼게 하는 교육에서 강화하고자 하는 것은 검은 점을 직접 쪼는 것이다. 그런데 닭이 검은 점을 쪼는 것 이외에 점의 오른

쪽 경계선을 치거나 또는 단순히 쪼는 것이 아니라 마치 찢어버릴 기세로 찍어 흔들 때는 어떻게 해야 할까? 이 세 가지 행동 모두를 강화한다면 이 세 가지 행동 모두를 하게 하는 결과를 낳게 된다. 검은 점의 한 가운데만 잘 쪼길 원한다면 닭이 점의 중앙 부분을 쫄 때만 강화해야 한다. 교육에 들어가기 전, 강화하고 싶은 행동이 무엇인지 정확하게 정의해놓지 않으면 동물을 혼란스럽게 해 여러 가지 행동을 하게 만든다.

올바른 비율로 강화한다

닭, 동물원의 동물, 고양이, 돼지 그리고 그 외에 줄을 매지 않은 다른 동물들을 교육시킬 때는 게임에 계속 흥미를 느낄 수 있도록 충분히 자주 행동을 강화해줘야만 한다. 개의 경우에는 언제든지 통제할 수 있도록 줄을 사용하지만 그래도 우리에게 계속 집중하면서 우리 요구를 따르도록 하기 위해서는 충분한 강화가 필요하다. 목줄이나 가슴줄은 개가 곤경에 처하지 않도록 막아주는 안전장치일 뿐이다. 가르치는 동안 동물이 우리에게 계속해서 집중하게 하기 위해서는 정확한 타이밍, 정확하게 정의된 기준, 올바른 비율의 강화가 반드시 필요하다.

어떤 비율을 사용하나?

동물이든 사람이든 새로운 행동을 배울 때는 끊임없이 그 행동을 강화해줘야 한다. 그 행동을 올바르게 할 때마다, 그 행동을 완전히 익힐 때까지 보상해줘야 하며, 목표 행동을 충분히 쉽게 만들어서 보상을 많이 받을 수 있게 해줘야 한다. 그렇지 않으면 헷갈리거나 싫증이 나서 포기할 수 있다. 일단 동물이 그 행동을 완전히 배워서 다음에 지시를 받았을 때도 그 행동을 할 것임을 100퍼센트 장담할 수 있게 되면 수준을 높이거나 그 행동이 언제 보상을 가져다주는지 동물이 알 수 없도록, 강화해주는 방식을 변동 비율 강화variable ratio of reinforcement(VR)로 바꾼다. 변동 강화variable reinforcement란, 우리가 세운 목표와 동물의 수준에 따라 그 행동을 평균 두 번, 세 번, 네 번, 다섯 번 또는 그 이상(VR2, VR3, VR4, VR5, VR5+)할 때마다 한 번씩 강화해주는 것을 말한다. 이는 '평균'을 말하는 것이지 정확히 두 번째마다, 세 번째마다, 네 번째마다, 다섯 번째마다 강화*해야 한다는 말이 아닙니다. 강화할 때 기억해야 할 것은 어떤 변동 비율 강화를 할 것인지를 결정하고 선택한 비율보다 숫자의 범위를 더 올릴 것인지 내릴 것인지를 선택해야 한다는 것이다. 예를 들어 VR4로 하기로 결정하고 개를 데리고 '따라 걷기'를 연습하겠다고 한다면, 따라 걷기를 잘하게 된 다음에는 두 번째 걸음, 세 번째 걸음, 네 번째 걸음, 다섯 번째 걸음 또는 여섯 번째 걸음에 강화를 줄 수 있다. 시작할 때마다 이 범위 내에서 아무 숫자나 고르면 된다. 다만 '평균' 네 걸음 정도마다 한 번씩 보상을 주면 되고 개는 자기가 정확히 몇 걸음마다 한 번씩 보상을 받는지 절대 알지 못하게 해야 한다. 변동 비율 강화를 사용할 때는 낮은 비율로 시작하고, 개가 계속 잘 따라온다면 평균보다 더 많은 걸음 수마다 강화를 한다. 한 번에 80~90퍼센트 정도를 잘 해내면 변동 비율을 더 높인다. 변동 비율 강화는 아주 강력한 힘을 가졌으며 행동을 매우 견고하게 만들어준다. 카지노의 슬롯머신 역시 이 변동 비율 강화를 사용하여 도박꾼들이 계속 게임을 하게 만든다.

---

* 이렇게 하는 것은 고정 비율(fixed ratio)이라 한다. – 지은이주

[연습문제 1] 타이밍

다음에서 올바른 강화를 위한 정확한 타이밍은 언제일까?

1. 개에게 오래 엎드려 있기를 가르치려 한다. 개에게 '엎드려'를 시키고 기다리게 한 뒤, 2~3분 후에 돌아와서 개를 일어나게 했다. 이 과정 중에서 언제 강화를 해줘야 개가 엎드려 있는 것에 보상을 해주는 것일까?

　엎드려 있는 동안 먹이를 주고 칭찬해준다. 일어난 뒤 보상을 하는 것은 잘못된 것이다.

2. 앞의 개에게 '앉아'를 시켜 기다리게 한 뒤 잠시 그 자리를 떠나 있다가 멀리서 개를 "이리 와." 하고 부른 뒤 개가 왔을 때 보상을 해준다면 어떤 행동을 강화시킨 것일까?

　'이리 와'에 대한 행동을 강화한 것이다. 기다려 동작과 이리 와 동작을 분리시켜 교육한 다음 그것을 연결하는 것이 두 가지 행동 모두를 정확하게 만들 수 있다.

[연습문제 2] 기준 정의하기

다음은 원하는 행동을 분명하고 정확하게 강화하는 것이 얼마나 중요한지 보여주는 좋은 사례들이다.

1. 캘리포니아 산타 로사에 있는 사파리 공원에는 기린에게 코로 목표물을 건드리게 하는 교육을 하는 사람이 있다. 기린은 호기심이 많아 코로 물건을 탐색하고 긴 혀로 잡아보는 것을 좋아하는데, 기린에게 이런 타깃팅 교육을 할 때는 어떤 행동을 강화해야 할까?

　만약 혀로 목표물을 잡는 것을 강화한다면 교육 결과 혀로 목표물을 잡는 행동을 얻게 된다. 때문에 코로 목표물을 건드릴 때만 강화해야 한다.

2. 개는 목표물을 코로 건드리는 것보다 입으로 무는 것을 더 좋아하는 경향이 있다. 또 코를 목표물 가까이 가져가기만 하고 막상 건드리지 않는 경우도 많다. 이런 경우 어떤 행동을 강화해야 할까?

　개가 목표물을 건드리길 원한다면 개가 목표물을 건드리는 순간만 강화해야 한다. 그리고 입이 아니라 코로 건드리길 원한다면 코로 건드릴 때만 강화하면 된다.

[연습문제 3] 변동 비율 강화

다음 사례에서 변동 비율 강화를 확인할 수 있는가?

1. 개 공원에 가보면 보호자가 불러도 오지 않는 개가 허다하다. 연이어 다섯 번, 열 번씩 불러도 오지 않는다. 그럼에도 불구하고 왜 이 보호자들은 계속 개를 줄을 매지 않고 풀어놓거나 개를 부르려고 애쓸까?

어쩌다 한 번이라 할지라도 때로는 보호자가 부를 때 개가 오기도 하기 때문이다. 즉, 개가 보호자를 변동 비율 강화로 가르치는 셈이다.

2. 사이가 안 좋은 부부가 많다. 개별적으로는 좋은 사람들인데 함께 있으면 끔찍해지기도 한다. 사소한 일로 수시로 다투면서도 여전히 같이 산다. 왜 그럴까?

다투기도 하지만 같이 멋진 시간을 보내기도 한다. 이들은 다음에 다시 그런 멋진 시간이 오길 항상 바라고 있다. 즉, 서로를 변동 비율 강화로 가르치고 있는 것이다.

3. 어떤 사람들은 왜 그렇게 스포츠 경기를 좋아할까?

스포츠에는 경쟁적인 요소뿐 아니라 재미 요소도 많다. 미식축구에서 터치다운을 몇 번 할 수 있을지, 골프 시합에서 어떤 선수가 몇 타 만에 홀을 마칠지, 농구 시합에서 골 점수가 얼마나 나올지 전혀 알 수 없기 때문이다. 경기의 결과를 예측할 수 없는 것과 강화가 변동 비율로 주어지는 것은 같은 이치라고 보면 된다.

CHAPTER 10
동물은 기계가 아니다
An Animal is Not a Black Box

　한 트레이너가 자신의 래브라도 레트리버 두 마리에게 냉장고 제일 위쪽 선반에 있는 맥주병 물어오기를 가르치고 있다. 두 마리 모두 냉장고 손잡이에 매어놓은 줄을 입으로 당겨 문을 열고 맥주병을 꺼낸 뒤 앞발로 문을 닫고 트레이너에게 맥주병을 가져다줄 수 있게 되자 트레이너는 마지막 테스트를 해보기로 했다. 맥주병을 냉장고의 가운데 선반에 놓은 뒤 가져오게 해본 것이다. 한 개는 맨 위 선반에 있는 샐러드드레싱 병을 물고 왔고, 또 다른 개는 가운데 선반에 있는 맥주병을 가져왔다. 왜 두 마리의 교육 결과가 다른 걸까?

　모든 동물은 고전적 조건형성과 조작적 조건형성을 통해 세상을 배워 나간다. 한때 학자들이 생각했던 것처럼 동물은 백지상태이거나 A가 들어가면 A가 그대로 나오는 기계가 아니라는 말이다. 즉 같은 일도 다 똑같이 배우지 못하고, 같은 방식으로 교육을 받아도 저마다 다르게 배울 수 있다. 학습 결과에 차이가 나는 것은 과거의 경험과 그 순간의 동기 수준이 다르기 때문이기도 하지만 무엇보다도 품종별 특성과 개체별 성향이 다르기 때문이다. 따라서 최고의 트레이너가 되거나 반려동물을 잘 이해하기 위해서는 품종별, 개체별 특성을 고려해야만 한다.

동물의 자연사 그리고 진화적 제약

1960년대 이전, 학자들은 모든 종은 기본적으로 같다는 가정하에 주로 쥐와 비둘기를 데리고 학습에 대해 연구했다. 그러던 중 1961년 마리안 브릴랜드와 켈러 브릴랜드Marian and Keller Breland 부부가 발표한 논문 〈유기체의 잘못된 행동The Misbehavior of Organisms〉을 통해 전환점을 맞게 된다. 조작적 조건형성의 창시자인 스키너B.F. Skinner의 제자였던 이들은 동물심리학의 과학적 원리를 실험실 밖 현장으로 확장 적용시킨 최초의 인물이었다. 이들은 동물응용심리학이라는 분야를 개척했고, 〈동물 행동 기업Animal Behavior Enterprises〉이라는 이름으로 동물원, 박람회, 유원지, 텔레비전 광고에 이용할 동물을 대량으로 훈련시키는 사업을 했다. 이들은 순록, 라쿤, 쥐에 이르기까지 38종 6,000마리를 훈련시킨 후, 훈련에 실패한 사례에는 특정 패턴이 있다는 것을 확인하고 이를 논문으로 썼다.

그 첫 번째 사례는 너구리에게 동전을 집어 금속 상자 안에 넣게 하는 훈련에 대한 것이었다. 먼저 동전 집기는 쉽게 가르쳤지만 동전을 상자 안에 떨어뜨리는 행동을 형성하기 시작하자 너구리가 이상한 행동을 보였다. 먹이 보상을 받으려면 동전을 상자 속으로 떨어뜨려야 했는데 너구리는 상자 안에 동전을 넣고 비비더니 다시 꺼내 앞발에 쥐고 있었다. 브릴랜드 부부가 수준을 높여 동전을 두 개로 늘리자 행동은 더 나빠졌다. 이번에도 동전을 상자 안에 넣은 채로 문질러댔다. 때로는 몇 분씩 말이다.

두 번째 사례는, 닭에게 단상으로 달려간 뒤 12~15초 정도 서 있으면 믹이 보상을 주는 훈련에 대한 것이었다. 이 훈련 중에도 의도치 않은 행동이 나타났는데, 닭의 50퍼센트가 단상 바닥을 발로 반복적으로 긁는 행동을 보인 것이다. 이 행동은 서 있는 시간이 길어질수록 더 늘어났다. 결국 브릴랜드 부부는 이 훈련 계획을 '춤추는 닭'으로 변경했다.

세 번째 사례는, 돼지에게 큰 나무 동전을 집어 돼지 저금통에 넣는 것을 가르치는 것이었다. 동전 한 개를 집어 저금통에 넣게 하는 것은 쉬웠기에 단계를 높여 여러 개의 동전을 넣는 것을 훈련했다. 그런데 몇 달 후 행동이 나빠지기 시작했다. 하던 대로 동전 네 개를 가져가 하나씩 넣는 것이 아니라 동전을 바닥에 떨어뜨리더니 바닥을 헤집다가 동전을 공중으로 던져버리는 것을 반복하는 것이었다. 돼지는 먹이에 동기부여가 아주 잘되는 동물임에도 불구하고 얼마 되지 않는 거리까지 동전을 옮기는데 10분이나 걸렸다.

이 세 가지 훈련의 실패 원인은 무엇일까? 동물들이 그 행동에 대한 강화가 없음에도 불구하고 본능적으로 '먹이 찾기 행동'을 했기 때문이다. 즉 닭은 먹이를 찾을 때 땅을 발로 긁거나 부리로 쪼는 행동을 하고, 너구리는 먹이를 물에 씻어 먹으며, 돼지는 땅을 여기저기 헤집는다. 이들은 자극(동전, 공, 단상)과 먹이 간에 고전적 조건형성된 연관을 형성하고 있었던 것이고, 그래서 결과적으로 먹이를 찾거나 조달하는 것과 연관된 행동을 했던 것이다. 브릴랜드 부부는 이 새로운 현상을 본능 표류instinctive drift*라고 칭했다.

학습을 위한 생물학적 준비

    브릴랜드 부부는 소에게 먹이 강화물을 사용해서 발길질을 하게 가르치거나 소리를 내도록 조건형성시키는 것은 어렵다는, 이른바 '종 고유의 변칙 현상'들도 발견했다. 이후 과학자들은 동물은 생물학적으로 어떤 일을 배우거나 어떤 연관을 만들 준비가 되어 있다는 개념에 좀 더 집중했고(그림 10.1), 그 결과 다양한 학습적 제약이 있음을 발견하게 되었다. 예를 들어 말은 싸울 때 발길질을 하지만 소는 머리로 받아 밀어붙이는데, 이런 지식을 참고하면 말에게 신호에 맞춰 발길질하게끔 훈련하는 것은 쉽지만 소에게 이 행동을 가르치기란 매우 힘들다는 사실을 쉽게 알 수 있다. 마찬가지로 양의 털을 깎아보면 알 수 있듯 면양과 염소는 해부학적으로는 거의 비슷하지만 행동 습성상 염소 쪽이 암벽타기에 동기부여가 더 잘 된다.** 굳이 동물 행동 전문가가 아니어도 암벽타기 재주는 양이 아닌 염소를 훈련시키는 편이 더 쉽다는 것쯤은 누구나 알 수 있다는 이야기다.

    그 동물의 자연사를 안다면, 동물이 압박을 받을 때 어떤 반응을 보일지 예측하는 데도 도움이 된다. 동

그림 10.1

---

* 학습되어야 할 행동이 동물의 본능적인 행동과 충돌할 때 그 본능적인 행동으로 되돌아가려는 경향 – 옮긴이주
** 야생 염소는 험준한 산에서 생활하는 만큼 암벽을 타는 데 능숙하다. – 옮긴이주

물은 두려운 상황에 처하면 싸우거나 도망가거나 그 자리에 얼어붙는 등의 반응을 보인다. 말, 토끼, 설치류 같이 다른 동물의 사냥감이 되는 동물은 주로 도망을 간다. 고양이 같은 소형 포식 동물들도 마찬가지다. 반면 대형 포식 동물이나 먹이사슬의 상위에 있는 동물은 도망가기도 하지만 주로 싸운다. 이는 다른 개나 낯선 사람을 무서워하는 개가 어떻게 전혀 두렵지 않은 듯 짖거나 덤벼드는 것을 쉽게 배울 수 있는지, 반면, 말, 소 또는 고양이는 왜 기회만 있으면 도망가는지를 설명해준다.

이런 이유에서 우리는 훈련할 때 동물의 진화 및 자연사를 근거로 동물의 종 특성을 고려해야 하고, 뿐만 아니라 어떤 유형의 행동을 가르칠 것이냐에 따라 사용할 강화물의 유형도 고려해야 한다. 특정 반응은 특정 강화물에 자연스럽게 '속하는 관계'에 있다. 이 개념을 연구하던 심리학자 존 가르시아John Garcia와 그의 연구진들은 이를 '귀속성belongingness'이라고 이름 붙였다. 그들은 쥐가 음식을 먹은 뒤 메스꺼움이 뒤따랐을 때는 그 음식을 피하지만 쇼크가 뒤따랐을 때는 그 음식을 피하지 않는다는 사실을 발견했다. 그들은 쥐에게 한 번도 소개한 적 없는 음식이나 음료를 주고 나서 X-광선에 노출시켜 메스꺼움을 느끼게 했다. 결국 쥐는 매스꺼움을 느끼기 전 자기가 먹거나 마셨던 새로운 음식을 거부했다. 그러나 또 다른 새로운 음료를 주면서 발에 쇼크를 주면 쥐는 그 두 가지가 연결된다는 사실을 알지 못했고, 음료를 마시는 양도 줄지 않았다. 반대로 쇼크를 받기 몇 초 전에 클릭 소리를 들은 쥐는, 이후 클릭 소리를 들으면 쇼크를 피하기 위한 조치를 취했다. 그러나 클릭 소리를 들려준 뒤 메스꺼움을 느끼게 했을 때는 그 둘이 연관성이 있다는 사실을 알지 못했다. 이런 발견은 신호와 그에 따른 결과가 '같은 시스템' 안에 속해야만 한다는 사실을 설명해준다. 메스꺼운 느낌과 위장계는 밀접한 관계가 있는데 이 둘은 음식물 찌꺼기를 먹고 사는 쥐의 생존과 직결된다. 쥐는 새로운 먹이를 접하면 독성이 있는 음식물을 피하기 위해 한꺼번에 다 먹어치우지 않고 일단 조금만 맛을 본다. 그랬다가 몸이 안 좋아지면 피해야 하는 먹이라는 사실을 배운다. 마찬가지로 피부의 통증 수용체를 통해 전해지는 자극이나 쇼크는 쥐에게 피해야 하는 물건이나 장소를 가르쳐준다. 하지만 이는 먹이를 먹는 것과는 관계가 없다.

귀속성 또는 생물학적 준비biological preparedness에 대한 또 다른 사례로 큰가시고기를 들 수 있다. 큰가시고기 수컷은 다른 수컷들의 접근을 맹렬하게 막아 자기 영역을 지키는데, 수컷의 구애를 받아들인 암컷은 이 영역 안에 산란을 한다. 1973년, 세븐스터Sevenster라는 이름의 한 연구자는 한 무리의 수컷 큰가시고기에게 암컷이나 싸움을 해야 하는 수컷에게 접근하기 위해서는 막대기를 물어야 한다는 것을 가르쳤다. 막대기를 무는 것은 영역을 지키기 위한 공격적인 행동에 속하므로, 강화물이 수컷일 때는 쉽게 배웠지만 강화물이 암컷이었을 때는 그렇지 못했다. '무는 행동'이 다른 수컷과 싸울 때의 행동에 '속하기' 때문이다.

잘 생각해보면 이 개념들을 훈련시킬 동물에게 적용할 수 있다. 예를 들어 다른 개와 싸우고 있는 개를 말리기 위해 이름을 불렀다고 가정해보자. 개가 싸움을 멈추고 재빨리 온 것을 칭찬해주기 위해 먹이로 보상을 해주는 경우 대개는 싸움이라는 나쁜 행동까지 강화하지 않는다. 싸움과 공격성은 먹이를 먹는 것과는 다른 시스템에 속하기 때문이다.

하게 만드는 동기

동물의 자연사를 고려해보면 어떤 강화물이 동물에게 동기를 부여하는 데 적절한지 결정할 수 있다(그림 10.2). 모든 동물 종은 생존에 필수적인 세 가지 요소, 즉 먹는 욕구, 위험으로부터 안전하고자 하는 욕구, 번식 욕구에 의해 동기부여가 된다. 일반적인 교육 중에 번식 행동과 관련된 기회를 주는 것은 불가능하고, 두려움을 일으키는 혐오자극을 사용하는 것은 부작용이 많다. 그렇다면 이제 남은 하나는 먹이다.

이 필수적인 세 가지 강화물과 더불어, 종에 따라 동기부여가 되는 강화물이 다 다르다. 개와 같은 포식 동물은 대상을 쫓고 장난감을 물어오는데, 특히 상처 입은 먹잇감처럼 '찍' 하는 소리를 내는 대상을 좋아한다. 그리고 무리를 이루는 동물에게는 안전을 제공해주는 무리에 속해 있는 상태, 즉 사회적 강화물이 특히 큰 효력을 가진다.

그림 10.2

동기는 같은 종이라 해도 개체에 따라서, 또 같은 개체라 해도 하루 중 어느 때냐에 따라서 다양해진다. 일반적으로 무엇이 동기를 부여하며 또 어떤 동기부여원이 효과가 있는지 밝히기 위해 프리맥 원리Premack Principle에 대해 이야기해볼 수 있다. 프리맥 원리는 발생 가능성이 높은 반응은 발생 가능성이 낮은 반응을 강화하는 데 기여할 수 있다는 것으로, 강화물이 반드시 먹이 보상이나 뼈 같은 것일 필요는 없으며, 그 대신 '동물이 더 하고 싶어 하는 무엇인가가 강한 강화물이 된다'는 것이다. 예를 들어 개가 산책 중에는 먹이보다는 다른 개와 노는 것을 더 좋아한다면 이 상황에서는 노는 것이 먹이보다 더 효과적인 강화물이 된다는 이야기다. 물론 다른 개로부터 3~6미터가량 멀찌감치 떨어지고 나면 다시 먹이가 더 강한 강화물이 될 수 있다.

강화물의 효력은 동물의 상태나 상황에 따라 역동적으로 변하기 때문에 동물의 상황을 통제하는 것으로 강화물의 종류나 효력 역시 통제할 수 있다. 교육을 위해 먹이를 보상으로 사용하려고 한다면 먹이의 양을 조절해 개나 고양이를 배고프게 만들어둘 수 있다. 또 개 공원에서 내가 부르는 신호를 듣고 개가 달려왔을 때는 그러자마자 다른 개와 놀게 해주는 것으로 보상해줄 수 있다.

의사소통

상황에 따라 어떤 보상이 동물의 행동을 강화하는지 알기 위해 목록을 무작정 외울 필요는 없다. 동물을 지켜보며 어떤 반응을 보이는지 살펴보면 된다. 공을 물고 돌아온 것을 칭찬하고 있는데 개가 손 안의 테니스공만 응시한다면 개가 보상으로 여기는 것은 장난감이지 칭찬이 아니다. 시킨 대로 재주를 부린 것을 보상해주려고 쓰다듬고 있는데 개가 몸을 빼낸다면, 그런데 먹이를 보고는 생기가 돈다면 개가 원하는 것은 쓰다듬어주는 손길이 아니라 먹이다.

인간과 동물은 의사소통을 하는 데 사용하는 기본 언어가 다르다. 인간은 의식적으로 말을 사용해 의사소통하는 반면 반려동물은 몸의 자세로 의사소통하는데, 그러다 보니 소통이 잘 이뤄지지 않는 경우가 많다. 우리는 반려동물이 보내는 메시지를 모조리 놓치면서, 동물이 우리의 모든 움직임을 해석하고 있다는 사실도 잊는다. 특히 우리의 움직임이 동물에게 두려움을 준다는 것 또는 우리가 사용하는 강화물이 효과가 없다는 것을 깨닫지 못할 때는 큰 문제가 된다. 또한 개는 우리가 마구 뒤섞인 메시지를 보낼 때면 몹시 혼란스러워진다. 비록 우리는 무슨 신호를 보냈는지 인식조차 못할지라도 동물은 별도의 대안이 없는 한, 시각 신호 또는 촉각 신호를 우선적으로 받아들인다. 사실, 동물은 대개 우리의 말보다는 움직임에 더 신경을 쓴다.

[연습문제 1] 강화물 찾기

다음에서 개가 하고 싶어 하는 것들을 목록화해서 개의 행동을 강화하고 있는 것이 무엇인지 알아보자.

- 산책을 하고 있을 때 개는 어떤 것에 동기부여 되는가?
  (개가 좋아하는 것은 무엇인가? 혹은 더 좋아하는 것은 무엇인가?)
- 개 공원에서 먹이를 보상으로 주는 것이 다른 개와 놀게 해주는 것만큼 효과적인 강화물로 작용하는가?

· 집에 혼자 있을 때와 달리, 손님이 왔을 때도 먹이가 충분히 강한 강화물이 될 수 있는가?

[연습문제 2] 우리는 서로에게 무슨 말을 하고 있나?

각 질문에 대답하려면 반려동물에게서 어떤 자세나 행동을 찾아야 하는지 생각해보자.

· 개가 칭찬을 보상으로 여기는 때를 어떻게 알 수 있나?
· 개가 안겨 있는 것을 좋아하는지 어떻게 알 수 있나?
· 특정 보상이 개에게 보상으로 작용하고 있는 때를 어떻게 알 수 있나?
· 개가 산책을 좋아하는지 아닌지 어떻게 알 수 있나?

CHAPTER 11
네 가지 행동 수정 방법
Four Methods of Behavior Modification

행동을 수정할 때 사용할 수 있는 방법에는 네 가지가 있다. 습관화 habituation의 형태인 홍수법 flooding과 탈감각화 desensitization, 역조건형성 counter-conditioning의 형태인 고전적 역조건형성 classical counter-conditioning과 조작적 역조건형성 operant counter-conditioning이 그것이다.

습관화

자연 상태에서 동물은 끊임없이 자극에 노출된다. 수많은 소리와 냄새, 형체, 감촉이 신경계를 자극하는데, 매번 이 모든 것에 집중해야 한다면 감각 기능은 순식간에 과부하가 걸리고 말 것이다. 때문에 동물은 어떤 자극이 놀랄 만한 것인지 또는 무시해도 괜찮은 것인지를 알아야 하는데 이 과정 중 하나가 습관화를 통해서 이뤄진다. 습관화는 동물이 굉음을 내며 지나가는 자동차 같은 어떤 자극에 불쾌한 경험 없이 또는 유쾌한 경험과 함께 반복적으로 노출되면서 그 자극에 점점 반응하지 않게 되는 것을 말한다. 즉, 동물이 무엇에 '익숙해졌다'는 의미다.

사실 습관화는 항상 일어나고 있기 때문에 우리에게도 익숙한 현상이다. 조용한 동네에 살다가 근처에 기차가 지나다니는 동네로 이사했다고 가정해보자. 첫날 밤엔 기차소리 때문에 잠을 이루지 못하겠지만 시간이 지나면 차츰 기차 소리를 알아차리지 못하게 되다가 결국엔 기차가 지나다니는 것조차 의식하지 못하게 된다. 개를 비롯한 동물도 시끄러운 소음에 습관화를 발달시킨다.

습관화는 학습의 가장 흔한 형태로, 그 기능 중 하나는 동물이 무언가에 두려움을 갖지 않도록 가르치는 것이다. 동물은 태어나는 순간부터 안전하다고 확인되지 않은 모든 대상과 동물을 두려워한다. 야생동물이 만화 주인공처럼 숲 밖으로 나와 캠프파이어를 하며 사람들과 어울리지 못하는 건 이 때문이다. 두려움은 생존과 직결된 문제다. 새로운 대상과 동물을 선천적으로 두려워하지 않는다면 천적의 먹잇감이 될 가능성이 매우 높으니 말이다. 가장 좋은 예가 나의 첫 번째 쥐, 스니커즈다. 나는 스니커즈가 어렸을 때부터 자주 내 손 위에 올려놓고 다뤘고 다른 많은 동물에게 습관화가 되도록 했다. 하루는 내 친구 하나가 우리 집에서 몇 주간 지내기 위해 자기 고양이를 데리고 왔는데, 스니커즈는 곧장 그 고양이에게 다가가더니 하루 종일 졸졸 따라다녔다. 만약 스니커즈가 야생에서 살았고 야생 고양이과 동물에게 다가갔더라면 당장 먹잇감이 됐을 것이다.

또 습관화는 왜 동네 다람쥐가 닿을 듯 말 듯한 곳의 나뭇가지에 앉아서 개를 약 올리는 것처럼 보이는지 그리고 왜 사슴이 수많은 차가 지나다니는 도로 가까이에 나와 풀을 뜯어먹는지도 설명해준다. 처음에는 개가 두렵고 차가 무서웠겠지만 나무와 도로 주변에는 먹이 같은 소중한 자원이 있기 때문에 예의주시하며 그 자리에 있었을 것이다. 그리고 아무 나쁜 일도 일어나지 않자 땅에서 짖는 개와 옆으로 지나가는 차는 위험

> **홍수법 Flooding**
> 동물이 반응을 멈출 때까지 최대 강도의 자극에 노출시킨다. 그 자극이 유쾌하건 불유쾌하건 아무 결과도 가져오지 않는다면 결국 그 자극을 무시하는 것을 배우게 된다.
>
> **탈감각화 Desensitization**
> 동물이 반응하지 않을 정도의 낮은 단계의 자극에서 시작해서 차츰차츰 자극의 강도를 높여 결국엔 최대 강도의 자극을 무시하는 것을 배우게 되는 것을 말한다.
>
> **고전적 역조건형성 Classical counter-conditioning**
> 전에 고전적으로 조건형성된 연관과 '반대'되는 연관을 고전적으로 조건형성하는 것을 말한다. 고전적 역조건형성은 일반적으로 동물을 특정 방식으로 행동하게 만드는 잠재적 감정 상태 및 생리 상태를 바꿀 수 있다.
>
> **조작적 역조건형성 Operant counter-conditioning**
> 문제 행동과 양립할 수 없는 대체 행동을 교육시키는 것을 말한다(보통 조작적 역조건형성이 효과가 있으려면 동물이 반드시 대체 행동을 유쾌한 결과와 연관시켜야 한다).

하지 않다는 것과 적어도 어느 거리만큼 떨어져 있는 한 죽을 염려는 없다는 것을 배웠을 것이다. 또 다람쥐의 경우에는 근처의 다른 다람쥐에게 개의 위치를 알려주기 위해 나무의 안전한 위치에서 경고 신호를 보내는 것일 수도 있다.

습관화는 구체적인 상황에 국한된다

동물은 시끄러운 소음이나 새로운 물건 같은 특정 자극에 이미 습관화되었음에도 불구하고 환경이나 상황이 조금만 달라져도 다시 그 자극에 반응을 보이곤 한다. 즉, 일반화되지 않는 것이다. 습관화는 처음에 구체적인 상황에서 이뤄지는 것이 중요하기 때문이다. 예를 들어 다람쥐가

나무 위에 있을 때 개로부터 안전하다는 것을 배웠다고 해서 처음으로 땅에 있을 때 개가 짖으며 달려와도 가만히 있는다면 물려 죽을지도 모른다. 이 경우의 습관화는 도움은커녕 오히려 죽음을 초래한다. 마찬가지로 도로 위를 쏜살같이 움직이는 차가 안전하다고 배운 사슴이 차가 처음으로 갓길 쪽으로 방향을 틀었을 때도 그대로 있으면 박제 신세가 되고 말 것이다. 습관화는 일반화될 수 있다. 하지만 대개 수없이 다양한 상황에서 특정 자극에 습관화가 된 후에만 그렇다.

습관화의 두 형태 : 홍수법과 탈감각화

홍수법flooding은 동물을 최대 강도의 자극에 노출시키는 것이다. 이상적으로는 동물은 특정 자극에 점차 익숙해질 것이다(그림 11.1). 그러나 홍수법의 문제는 동물이 자극을 극단적으로 두려워할 경우 사실상 동물을 더 '예민하게' 만들 수 있고, 그 결과 같은 수준의 자극도 더 두려워하게 만들 수 있다는 것이다(그림 11.2).

탈감각화desensitization는 아주 약한 수준의 자극에서부터 시작해 동물이 그 낮은 수준의 자극에 익숙해지면 차츰차츰 자극의 강도를 높여나가는 것이다(그림 11.3). 이상적으로는 동물이 절대 두려워하지 않도록 자극 수준을 충분히 체계적으로 차츰차츰 증가시켜야 한다. 그렇지 않으면 예민해질 수 있다. 자극 수준이 동물에게 중요한 반응을 일으킬 만큼 강하다면 탈감각화가 아니라 홍수법이 적용되고 있는 것이다.

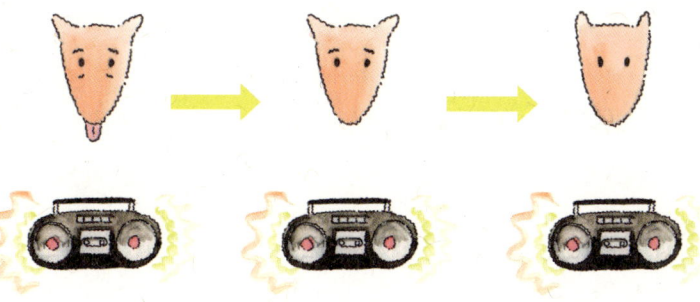

그림 11.1 홍수법

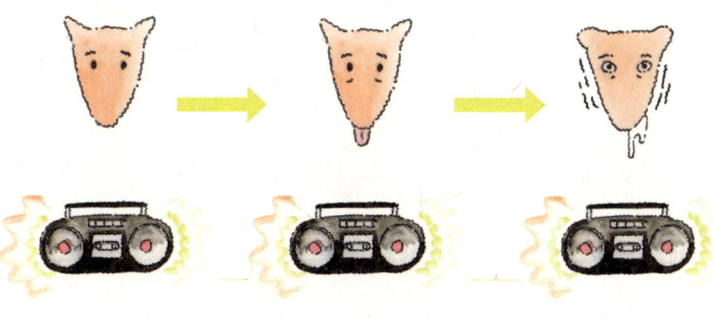

그림 11.2 감각화

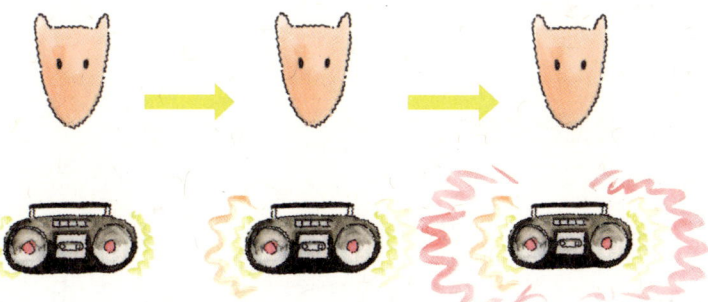

그림 11.3 탈감각화

고전적 역조건형성

일반적으로 역조건형성이라는 말은 고전적 역조건형성을 의미한다. 고전적 역조건형성classical counter-conditioning에서는 고전적으로 새로운 연관을 조건형성한다. 개가 크레이트를 두려워한다면 개에게 크레이트 가까이 가면 좋은 일이 생긴다는 것, 즉 크레이트 근처에 가거나 안으로 들어가면 먹이를 얻게 된다는 것을 가르친다. 또는 시끄러운 소음을 무서워한다면 그 소음과 맛있는 간식을 연관 짓게 가르친다(그림 11.4). 다시 말해, 도망치거나 방어적 공격을 하는 등 부적절한 행동을 하는 개의 감정 상태를 바꾸는 것이다. 일반적으로 역조건형성과 탈감각화를 병행한다.

그림 11.4 고전적 역조건형성

조작적 역조건형성

이 용어는 심리학 박사인 파멜라 리드Pamela Reid에 의해 처음 사용되었다. 조작적 역조건형성Operant counter-conditioning은 양립될 수 없는, 즉 동시에는 일어날 수 없는 대체 행동을 교육시키는 것이다. 예를 들어, 개가 길 건너 다른 개를 볼 때마다 짖으며 달려든다면 개가 다른 개를 볼 때 우리를 쳐다보게 만든 뒤 복종 훈련 연습을 시킬 수 있다. '따라 걷기' 같은 재미있는 연습도 하고 그에 대한 보상도 받기 때문에, 개의 행동은 '다른 개를 보면 미치광이처럼 짖는다'에서 '다른 개를 보면 보호자에게 집중한다'로 바뀌게 된다(그림 11.5). 고전적 역조건형성과 마찬가지로 자극이 약한 먼 곳에서 시작해 점점 자극에 가까이 다가가며 연습한다. 조작적 역조건형성은 이런 구체적인 상황에서 효과가 있으며 단순히 동물이 우리가 원하는 상태로 움직이게끔 가르치는 것 즉, 복종 훈련을 하는 것이 아니라, 공격성을 일으키는 대상이나 주의를 끄는 대상이 아닌 우리한테 집중하게 만드는 것이 관건임을 알아야 한다.

게다가 동물이 다른 동물이나 대상에게 공격적인 행동을 보이는 사례에서는 양성 강화를 사용하고 있는지도 확실히 해야 한다. 왜냐하면 조작적 조건형성을 사용할 때마다 고전적 조건형성도 함께 일어나기 때문에, 동물은 대체 행동뿐만 아니라 연관도 배우게 된다. 따라서 혐오자극을 사용하면 동물은 다른 개나 사람을 혐오자극과 연관시킬 수 있고 이

그림 11.5 조작적 역조건형성

는 개를 더 공격적으로 만들 수 있다. 개가 대체 행동을 배우고 두렵게 여기던 대상, 사람, 동물에게 긍정적인 인상을 갖게 되길 원한다면 양성 강화를 사용해야만 한다.

네 가지 행동 수정 방법 사용하기

고전적 조건형성, 조작적 조건형성, 홍수법, 탈감각화, 이 네 가지 방법을 각각 사용해 계획을 세울 수 있는지 살펴보자. 각 문제 행동을 위해 사용할 수 있는 일반적인 행동 수정 기법들을 목록화하고, 어떻게 하면 각각의 기법을 사용할 수 있는지 구체적으로 설명해보자. 주어진 기법이 구체적 사례에 적절하지 않을 수도 있지만 이용 가능한 기법을 모두 알아두는 것이 좋다. 거의 사용하지 않는 기법이 예기치 않게 유용할 수도 있으니 말이다.

사례 1. 비우호적인 고양이
원래 고양이를 키우고 있는데 한 마리를 더 입양했다고 하자. 그런데 두 고양이가 서로를 좋아하지 않는다. 같은 방에 있으면 3미터나 떨어져 있어도 으르렁대며 '하악' 소리를 낸다. 이 행동을 고치고 싶을 때 사용할 수 있는 일반적인 행동 수정 기법들을 목록화하고 이 기법들을 어떻게 사용할지 설명해보자.

· 홍수법 : 두 마리를 서로 익숙해질 때까지 작은 방 안에 함께 둔다.*

---

* 실제 이 방법은 위험하니 집에서는 절대 시도해선 안 된다. – 지은이주

- 탈감각화 : 처음에는 멀리 떨어뜨려 놓고 둘 다 편안해하면 차츰차츰 둘 사이의 거리를 좁힌다.
- 고전적 역조건형성 : 서로를 즐거운 일과 연관 짓도록 가르친다. 같은 방에 있을 때 먹이나 관심을 준다. 둘이 함께 있을 때 먹이와 관심을 주는 것만이 최고의 방법이다. 먹을 때는 서로가 아니라 먹는 것에만 집중할 수 있도록 충분히 거리를 떨어뜨려 놓는다.
- 조작적 역조건형성 : 타깃 막대기를 건드리는 것과 같이 고양이가 하고 싶어 하는, 양립할 수 없는 대체 행동을 교육시킨다. 고양이가 함께 있을 때, 서로가 아니라 재미있는 게임에 집중할 수 있도록 반복적으로 타깃 막대기를 건드리게 해서 먹이를 받을 수 있게 해준다.

사례 2. 낯선 사람을 두려워하는 개

낯선 사람을 보면 두려워서 짖으며 뒷걸음질을 치는 개의 행동을 고치고 싶다고 해보자. 사용할 수 있는 행동 수정 기법을 목록화하고 어떻게 사용해야 할지 구체적으로 설명해보자.

- 홍수법 : 개를 낯선 사람들로 가득 찬 방에 두고 익숙해질 때까지 기다린다.
- 탈감각화 : 처음에는 낯선 사람에게서 개를 멀리 떨어뜨리고 개가 편안해하면 조금씩 거리를 좁혀 가까이 있게 한다.
- 고전적 역조건형성 : 낯선 사람과 개가 좋아하는 것을 연관 짓도록 교육시킨다. 그러기 위해 낯선 사람이 근처에 있을 때 먹이를 준다.
- 조작적 역조건형성 : 양립할 수 없는 행동을 가르친다. 단 개가 하고 싶어 하는 또는 좋아하는 것과 연관 짓는 행동이어야 한다. 예를 들어 개가 낯선 사람 근처에 있을 때 움직이는 타깃 막대기를 건드리게 하

거나 이름을 불러 오게 하는 것을 연습하거나, 낯선 사람 대신 우리에게 집중할 수 있는 다른 게임을 한다.

어떤 방법의 조합이 가장 좋을까?

대부분 두려워하는 개에게는 곧장 홍수법을 쓰고 공격적인 개(흔히 공격성이 두려움에서 비롯되는 것임에도 불구하고)에게는 벌을 주려고 하는데, 가장 효과적인 행동 수정 방법은 사실 탈감각화와 역조건형성을 조합해서 사용하는 것이다. 일단 두려움과 공격성을 일으키는 감정 상태를 바꾸고 나면 두려움 및 공격성과 연관된 행동도 사라진다. "개가 짖거나 으르렁대거나 달려든 직후, 앉기 같은 대체 행동을 시키고 그것에 대해 먹이를 주거나 보상을 해주면 두려워하거나 공격적인 태도에 대해 보상해주는 게 아닐까?" 하고 의아해하는 사람도 있다. 하지만 내재된 감정 상태를 변화시키면 그 행동을 줄일 수 있다. 예를 들어 두려움 때문에 우리를 보면 짖는 개가 있다고 해보자. 조용히 있기에 충분할 만큼 자주 먹이 보상을 던져주면서 조금씩 움직이거나 차츰 거리를 좁혀 나가다보면 개는 우리 또는 우리의 움직임을 좋은 경험과 연관 짓게 된다. 결국 개는 더 이상 두려움도 짖을 필요성도 느끼지 못하고 공격적 행동을 할 이유도 사라진다.

CHAPTER 12

혐오자극 : 벌의 함정
Aversives : The Pitfalls of Punishment

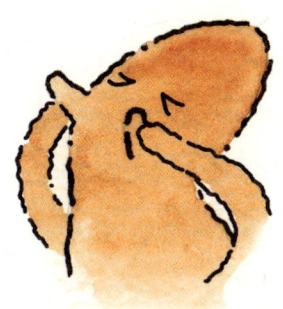

내가 처음 키웠던 개는 보스 기질을 가진 커다란 체구의 복서, '맥스'였다. 매우 활동적이고 재미있는 장난꾸러기였는데 이 녀석을 돌보며 봉사하는 것으로 평생 지을 죗값을 미리 치른다는 생각이 들었을 만큼 통제가 힘들었다. 맥스가 세 살이었을 때 나는 공인 복종 훈련 교실에 처음으로 참가했고, 교관은 개에게 따라 걷기를 가르칠 때 쓰는 일반적인 방법을 내게 가르쳐주었다. 배운 대로 나는 초크체인에 가죽 줄을 채운 뒤 개가 집중하지 않을 때면 줄을 잡아채며 전속력으로 반대쪽으로 달렸다. 하지만 끝까지 달려 줄이 팽팽해져도 맥스는 여전히 주변 냄새를 맡았다. 그만두게 할 셈으로 나는 다시 줄을 세게 잡아챘다. 그러자 맥스는 재빨리 내게 집중했고, 세 번째 잡아챘을 때는 나를 따라와 옆에 붙어 있게 되었다. 그러자 교관은 맥스가 딴 데 관심을 보일 때마다 계속 이 연습을 하면서 무작위로 테스트를 해보라고 했다. 복서는 학습 속도가 느린 종이라고들 하지만 맥스는 아니었다. 여섯 번째로 줄을 잡아챘을 때 맥스는 으르렁대며 일어나 나를 확 물려고 했다. 그날 이후 7년간의 기 싸움이 시작되었다. 처음 5년간 나는 이 문제를 비롯해 맥스의 또 다른 공격 행동들을 해결해줄 훈련사를 백방으로 찾아다니면서 그들이 제안하는 것은 무엇이든지 성실한 자세로 모두 시도해보았다. 열 명의 훈련사를 거친 후, 양성 강화, 행동형성하기, 행동연결하기, 일관성에 대해 알고 있는 한 트레이너를 만나게 되었고 그는 마침내 나를 올바른 길로 이끌어주었다.

그 후 수년에 걸친 매일매일의 교육을 통해 맥스는 결국 내가 지켜보는 선에서는 안전한 개가 되었고, 심지어 한 복종 훈련 대회에서 3회 연속 입상을 하기도 했다. 하지만 나를 초크체인, 핀치 칼라pinch collar,* 전기 충격 목걸이, 그 외 온갖 강압적인 기법의 전문가로 만들어준 곳들을 찾아다니느라 허비해버린 몇 년을 생각하면 늘 후회와 아쉬움이 남는다. 그곳이 내 머리에 양성 강화 개념을 심어주는 곳이었다면 더 빨리 문제를 해결하고 더 만족스러운 결과를 얻었을 텐데 말이다.

그렇다고 내가 현재 혐오자극과 강압적인 방법을 모두 기피한다는 것은 아니다. 그때보다 90~95퍼센트 정도를 피하고 있다. 즉 5~10퍼센트는 여전히 이런 기법들을 사용하면서 새로 고안한 방법을 시험하고 있는데, 그 이유는 문제 행동의 심각성은 그 범주도 너무 넓고 심지어 생명을 위협하는 사례도 있기 때문이며, 또한 저마다 다른 능력과 요구를 가진 정말 다양한 보호자들과 일해야 하기 때문이다. 그래서 나는 이러한 자극들이 어떤 상황에서 그리고 어떤 개체에게 효과가 있는지 이해하기 위해

---

* 목걸이 안쪽에 작은 갈고리 모양의 돌기가 둘러져 있어 초크체인보다 더 강한 충격을 준다. 프롱 칼라라고도 한다.- 옮긴이주

서 각 기법들을 신중하게 연구한다.

나는 맥스와의 경험은 물론 그 후 다른 수많은 동물과의 경험을 통해 혐오자극은 제한적으로만, 그것도 부작용에 대해 충분히 고려한 이후에만 사용해야 한다는 것을 알게 되었다. 하지만 현실적으로 부작용, 개의 기질, 보호자가 할 수 있을지 평가하는 것 등을 고려해보면, 보호자 대부분이 매우 간단한 벌조차도 안전하게 활용하지 못할 것이라는 결론에 이르게 된다. 이번 장에서는 효과적인 평가를 위해 반드시 알아야 하는 혐오자극의 몇 가지 부작용에 대해 알아보기로 한다.

벌은 반드시 행동하는 그 순간에 줘야 한다

정확한 타이밍은 모든 기법에서 어려운 부분인데, 벌과 연관된 경우에는 특히 더 그렇다. 제일 큰 문제는 우리가 행동이 일어난 지 한참 지난 뒤에 벌을 주는 경향이 있다는 점이다. 퇴근 후 집에 돌아와 개가 쓰레기통을 뒤집어놓았거나 소파를 씹어놓은 것을 발견하고는 평정심을 잃고 분노에 휩싸여 개에게 소리를 지른다. 그러면 기분은 한결 나아지겠지만 (우리에겐 양성 강화) 신중하게 판단해보면 우리의 광란이 개에게 잘못된 메시지를 전달했다는 사실을 알 수 있다.

예를 들어, 개가 낮에 말썽을 일으키지 않았을 때도 현관 앞까지 마중을 나오는 대신 도망치거나 침대 아래 숨어 나오지 않는다면, 개는 '보호자는 집에 돌아올 때면 이따금씩 화를 내고 통제 불능 상태가 된다'고 배운 것이다. 그래서 개는 모든 상황이 명확해질 때까지 그리고 집에 돌아온 보호자의 기분이 안정된 것을 확인할 때까지 숨어서 기다린다.

만약 개가 집에 똥이나 뒤집어진 쓰레기통이 있을 때만 슬그머니 도망친다면 이 또한 우리 메시지를 제대로 이해하지 못한 것이다. 개는 정해지지 않은 곳에 똥을 싸거나 쓰레기통을 뒤져서는 안 된다는 것을 배운 것이 아니라 '똥이란 것은 집 안에서 아예 허락되지 않는구나' 또는 '바닥에 쓰레기가 늘어져 있으면 안 되는구나'를 배운 것일 수 있다. 개가 두려워서 또는 복종적으로 웅크린다면(마주하고 있는 사람이나 동물에게 자신은 공격 의사가 없다는 것을 전달하는 자세), 심지어 개가 말썽을 일으킨 장본인이 아닐 때도 그렇게 한다면 이 또한 개가 잘못된 메시지를 얻었다는 것을 알 수 있다. 마지막으로, 쓰레기통 뒤지기가 '개 세계의 흉악범죄'임을 개부터가 잘 안다 할지라도 위험을 걸 만큼 충분한 가치가 있기 때문일 수 있다. 즉시 주어지는 보상이 미래에 일어날 벌보다 더 달콤하기 때문이다.

> **닥터 소피아 잉의 브라우니와 살찐 허벅지 이론**
>
> 개나 사람이나 뭔가 '나쁜' 것을 하는 순간 주어지는 순간적인 보상이 미래에 일어날 벌보다 더 유혹적일 때가 있다. 나는 이것을 '브라우니와 살찐 허벅지 이론'이라고 부른다.
>
> 다이어트 중일 때 고칼로리 음식은 피해야 한다는 것을 잘 알면서도 너무 맛있기 때문에 결국 유혹을 이기지 못하고 먹는다. 그 칼로리가 전부 우리 허벅지로 간다는 것을 절대적으로 확신하지 못하기 때문이거나 운동하면 빠질 것이라 생각하거나 생각보다는 살이 덜 찌는 음식이라고 생각하기 때문이다. 그러나 브라우니를 먹을 때마다 그 즉시 허벅지가 부풀어 오른다면 다이어트 중에는 고칼로리 디저트는 절대 먹지 않게 될 것이다.

벌은 반드시 매번 줘야 한다

조작적 조건형성의 다른 기법들에 비해 벌이 사용하기 더 어려운 또 하나의 이유는 개가 바람직하지 않은 행동을 할 때마다 즉, 연속 강화 계획에 따라 벌을 줘야 한다는 점이다. 그 이유는 처음에는 대수롭지 않아 보이지만 일단 알고 나면 아주 뚜렷하게 보인다. 개가 쓰레기통을 뒤지는 것을 막기 위해 쥐덫을 설치한다고 해보자. 통 안에 조심스럽게 쥐덫을 몇 개 넣은 뒤 쓰레기로 살짝 덮어둔다. 이렇게 하면 개가 쓰레기를 뒤지려고 할 때 갑자기 탁 하는 소리가 요란하게 나서 개가 움찔 뒤로 물러서게 된다. 하지만 이 벌은 그 순간만 쓰레기통의 안전을 지켜줄 뿐이다. 며칠 후 개는 다시 쓰레기통 뒤지기를 시도한다. 이번에도 역시 쥐덫은 잘 작동했다. 그러자 개는 전보다 더 오랫동안 쓰레기통 근처에 얼씬도 하지 않는다. 하지만 쓰레기통 뒤지기는 과거에 매번 성공적이고 너무 재미있었기 때문에 며칠 후 개는 또다시 시도한다. 그런데 미처 쥐덫이 설치되어 있지 않았고 결국 개의 도박이 잭팟을 터뜨렸다. 쓰레기통 뒤지기에 대한 이 한 번의 강화는 대수롭지 않아 보이지만 사실 개는 갑작스럽게 변동 비율 강화를 받은 것이다. 이는 예전에 개가 받아오던 연속 강화보다 훨씬 더 강력한 힘을 가진다.

벌은 충분히 강하게 줘야 한다

이미 짐작했듯 행동을 억제하기 위해 벌을 줄 경우 성공 여부는 우리가 사용하는 혐오자극의 강도와 직접적인 관련이 있다. 보호자가 가장 많이 저지르는 실수는 너무 약한 수준으로 벌을 주기 시작한다는 것이다. 보호자가 벌을 사용할 때마다 동물은 일시적으로 행동을 멈추지만 그 효과는 오래가지 못한다. 그러면 보호자는 벌의 강도를 높이고 동물은 벌을 받을 때마다 또 일시적으로 행동을 멈춘다. 하지만 이런 수준으로 벌이 몇 번 주어지고 나면 다시 면역이 생기고 만다. 아주 미미한 수준에서

부터 벌을 주기 시작하면, 그 벌이 주는 괴로움에 대해 동물을 탈감각화시키는 것이거나 또는 놀라게 만드는 효과조차 없다. 보통은 계속 강도를 올려야만 하고 그러다보면 갑자기 육체적 상해를 입힐 만큼 극도로 높은 수준이 된다. 대개의 경우 지속적인 효과를 가질 만큼 충분히 높은 수준으로 강도를 올리는 것은 불가능하다. 그 예로, 나는 닭을 쫓길 좋아하는 그레이트 피레니즈, 찰리에게 원격 조정되는 시트로넬라 칼라citronella collar*를 테스트해본 적이 있다. 찰리가 마당에 있는 닭장 앞으로 뛰어가 안을 들여다보는 순간 칼라를 작동시켰고 순식간에 시트로넬라 향이 분사되어 찰리의 코에 이르렀다. 놀란 찰리는 도리질을 치며 뒤로 물러났다. 몇 초 후 찰리는 다시 닭장으로 되돌아갔고 두 번째로 향이 분사되었다. 그런데 세 번째 분사 때는 혐오감을 느끼는 정도가 확연히 줄어들었고 네다섯 번째에는 더 이상 아무 효과도 없었다.

벌의 문제점은 개에게 잘못된 행동 대신 어떤 행동을 하면 되는지를 가르쳐주지 못한다는 것이다. 벌을 주는 대신 먹이 보상을 가진 보호자에게 집중하도록 대체 행동을 가르치자 찰리는 몇 분 만에 닭을 무시하는 법을 배웠고 심지어 닭이 닭장 밖에서 돌아다닐 때도 그랬다.

강한 벌은 정신적·육체적 손상을 줄 수 있다

아예 처음부터 높은 강도로 벌을 주면 점차 강도를 올리는 것을 피할 수 있겠다고 생각할 수도 있다. 사실 그렇게 하면 효과가 있을 수 있다. 하지만 적절히 높은 강도 또는 충분히 강한 혐오자극은 행동을 영구히 억제할 수 있는 반면, 신체적 손상 같은 부작용도 가져올 수 있다. 예를 들

---

* 개가 싫어하는 향을 분사시키는 목걸이 - 옮긴이주

어, 초크체인이나 핀치 체인을 홱 잡아채는 것은 안압을 상승시킬 수 있고 이는 개에게 녹내장을 일으키는 원인이 된다. 또 초크체인은 기도 부위(특히 납작한 주둥이를 가진 개)에 손상을 주고 목을 통과하는 신경계에도 손상을 입힐 수 있다. 또 전기 충격 칼라는 반복적으로 사용하면 목뿐만 아니라 심한 경우 식도에까지 화상을 입힐 수 있다.

또 벌을 사용할 경우, 동물은 혐오자극은 물론 혐오자극과 연관 짓게 된 대상, 장소, 사람에 대해서까지 지나치게 예민해지거나 두려움을 느끼게 되기도 한다. 그리고 비슷한 대상, 상황 또는 사람에게까지 이를 일반화시켜버릴 수도 있다. 예를 들어, 내가 키웠던 오스트레일리안 캐틀 도그, 조에게 시트로넬라 향을 뿜는 짖음 방지 칼라를 테스트한 적이 있는데, 조는 이 혐오자극을 정말 싫어해서 다른 개가 하고 있는 칼라에서 소리가 날 때도 실내에 있는 크레이트 안에 숨었다. 조는 목걸이에서 나는 소리를 지나치게 두려워하게 되었고 심지어 향이 분사되지 않을 때도 그랬다. 그 목걸이를 계속 사용했더라면 조는 자기가 짖는 것뿐만 아니라 자기 옆에 있는 다른 개가 짖는 것도 나쁜 일이라고 배웠을 것이다. 그 후, 내가 지정된 구역 내로 원치 않는 동물이 들어오는 것을 막기 위해 고안된 동작 감지 스프링클러 시스템을 테스트하고 있을 때였다. 조가 그 구역 내로 들어가자 물이 뿌려지며 특유의 '칙칙' 소리가 났는데, 조는 쏜살같이 크레이트 안으로 뛰어들어가 극도의 불안 증상을 보이며 며칠간 밥때가 되어도 마당 밖으로 나오지 못했다. 조는 몇 달 후 또 다른 상황에서 비슷한 소리를 들었을 때도 너무 겁을 먹은 나머지 줄을 매지 않았더라면 오라는 내 신호에도 아랑곳하지 않고 멀리로 달아나버렸을 것이다.

이런 사례들은 혐오자극을 성공적으로 사용하려면, 우선 각 동물과 상황에 맞는 올바른 수준과 방식의 혐오자극을 찾아내야 하며 동시에 신체적 손상을 일으키지 않도록 주의를 기울여야 한다는 것을 잘 보여준다.

결과적으로 벌을 사용하려면 동물을 평가할 때 더 많은 기술과 전문성이 요구된다. 게다가 평가를 할 때는 우리가 아니라 개개의 동물의 인식에 그 근거를 둬야 하기 때문에 더 어려울 수밖에 없다. 예를 들어, 우리는 대부분 핀치 칼라와 전기 칼라는 고통스러운 것이지만, 시트로넬라 칼라, 물 뿌리기, 큰 소리로 겁주기는 그보다는 인간적인 것이라고 믿을 가능성이 크다. 하지만 어떤 자극이 더 혐오스러운지를 판단하는 것은 동물의 몫이다. 더 오래전으로 거슬러 올라가, 핀치 칼라와 초크체인을 사용해 조를 교육시켰던 시절, 조는 어느 것도 성가시지 않아 했고 전기 칼라를 사용해 줄 없이 멀리 떨어져 있을 때 부르면 오는 교육을 할 때도(전기를 낮은 강도 또는 일정 강도로 흐르게 두다가 조가 내 소리를 듣고 오려고 하자마자 꺼버렸다.) 기뻐하며 당장 달려왔다. 반면 앞에서 말했듯, 내가 시트로넬라 칼라나 해로워 보이지 않는 물 쏘기를 시도하자 그 '칙칙' 하는 특정 소리에 극도의 두려움을 보였다.

벌을 사용할 때는 항상 심각한 부작용의 위험이 잠재해 있다는 것을 기억해야 한다. 사용하는 벌이 육체적 고통도 없고 꽤 인간적인 방식이라는 사실이 중요한 게 아니다. 어차피 효과가 있어서 동물이 우리가 원치 않는 행동을 멈추게 되었다면 그 벌은 동물에게는 충분히 혐오스러운 것이라는 의미니 말이다. 신체적 고통을 일으키지는 않을지라도 강한 두려움을 준 것은 틀림없다.

벌은 공격성을 유발할 수 있다

1960년대 초, 쥐, 고양이, 원숭이, 햄스터, 그 외에 다른 동물을 대상으로 한 연구에서 벌의 또 다른 심각한 부작용이 드러났다. 벌이 공격성을 유발할 수 있다는 것이었다. 연구자들이 동물의 발에 충격을 주자 그 동물이 같은 케이지에 있는 다른 동물을 공격하는 현상이 일어난 것이다. 이 고통-공격 반응은 수많은 혐오자극 실험에서 다양한 동물에게 광범위하게 관찰되었다. 공격성은 사람에게는 물론 다른 동물뿐만 아니라 물건에까지 방향전환되어 나타날 수 있다.

벌은 공격 경고 신호를 억누른다

공격성을 줄일 목적으로 벌을 사용하는 사람들도 있는데 경우에 따라 효과가 있긴 하지만 이는 으르렁거리기 또는 입술 올리기 같은 겉으로 드러나는 개의 공격 신호를 억누를 뿐이지 내면에 있는 연관이나 감정 상태까지 다루지는 못한다. 그 결과, 시간이 지나면 개가 아무런 경고 신호도 없이 갑자기 공격성을 드러내며 물 수도 있다. 즉, 얌전해 보이던 코끼리나 말이 갑자기 난폭해지더니 느닷없이 공격을 하거나 개가 산책 중 방향을 바꿔 뛰었더니 뛰어오르며 물려고 한다면 그동안 사용했던 벌이 그 원인일 수 있다.

벌은 다른 행동까지 억누른다

　벌과 혐오자극의 또 다른 부작용은 수정하려는 행동 이외에 다른 행동들까지 억누를 수 있으며 이로 인해 동물에게 나쁜 태도를 갖게 만들 수도 있다는 것이다.
　이미 익숙한 이야기일 수도 있다. 그림이나 노래에 소질이 있다고 생각했던 초등학생 시절, 선생님이나 다른 어른들로부터 "너 왜 그렇게 못하니?"라는 비판적인 말을 들었다면 다시는 같은 식으로 창의력을 발휘하려 들지 않았을 것이다. 또는 엄마의 잔소리를 참다 못해 결국 방청소를 하곤 했다면 열의를 다해 청소하기보다는 아마 마지못해 억지로 했던 것도 기억날 것이다. 복종 훈련 과정 중에 가장 흔히 일어나는 이런 부작용 사례 중 하나는 점프를 제대로 못해서 개를 질책했더니 개가 아예 점프 순서를 건너 뛰어버리더라는 것이다. 더 열심히 하기보다는 아예 모든 시도를 거부해버려 훈련 스케줄이 몇 달씩이나 지연되고 만다.
　또, 벌이 잘못된 타이밍에 주어지면 우리가 없애려고 애쓰는 행동이 아닌 엉뚱한 행동이 억눌려버릴 수 있다. 사실, 나쁜 타이밍은 동물을 무기력하게 만들고 포기하게 만든다. '학습된 무기력'이라는 이 현상은 1960년대에 처음 연구되었고, 이 실험에 이용된 개들은 생리학 및 인간의 우울증의 원인에 대한 가치 있는 통찰을 가져다주었다. 초기의 고전적 연구에서 한 그룹의 개들은(실험집단) 탈출하지 못하도록 하네스에 몸이 묶인 채 무작위로 5초간의 전기충격을 받았다. 24시간 후, 이 개들은 옆 칸으로 점프하기만 하면 전기충격에서 탈출할 수 있는 셔틀 박스*로

---

* 한 공간을 두 곳으로 분리해 원한다면 그 안에서 자유롭게 오갈 수 있게 고안된 상자 – 옮긴이주

옮겨졌다. 첫 번째 전기충격이 주어지자 이 개들은 벗어나려고 애쓰며 이리저리 뛰어다니고 하울링을 했지만 그런 다음에는 전기충격이 끝날 때까지 얼어붙은 채 조용히 있었다. 반대로 하네스에 몸이 묶인 채 전기충격을 받지 않았던 개들은(통제집단) 재빨리 탈출하는 법을 배웠다.

두 번째 실험에서는 두 그룹 모두 전기충격을 미리 경험하게 한 다음, 통제집단의 개를 실험집단의 개와 각각 짝을 이루게 하여, 두 집단 모두 하네스를 착용한 채 박스에 넣고 무작위로 전기충격을 받게 했다. 이때 통제집단의 개가 코로 판넬을 누르면 전기충격으로부터 벗어날 수 있게 했는데, 통제집단의 개가 있는 박스는 물론 짝지어진 실험집단의 개가 있는 박스의 전기충격도 동시에 차단되게 했다. 즉, 통제집단의 개가 상황을 통제할 수 있도록 한 것이다. 사전 교육이 끝난 뒤, 두 집단 모두 탈출이 가능한 셔틀 박스로 옮겨 테스트를 받았다. 통제집단은 교육받은 대로 전기충격으로부터 탈출했지만 실험집단은 수동적인 자세로 전기충격을 받아들였다.

종합해보면 전기충격을 통제하지 못했던 것이 개로 하여금 전기충격을 수동적으로 받아들이게 했다는 것을 알 수 있다. 즉 혐오자극을 통제하지 못하는 것은 과학자들이 '학습된 무기력'이라고 부르는 결과를 가져온다. 이 발견은 보상을 부정확하게 사용하는 것은 동물을 잘못 교육시키는 결과를 가져오는 정도에 그치지만, 혐오자극을 부정확하게 사용하면 동물을 전반적으로 의기소침하고 수동적인 태도를 갖게 만들 수 있다는 의미를 함축한다.

벌은 나쁜 연관을 만들 수 있다

벌의 마지막 함정은 이미 앞에서 이야기한 바 있다. 조건형성은 늘 일어나고 있기 때문에 혐오자극을 사용하면 개가 혐오자극과 우리 또는 특정 상황을 연관짓게 되고, 결과적으로 우리와의 관계가 악화되기도 한다. 이 연관은 보호자와 동물 양쪽 모두에게 일어난다. 물리적 힘과 소리 지르기를 사용하는 것이 일상적이었던 시절, 나는 내 복서, 맥스에게 자주 화를 냈다. 한편으로는 맥스를 정말 사랑했고 그의 최고의 친구가 되고 싶었지만 동시에 그의 목을 조르고 싶어 했다. 혐오자극을 올바르게 사용하기 위해서는 감정을 배제하는 것이 정말 중요하다. 원격 조정되는 형태의 혐오자극을 사용하면 동물이 보호자와 혐오자극을 연관 짓는 것에서 벗어날 수 있다.

혐오자극은 항상 나쁜가?

앞서 말했듯, 개체에 따라 혐오자극이 적절한 경우도 있지만 대부분의 경우 혐오자극을 사용하지 않는 편이 더 낫다. 나쁜 행동에 대한 보상을 제거하는 데 초점을 맞추기보다는 부적절한 행동이 일어날 가능성이 더 적은 환경을 만든 후 적당한 대체 행동을 강화해준다면 반려동물과 더 강한 유대감을 형성할 수 있다.

CHAPTER 13

계획상의 문제 해결하기
Troubleshooting Your Plan

이제 우리는 일반적인 행동 문제에 체계적으로 접근할 수 있게 되었다. 바람직하지 않은 행동을 강화하던 요인을 없애고, 그 대신 대체할 수 있는 적절한 행동을 찾아 보상해주는 데 중점을 두는 '교육 프로그램'을 세울 수 있게 된 것이다. 그런데 만약 계획대로 잘 진행되지 않는다면 어떻게 해야 할까? 신중하게 계획을 세웠다면 아마도 기본을 벗어났을 가능성은 적다. 그보다는 실행 과정 중에 무언가가 잘못된 것이다.

계획 평가하기

잘못된 부분을 찾아내기 위한 방법 중 하나는 다음 질문에 따라 계획의 모든 측면을 체계적으로 평가해보는 것이다.

1. 타이밍

타이밍은 정확한가? 동물이 그 행동을 한 직후에 보상을 해주는가? 또는 보상을 해주기 전에 지속적으로 일어나는 다른 중요한 행동은 없는가? 연결 자극이 필요한가? 보상을 해주기까지 시간이 너무 오래 걸리지는 않는가? 올바르게 행동했다는 것을 개 스스로가 잘 알고 있는 순간에도 더듬대는 우리를 기다리느라 개가 지루해하거나 집중력을 잃지는 않는가?

2. 기준

일관성 있고 정확하게 할 수 있도록 기준을 정확히 정의해두었는가? 모든 상호작용이 교육 세션이라는 것을 기억해야 한다. 항상 정확하게 상호작용하는가, 아니면 교육 세션이라고 지정해 놓은 시간 동안만 그렇게 하는가? 다른 식구들도 같은 것을 강화하고 있는가? 그래서 우리한테만 잘하는 게 아니라 다른 식구들에게도 잘하는가?

3. 강화 비율

개가 지루해하지 않고 그 행동을 배울 수 있도록 충분히 자주 강화하고 있는가? 올바른 행동을 강화하고 있는가? 아니면 보상을 먼저 보여주거나 뇌물을 사용해 개를 유인하고 있는가? (뇌물에 대해서는 다음 섹션에서 더 자세히 다루기로 한다.)

4. 행동형성하기

행동형성하기 과정이 필요한 경우, 전 단계를 완전히 이해하기 전에 다음 단계로 넘어가는 것은 아닌가? 확실하지 않다면 행동형성하기 과정을 관찰해 데이터를 모아보자. 개가 현재 단계를 열에 여덟아홉 번 정도를 올바르게 해낼 때까지는 다음 단계로 넘어가서는 안 된다. 각 단계 사이의 격차가 너무 크지는 않은가? 전 단계에 너무 오래 머무는 것은 아닌가? 그래서 개가 그것이 목표 행동이 아니란 것을 다시 배우느라 힘들어 하는 건 아닌가?

5. 행동연결하기
복잡한 행동을 부분적 구성 요소로 쪼갠 뒤 각각을 완벽하게 했는가?

6. 동물의 자연사와 과거 경험에 대한 고려
개가 특정 강화를 위해 특정 행동을 수행하는 것이 생물학적으로 준비된 상태이고 해부학적으로 가능한가? 과거 경험이 목표 행동의 교육을 더 쉽게 또는 더 어렵게 만드는가?

7. 동기부여
특정한 환경 또는 상황에 알맞은 보상을 사용하고 있는가? 그 순간 개가 무엇을 더 하고 싶어 할지 자문해보았는가?

8. 의사소통
개가 해주길 바라는 것이 아닌 뭔가 다른 것을 하라고 '말하는' 몸짓 신호 같은 것을 보내고 있진 않은가? 개가 그 상황이 두렵다거나 우리가 사용하는 강화 타입에 동기부여가 되지 않는다는 감정 상태를 전달하는 몸짓 언어를 보이지는 않는가?

사례

다음 사례에서 교육 계획이 실패한 이유를 앞의 문제 평가 목록에 맞춰 알아보자.

사례 1. 손님에게 인사 예절이 없는 개

한 보호자가 손님이 집에 오면 개가 얌전히 앉아 있도록 가르치려고 한다. 앉아 있을 때 먹이를 주고 뛰어오르는 것은 무시하는 연습을 했고, 보호자가 지켜보는 가운데 몇몇 손님에게도 이 연습을 하게 했다. 가족들도 연습을 해야 했지만 보호자가 지켜보지는 않았다. 일주일간의 연습이 끝나자 개는 보호자 앞에서는 배운 대로 잘하지만 손님들 앞에서는 그렇지 않다. 무엇이 잘못된 걸까?

- 타이밍 : 가족이나 손님은 타이밍을 잘 맞추지 못해서 충분히 빨리 보상을 주지 않았다(즉, 개는 사실 오래 앉아 있었지만 사람들이 개가 일어난 후에 보상을 줬다).
- 기준 : 어떤 손님은 올바른 행동을 강화했지만 다른 손님은 그렇지 않았을 것이다. 어떤 손님은 개가 앉아 있는 상태일 때만 보상을 줬을 것이고 누군가는 앉으려고 할 때 보상을 준 다음 곧 자신들에게 뛰어드는 것을 내버려뒀을 것이다. 또 가족들은 뛰어오르는 것을 강화했을지도 모른다. 사람들에게 물어보자.
- 강화 비율 : 손님이 오면 앉는 행동은 습관이 될 때까지 '매번' 강화해야만 한다.
- 행동형성하기 : 손님은 보호자보다 더 신나는 존재이기 때문에 손님 앞에서 정확하게 연습하기 전까지는 보호자 앞에서 잘 앉아 있다고 해

서 손님 앞에서도 그럴 것이라 생각하면 안 된다.
- 행동연결하기 : 여기서는 해당 사항이 없다.
- 자연사와 과거 경험 : 개의 뛰어오르기 행동이 과거에 수없이 강화되었을 것이다.
- 동기부여 : 개는 관심과 쓰다듬어주기에 더 동기부여가 되는데, 보호자가 사용하고 있는 보상은 먹이다. 이럴 때 손님은 개가 앉아 있는 동안에 관심만을 주고 개가 일어서면 관심을 끊어야 한다.
- 의사소통 : 손님이 자기도 모르게 개가 품으로 뛰어들게끔 하는 몸짓 언어를 드러냈을 수 있다(예를 들어, 사람이 상반신을 숙이는 것은 개 세상에서는 놀이 인사와 같다).

사례 2. 부르면 오기를 제대로 못하는 개

개가 집에 있을 때는 부르면 자주 오고 그때마다 보상을 받는다. 그런데 개 공원에 가면 풀 냄새를 맡거나 다른 개들하고 노는 데 정신이 팔려 불러도 잘 오지 않는다. 어떤 실수가 있는 걸까?

- 타이밍 : 보호자가 개가 왔을 때 바로 보상을 주지 않는다. 즉, 자주 타이밍이 늦어서 보상을 미처 주기 전에 개가 흥미를 잃어버린다.
- 기준 : 딱 한 번만 불러야 한다는 것 그리고 부르면 개가 틀림없이 와야 한다는 것에 대해 보호자가 일관성이 없다(즉, 어떨 때는 네 번씩 불렀는데 개가 안 와도 괜찮다고 여긴다).
- 강화 비율 : 집에서건 개 공원에서건 그 행동을 잘할 때까지 불러서 개가 올 때마다 강화해줘야 한다.
- 행동형성하기 : 개가 공원에서 줄을 맨 상태에서도 잘 오지 않는다는 것은 줄이 없을 때는 아예 올 준비가 안 되어 있다는 뜻이다. 또 방

해 요소가 없는 집 안에서 불렀을 때도 신뢰할 만큼 오지 않는다면 공원에서는 더욱 기대해선 안 된다. 집에서 줄 없이 오는 것은 쉽지만 공원에서는 또 다른 이야기다. 우선 공원에서 줄을 맨 상태에서 부르면 오기를 가르치고 그다음에 긴 줄을 맨 채로 가르치면 결국은 줄 없이도 오는 것을 가르칠 수 있다.

- 행동연결하기 : 여기서는 해당 사항이 없다.
- 동기부여 : 공원에서 보호자가 사용하는 보상이 다른 개와 노는 것만큼 좋은 동기부여원이 아니다. 또는 집에서 사용하는 것보다 공원에서는 더 좋은 보상을 사용할 필요가 있다. 또는 개가 공원의 다른 동기부여원들만큼 혹은 그 이상으로 재미있다고 여기게끔 보호자의 목소리 톤이나 몸짓 언어를 더 활기차게 할 필요가 있다.
- 의사소통 : 공원에서 개를 부를 때 항상 화가 나 있다면 그 목소리 톤이 개에게 곧 골치 아픈 일이 생길 거라고 말해주는 셈이다.

사례 3. 소파 위에 올라가는 고양이

룸메이트와 TV를 보려고 소파에 앉기만 하면 올라오는 고양이를 키우는 보호자가 있다. 그들은 고양이가 소파에 올라오지 못하도록 뛰어오를 때마다 분무기로 물을 쏘았다. 그래도 고양이는 계속 소파에 올라왔다. 교육 계획에 어떤 실수가 있는 걸까?

- 타이밍 : 이들은 때로는 고양이가 소파에 다 올라올 때까지 물을 쏘지 않았다. 또는 쏘는 행동이 너무 느려서 고양이가 보호자가 분무기를 들고 나타날 때까지 소파에 앉아 있을 수 있었다.
- 기준 : 어떨 때는 고양이가 소파에 있어도 몇 초에서 몇 분씩 내버려두고, 또는 소파 위를 걸어가도 내버려두고, 또 어떨 때는 소파 위에

절대 못 있게 했다.
- 강화 비율 : 고양이가 소파에 있을 때 분무기를 뿌리지 않을 때도 많았고, 심지어 관심을 주는 것으로 보상을 주기까지 했다.
- 행동형성하기 : 고양이가 소파에 아무도 없을 때는 바닥에 앉는 것을 잘할 수 있는데, 보호자는 이때뿐만 아니라 소파에 사람이 앉아 있을 때도 고양이가 바닥에 앉으면 보상해줘야 한다.
- 행동연결하기 : 여기서는 해당 사항이 없다.
- 동기부여 : 고양이에게는 소파 위에 있는 것 자체가 보상으로, 이는 분무기라는 혐오자극보다 더 가치 있다.
- 의사소통 : 보호자들의 몸짓 언어가 소파 위로 올라오라고 말했을 수 있다. 반면 이들은 고양이가 소파 위로 올라오려고 할 때의 몸짓 언어를 잘 읽지 못한다. 그래서 타이밍을 놓친다.

이번 섹션에서는 작고 소심한 개부터 크고 고집 센 개에 이르기까지 모든 종류의 개를 가르칠 수 있는 구체적인 기법들이 소개된다. 사실 정통 과학에 근거를 둔 가벼운 이 수정 기법들은 올바르게 동기를 부여하고 해부학적으로 실행이 가능한 경우, 고양이, 쥐, 염소, 말, 닭, 그 외의 많은 동물에게 모두 효과가 있다.

모든 기법에는 다음과 같은 공통 사항이 포함된다.

· 바람직한 행동에는 보상을 해주고 바람직하지 않은 행동에 주어지던 보상은 제거한다(원치 않는 행동이 덜 나타나도록 환경을 통제한다).

SECTION 3
기본 예절 교육을 위한 5분 가이드
Five-Minute Guide to Basic Good Dog havior

- 처음에는 개가 바람직한 행동을 어느 정도 해낼 때마다 보상해주고 단순히 재주에 그치는 것이 아니라 빨리 습관으로 자리 잡을 수 있도록 충분히 자주 연습한다. 그러고 나면 보상을 변동 비율로 바꿔서 준다.
- 개가 그 행동을 알게 되면, 그 행동을 하기 직전에 신호가 될 단어를 덧붙여서 개가 행동과 신호를 연관 짓도록 한다.
- 신호 단어는 필요할 때만 사용하고, 그 대신 우리의 자연스러운 몸짓 언어 신호나 상황적 신호(특히 반사적으로 예의 바르게 앉기의 경우)에 의지한다.

CHAPTER 14

시작하기
Getting Started

교육을 어떻게 시작하면 되는지 기본 사항들을 살펴보자.

관리하되 너무 세세하게 관리하지 않는다

개의 모든 움직임을 관리하기란 몹시 피곤한 일이지만 이렇게 안 하고는 못 배기는 사람도 있다. 이들은 항상 식사를 주기 전에는 먹으라고 말하고 먹이 보상을 줄 때는 앉으라고 말한다. 하지만 이 책에 나오는 교육에서는 처음에는 개에게 아무 말도 하지 않을 것이다. 이 초반의 침묵 단계에서 우리는 개를 돕기 위해 때때로 자세를 바꿔가면서 개가 올바른 행동을 할 때까지 기다릴 것이다. 그리고 우리가 원하는 행동을 하면 그때 보상을 줄 것이다.* 그러면 '해주세요' 같은 앉아서 부탁하기를 포함한 몇 가지 행동은 매번 지시가 없어도 개가 적당한 상황이 되면 알아서 하게 된다.

먹이에 더 동기부여 되게 한다 : 사료 버는 법 가르치기

좋은 교육은 배워야 하는 '이유'를 알고 시작하는 것이다. 개에게 그 이유 혹은 동기를 부여해주는 것은 먹이, 칭찬, 만져주기, 놀이, 그 외의 개가 좋아하는 것들 또는 그 순간 개가 원하는 것들의 조합이다(그림 14.1). 이런 '화폐 대용물'은 신중하게 배급해야 한다. 먹이는 우리가 사용할 수 있는 최고의 보상이기 때문에 이제 먹이는 더 이상 공짜가 아니라는 것을 가르치는 것부터 교육을 시작할 것이다. 이제부터 개는 사료 알갱이를 하나하나 벌어야 한다.

그림 14.1

---

* 보상이라고 말할 때는 방해 요소가 많은 상황에 있을 때를 제외하고는 일반적으로 먹는 작은 사료 알갱이를 사용하면 된다.
  – 지은이주

계획적인 사료 급여

하루 종일 밥그릇 안에 사료를 담아두면 개가 필요한 순간에 별도의 먹이나 더 비싼 요리를 요구하게 되므로 처음에는 사료를 하루 두 번 나눠서 준다. 미국동물사료규제협회*의 테스트를 통과한 시판 사료(포장에 쓰여 있음) 또는 수의사나 수의영양사가 승인한 균형 잡힌 사료를 양에 맞게 주는 것이 좋다.

항상 원하는 것을 다 먹으며 살아온 탓에 입맛이 까다로운 경우에는 처음에는 밥그릇 안에 사료를 두었다가 10분이 지나면 치워버린다. 제아무리 우둔한 개라도 사료는 보호자가 정한 시간에만 주어지고 남긴 사료는 영원히 사라진다는 것을 재빨리 배우게 된다. 며칠 후면 집 안의 누군가가 따로 먹을 것을 주지 않는 이상, 개는 하루 두 번 주는 사료를 초콜릿 수플레라도 되는 듯 맛있게 먹어치울 것이다.

사료를 무기로 이용한다

이제 사료는 개에게 진짜 가치 있는 '화폐'가 되었고, 우리는 식사 시간에는 물론 하루 중 아무 때나 교육 세션 중에도 사료를 사용할 수 있게 되었다. 물론 방해 요소가 더 심한 상황에서는 더 흥미로운 보상을 줘야 한다.

교육은 개와 상호작용하고 있는 모든 순간에 이뤄지는 것이기 때문에 처음부터 항상 사용 가능한 먹이 보상에 대해 계획을 세워둬야 한다. 특히 산책할 때가 그렇다. 보상을 정해진 교육 세션에서만 사용한다면 개는 보상을 보고 교육 세션이라는 것을 알 때만 행동하게 된다. 결과적으로 그 좋은 행동은 개가 보상을 원할 때만 하는 재주 수준에 그치고 만다. 개

---

* AAFCO : The Association of American Feed Control Officials - 옮긴이주

가 항상 우리가 원하는 행동을 하길 원한다면 하루 종일 언제든 개에게 보상해줄 준비를 해야 하며, 동시에 바람직하지 않은 행동을 보상해 주는 것을 피해야 한다.

개가 새로운 행동을 처음 배울 때는 그 행동을 올바르게 할 때마다 먹이로 보상해준다. 행동을 완벽하게 잘하게 되면 먹이 보상을 간헐적인 빈도로 바꿔나가면서, 칭찬, 어루만져주기, 또는 무엇이든 개가 가장 원하는 것으로 그 자리를 대체한다. 교육 세션 시간이 짧았던 날에는 먹이를 안에 넣을 수 있게 특별 고안된 보상 공*을 줘서 개가 공을 이리저리 굴릴 때마다 조금씩 나오는 보상을 먹게 해줄 수도 있고, 아니면 속이 비어 있는 씹는 장난감** 안에 사료를 채운 뒤 얼려서 얼음과자를 만들어줄 수도 있다. 둘 다 개들이 식사도 하고 정신 운동도 하게 하는 확실한 방법이다.

> **먹이 보상에 대해서**
>
> 일반적으로 보상으로 주는 먹이는 하루 사료 급여량의 10퍼센트 이내여야 한다. 안 그러면 영양 균형이 깨져 살이 찌게 된다. 따라서 매일 먹는 사료를 보상으로 사용해서 교육하되, 좀 더 어려운 상황일 때 사용하는 보상은 따로 준비하는 것이 최상의 방법이다. 그러면 개는 늘 더 많은 것을 주길 바라는 대신 가진 것에 감사하는 법을 배우게 될 것이다(더 자세한 내용은 15장을 참조한다).

교육을 게임처럼 만든다

사료 버는 법을 배우는 것을 지겹다고 느끼게 하면 안 된다. 교육을 게임처럼 만드는 것이 우리 목표다. 개가 따라야 하는 규칙을 일관성 있게

---

* 대표적으로 닐라본Nylabone 사에서 나온 것이 있다. – 지은이주
** 펫숍에서 흔히 구입할 수 있다. – 지은이주

유지하고 먹이와 다른 보상을 적절히 준다면 개의 삶은 더 간단하고 쉽고 명확해진다. 개는 우리가 원하는 것이 무엇인지 이해하고 또 우리에게 리더십을 느끼게 된다. 무엇보다도 우리와 함께 놀고 집중하는 때가 개가 가장 좋아하는 시간이 될 것이다.

뇌물이 아닌 강화를 준다

먹이, 칭찬, 장난감은 좋은 행동을 강화하는 데 효과가 있지만, 자칫 이것이 뇌물로 바뀌는 경우에는 개가 우리에게 무관심하도록 가르치게 될 수 있다. 그렇다면 어떤 경우에 먹이, 장난감 또는 심지어 말로 해주는 칭찬이 뇌물이 되는 걸까? 어떤 행동을 얻기 위해 개에게 먹이나 장난감을 보여주는 경우, 개는 그저 우리가 그 보상으로 개를 유인했기 때문에 그 행동을 하게 된다(그림 14.2).

개가 어떤 행동을 막 배우기 시작하는 초기에는 한두 번 정도 보상으로 개를 유인하는 것은 괜찮다. 우리가 개에게 뭘 원하는지 이해시키는 데 도움을 줄 수도 있다는 말이다. 그래도 정확한 행동을 기대하며 지켜보다가 그 행동을 한 후에 보상을 주는 것이 옳다. 우선은 개가 일정 수준으로 그 행동을 할 때마다 보상을 주고 그다음에는 기대 수준을 올리거나 강화를 변동 비율로 바꾼다. 즉 개에게 보상을 줄 수도 있고 안

그림 14.2

줄 수도 있다는 말이다. 칭찬도 마찬가지다. 개가 어떤 행동을 할 것이란 희망에 가득 찬 목소리로 개에게 애원을 하면 이는 칭찬으로 강화를 하는 것이 아니라 말로 뇌물을 주는 것이다. 애원하기와 지시어 반복하기는 개에게 우리가 뭘 해야 할지 모른다는 것을 말해주는 셈이고, 결국 개는 우리를 리더로 여기지 않게 된다.

재주가 아니라 습관으로 만들어준다

개가 연습 중에만 그렇게 하는 것이 아니라 일상생활 속에서 늘 그렇게 하게 만드는 것이 교육의 목표다. 그런데 별도의 시간 중에만 그 행동을 가르친다면 개는 이때만 그렇게 행동하면 되고 다른 때는 어찌해도 상관없다고 배운다. 예를 들어, 보상을 챙겨들고 집 앞에서 예의 바르게 따라 걷기를 하는데 개가 완벽하게 잘한다고 해보자. 개는 집 앞에서는 따라 걷기를 어떻게 하면 되는지 잘 안다. 하지만 계속 걸어가다가 수백 미터 멀리까지 가게 됐을 때, 더 이상 교육 중이 아니니까 또는 먹이 보상을 다 써버렸다는 이유로 개가 줄을 잡아당겨도 그냥 내버려둔다면 이제부터는 다시 개에게 줄을 잡아끌어도 괜찮다고 가르치게 되는 셈이다. 즉, 개는 우리가 먹이를 가지고 있을 때만 또는 집 앞에 있을 때만 따라 걷기 하는 것을 배운 것이고, 우리가 어딘가 다른 곳으로 데려가거나 먹이를 다 써버리면 개에게 이제는 줄을 당겨도 좋다는 신호가 되는 셈이다.

먹이가 있건 없건 언제나 그 행동을 할 수 있게 가르치려면 실생활 속에서 연습해야 한다. 손님이 왔을 때, 산책할 때, 매일의 일상에서 연습을 해야 한다. 방해 요소가 많은 힘든 상황일 때는 먹이 보상을 준비한다. 그렇다고 될 때까지 끝까지 하루에 몇 시간씩 개를 가르치라는 말은 절대 아니다. 그저 하루 중 1~10분씩 집중적으로 짧게 가르치면 된다. 개와 우리 사이에 일어나는 모든 상호작용이 교육 세션이며, 개가 흥미를 잃기 전에 그리고 계속 더 하고 싶어 할 때 교육을 끝내야 한다는 것도 잊지 말자.

개가 알아들을 수 있게 의사소통한다

낯선 외국에서 길을 가고 있는데 갑자기 사람들이 우리를 보고 소리를 질러댄다고 상상해보자. 공포 영화 속 한 장면처럼 사람들의 일그러진 입술만 보일 뿐 한 마디도 알아들을 수 없다. 정신없이 움직이는 그들의 팔만이 곧 뭔가 큰 일이 닥칠 것임을 느끼게 해줄 뿐이다. 사실 개는 늘 이런 상황에 놓인다. 우리 언어를 모르니 말이다(그림 14.3). 게다가 개는 우리의 몸짓 언어 읽기를 배우는 데는 전문가지만 우리 마음을 읽는 데는 우리만큼이나 능숙하지 못하다. 즉 우리는 개가 우리가 원하는 바를 다 안다고 생각하지만, 사실 그 절반 정도는 더듬더듬 이해하려고 애쓰고 있는 것일 뿐이다.

그림 14.3

행동을 가르친 다음에 신호 단어를 가르친다

　의사소통의 차이를 바로잡기 위한 첫 번째 단계는, 개가 올바른 행동을 했을 때 보상을 해주는 것으로 무엇이 옳은 것인지 가르치는 것이다. 그러기 위해 올바른 행동을 제대로 포착할 수 있게 두 눈은 크게 뜨고 횡설수설로 방해하지 않도록 입은 꾹 다문다. 개가 올바른 행동을 일관성 있게 하게 되면, 그래서 우리가 기대할 때마다 개가 그 행동을 할 것이라는 확신이 생기면 신호가 될 단어와 그 행동을 짝지어서 제시해준다. 즉, 예리한 관찰력을 총동원해서 개가 그 행동을 하기 직전에 신호 단어를 딱 한 번만 말한다. 군대식 어조가 아니라 평소의 평범한 어조로 말해야 한다. 그리고 개가 그 행동을 마치면 보상을 해준다. 이 과정을 수차례 반복하면 개는 '그 단어가 그 행동을 하라는 신호구나.'라는 것을 곧 이해하게 된다.

　개는 우리와 상호작용하고 있는 매 순간 뭔가를 배우고 있으며, 그러는 사이 우리가 바라는 것만 배우는 것은 아니라는 사실을 기억해야 한다. '개가 곧 그 행동을 하겠구나.'라는 것을 아는 그 순간에, 그 행동을 하기 바로 직전에 신호 단어를 말해야 한다. 이미 신호 단어를 말했는데 개가 그 행동을 하지 않는다면 개는 그 단어를 아무 의미 없는 것으로 배우게 된다. 또, 행동을 하기 전 신호 단어를 연이어 반복하면 개는 신호 단어가 두 번 또는 세 번 반복된 후에 행동하는 것을 배우게 된다(그림 14.4). 즉, 개가 행

그림 14.4

동을 하기 전에 다양한 횟수로 신호 단어를 반복하면 개는 신호가 다양한 횟수로 반복된 후에 행동하는 것을 배우게 된다는 말이다.

개가 신호 단어를 배웠다 싶으면 계속 그 단어를 사용하고 싶어진다. 하지만 신호 때문이 아니라 개가 상황에 따라 반사적으로 그 행동을 하게끔 가르치는 것이 더 쉽다. 다음에서 신호를 사용해야 하는 때와 말없이 잠자코 있어야 하는 때는 언제인지 살펴보고, 개에게 반사적으로 특정 행동을 하게끔 가르쳐보자.

옳은 행동을 표시해주는 독특한 단어나 소리를 가르친다

두 번째 단계는 개에게 우리가 정한 독특한 단어 또는 소리가 '넌 지금 올바른 행동을 하고 있어.'를 의미한다는 것을 가르치는 것이다. 이 책에서는 올바른 행동을 표시해주기 위해 '예스yes'라는 단어를 사용할 것이다. 이는 클리커 트레이닝에서 트레이너들이 사용하는 클리커 소리와 같은 의미다. 우선, 개에게 '예스'의 의미부터 가르쳐야 한다. "예스."라고 말하면서 즉시 개에게 먹이를 준다(그림 14.5). 10~20회 정도 이 과정을 반복하는 교육 세션을 매일 적당한 횟수로 갖는다. 며칠 후 또는 몇 번의 교육 세션이 끝나고 나면 개는 이 마법의 단어를 들을 때마다 먹이를 얻기 위해 잽싸게 움직이게 된다. 이제 우리는 올바른 행동과 먹이 보상 간의 시간차를 이어주는 언어 도구를 갖게 되었다. 표시 단어 또는 연결 자극은 올바른 행동이 일어나는 순간을 정

그림 14.5

확히 표시해준다. 또 우리가 아무리 개에게 빨리 보상을 주고 싶어도 생길 수밖에 없는 시간차를 이어주기도 한다.

표시 단어(연결 자극)는 몇 가지 방식으로 사용될 수 있다. 표시 단어 다음에는 반드시 보상이 뒤따라야 한다. 실수로 엉뚱한 순간에 표시 단어를 사용했다 해도 마찬가지다. 다음 섹션에서는 새 행동을 처음 배우는 동안에는 표시 단어를 사용하지 않는다. 대신 개가 올바른 행동을 하도록 도와주는 몸 자세를 갖추고 타이밍을 노리는 데 집중한다. 익숙해지고 나면 새 행동을 가르칠 때 표시 단어를 사용하기 시작한다. 간단한 행동은 대부분 표시 단어가 필요 없지만, 표시 단어를 쓰면 개가 올바른 행동을 빨리 배울 수 있다. 표시 단어는 올바른 행동을 한 직후 개에게 먹이 강화를 할 수 없는 순간일 때 가장 유용하게 쓸 수 있다. 예를 들어, 개에게 몇 미터 떨어진 곳에 있는 막대기로 뛰어가 그걸 건드리는 걸 가르친다면, 출발점에 있는 우리로서는 목표물 앞에 도착한 개에게 보상을 줄 수가 없다. 하지만 표시 단어를 사용하면 개가 올바른 행동을 했다는 것을 알려줄 수 있다. 그런 다음 가능한 한 빨리 보상을 주면 된다.

> **교육하기**
>
> 교육은 개와 상호작용하는 매 순간 이뤄지고 있다. 따라서 개의 좋은 행동이 습관으로 자리 잡을 때까지 우리가 어떻게 해야 하는지 늘 인식하고 있어야 한다. 바람직한 행동이 일어나면 보상해줄 준비를 하고 있어야 하고, 바람직하지 않은 행동에 주어지는 보상은 제거해야 한다.

자기 이름을 들으면 언제라도 오도록 가르친다

세 번째 단계는 개가 언제 어디서든 자기 이름을 들으면 오도록 가르치는 것이다. 개는 대부분 자기 이름을 들었을 때는 쓰다듬어주거나 놀아주는 뭔가 좋은 일이 일어난다는 것을 배운다. 예를 들어, 나의 개, 죠는 자기 이름을 들으면 아마도 "빨리 가자. 먹이를 줄지도 몰라."라고 생각하는 것 같다. 죠는 내가 루디의 이름을 불렀을 때도 "루디가 그 먹이를 먹기 전에 더 빨리 가자."라고 생각하는 것 같다. 덕분에 내가 실수로 죠를 쿠티, 투티, 또는 플루티라고 불렀을 때도, 때로는 루디가 집 근처에 없을 때조차도 효과가 있다.

　이 현상이 말해주는 것 중 하나는 개는 끊임없는 반복을 통해서만 자기 이름을 배우는 것은 아니라는 사실이다. 그보다는 뭔가 좋은 것과의 연관을 통해서 배운다. 때문에 개가 자기 이름에 항상 반응하게 가르치려면 표시 단어를 가르칠 때의 과정을 사용하면 된다. 개가 배가 고플 때 그리고 침착할 때 달아날 수 없는 조용한 장소로 데려간다. 개가 닿을 수 있는 거리에서 이름을 부른 뒤 곧바로 먹이를 조금 준다. 이름을 말하자마자 정말 빨리 줘야 한다. 1초도 안 되는 순간에, 딴 데 가버리기 전에, 순식간에 줘야 한다. 이 과정을 열댓 번 반복하거나 몇 세트를 하고 나면 개는 바로 감을 잡을 것이다. 돌아다니기보다는 우리 가까이 붙어 있으려 하고 특히 이름을 들으면 즉시 우리를 쳐다보게 된다.

　이 게임에서 먹이를 얻을 수 있다는 것을 개가 이해하게 되면 수준을 높인다. 이름을 부르면 개가 먹이를 받기 위해 우리 얼굴을 올려다볼 때만 먹이를 주는 것이다. 우리 얼굴을 올려다보지 않으면 보상을 주기 전 먹이 쥔 손을 우리 얼굴로 올리기를 연이어 5~10번 반복하면 된다(그림 14.6). 이렇게 하면 개가 우리 얼굴을

그림 14.6

보게 만들 수 있다.

개가 이 단계에 익숙해지면 더 이상 손을 얼굴로 올렸다가 먹이를 주지 않아도 된다. 이제부터는 주머니 안에 또는 등 뒤에 숨기고 있다가 이름을 듣자마자 우리를 올려다본 후에만 보상을 준다. 100퍼센트 정확하게 해내지 못한다면 이 단계로 너무 빨리 넘어왔거나 먹이로 개를 유인하고 있는 것이고, 먹이를 보상으로 주는 것이 아니라 개를 지겹게 만드는 것이다. 어느 경우든 개는 자기 이름을 무시하는 것을 배우게 된다.

올바른 강화 비율로 과정을 진행했다면, 방을 걸어 다니다가 몇 걸음 떨어진 곳에서 개가 쳐다보지 않을 때 이름을 불러도 즉시 관심을 얻을 수 있다. 개가 이 마지막 단계를 100퍼센트 안정적으로 해낸다면 점차 먹이 보상을 줄이고 칭찬으로 대체한다. 개가 먹이와 칭찬을 연관 지을 수 있도록 중간 중간 먹이를 주면서 동시에 칭찬도 한다. 그다음에는 행동을 올바르게 할 때마다 칭찬만을 무작위로 준다. 이제 개는 자기 이름에 집중하고 그다음에 올 신호나 지시를 들을 준비가 끝났다.

신호 단어와 마찬가지로 우리는 개가 자기 이름을 배웠다 싶으면 계속 그 이름을 부르고 싶어진다. 마치 모든 신호 사이마다 개 이름을 넣어야 한다고 생각하듯 말이다. 그 소리를 너무 좋아하는 나머지 "피도피도피도!"라고 한 단어로 길게 이어서 말해버리기도 해서 막상 피도는 자기 진짜 이름을 모른다(그림 14.7). "피도."라고 부를 때마다 개가 느릿느릿 움직이거나 심지어 아무 반응이 없다면 개에게 반복적으로 이어지는 이름을 무시하는 법을 가르치고 있었던 것이다.

이런 실수를 피하기 위해 개가 이름에 반응할 것이라는 확신이 들 때만 그리고 여러 마리 중 누가 우리 신호에 따라 행동해야 할지 알려줄 때만 그 개 이름을 부른다. 하지만 방 안에 다른 개도 없고 개가 우리를 쳐

그림 14.7

다 보고 있다면, 굳이 "앉아."가 그에게 하는 말이란 걸 이해시키려고 이름을 부를 필요는 없다. 개가 우리한테 주목해야 하는데 제대로 반응을 할지 확실치 않다면 '쭈쭈' 소리를 낸 다음 우리를 쳐다볼 때 보상해준다. 원한다면 그 소리가 먹이가 온다는 뜻임을 배울 수 있도록 몇 차례 쭈쭈 소리와 먹이를 짝지어 제시해줄 수도 있는데, 개가 이 소리를 무시한다 해도 걱정할 필요는 없다. 이 소리는 개가 우리한테 집중하길 원할 때 사용하는 것이지 신호 단어에 제대로 반응해줄지 확신이 들지 않을 때 사용하는 것이 아니니까 말이다.

적절한 용품을 활용한다

교육에 앞서 나일론이나 가죽으로 된 납작한 목걸이, 먹이를 담을 눈에 잘 안 띄는 가방, 그리고 2미터 길이의 줄, 이 세 가지를 준비하자. 일반적인 줄보다는 허리에 둘러매는 핸즈프리hands-free줄이 좋다. 이 핸즈프리 줄은 유용할 때가 많은데, 우리가 줄을 손에 쥔 채 마구잡이식 신호를 보내는 경향이 있기 때문이다. 하지만 줄이 허리에 묶여 있으면 개를 지켜보고 먹이를 전달하는 데에만 집중할 수 있다. 개가 산책할 때 줄을 잡아끄는 것을 좋아하고 보호자에게 집중하지 않는다면 얼굴 방향을 통제하는 프론트 어태치 하네스front-attaching harness 또는 헤드 홀터head halter*가 도움을 줄 수 있다.**

[연습문제 1]

저녁 식사 후 잠자리에 들기 전까지 다른 식구들이 개가 무시하는 지시나 신호를 개한테 몇 번이나 주는지 세어보자. 반복되는 지시일 때는 각 단어 수를 세자. 예를 들어 '앉아! 앉아! 앉아!'는 세 번이다.

[연습문제 2]

교육 중에 먹이 보상만큼 칭찬이나 만져주기도 효과가 좋은지 알아보기 위해 열광적으로 개를 칭찬해보자. 개가 꼬리를 흔드는가 아니면 무시하는가? 칭찬 중이나 만져주는 동안 계속해서 꼬리를 흔들며 우리를 쳐다본다면 효과적인 보상이라는 의미다. 반대로 우리를 없는 사람 취급하거나 전혀 관심을 보이지 않는다면 이 잠재적 동기부여원들은 적어도 그 상황에서만큼은 개에게 아무 가치가 없다는 뜻이다.

---

* 입 주변을 감싸 매는 리드줄로 마치 고삐처럼 생겼는데, 이 줄을 매면 밥과 물을 마음대로 먹는 등 자유로울뿐더러 통증도 주지 않고 개에게 이동할 방향을 알려줄 수 있다. - 옮긴이주
** 핸즈프리 줄은 Buddy System(www.buddysys.com)에서 찾을 수 있다. 그 외 헤드 홀터, 하네스, 먹이 보상 가방 등은 인터넷이나 펫숍에서 구입할 수 있다. - 지은이주

CHAPTER 15
'해주세요' 앉아서 부탁하기
Say Please By Sitting

손님에게 뛰어오르지 않기, 고양이 쫓지 않기, 식탁 아래 떨어진 음식 먹지 않기, 산책할 때 사람 끌고 다니지 않기. 이런 수많은 규칙을 보고 있자면 개가 인간과 함께 사는 데 필요한 사회적 기술을 배우기란 참 쉽지 않겠다는 생각이 든다. 하지만 다행히도 몇 가지 기본 행동만 가르치면 개는 이런 규칙 대부분을 배울 수 있다. 즉, '해주세요' 하고 앉아서 부탁하기, '놔둬'('해주세요' 앉아서 부탁하기의 연장), '날 봐', 산책시 집중하기, 부르면 오기가 그것이다. 이것들은 모두 개가 계속 집중하는 것에 중점을 두는 것이다. 개가 일관성 있게 이 다섯 가지 행동을 완벽하게 해낼 수 있게 된다면 인간과 살아가는 데 갖춰야 할 기본적인 예절을 배운 셈이다. 이에 대해 15~20장까지 이어서 소개한다.

'해주세요' 부탁하는 법 가르치기

개가 반드시 배워야 할 첫 번째이자 가장 중요한 예절은 '해주세요' 하고 부탁하는 자세로 예의 바르게 행동하는 것이다. 우리가 해도 좋다는 허락을 내리길 기다리며 참을성 있게 '해주세요' 하고 앉아서 부탁하는 법을 가르치면 된다.

먼저 개 이름을 부르면 안 된다는 것을 기억하자. 개를 우리한테 집중시킬 필요가 있을 때는 이름을 부르는 대신 쭈쭈 소리를 내면 된다. 줄을 매고 해도 좋고, 아니면 방해 요소가 전혀 없는 작은 방에서 해도 좋다. 개가 배가 고플 때 교육을 시작하고 개가 무엇을 얻을 수 있는지 알려주기 위해서 먹이 보상을 보여준 다음 손 안에 숨긴다. 개가 처음에는 왜 그 보상을 빨리 주지 않는지 의아하게 여긴다. 야심 있는 개라면 과거에 효과가 있었던 여러 가지 행동들을 하면서 우리 관심을 얻으려 할 것이다. 아마 스프링 달린 기구라도 탄 듯 팡팡 뛰어오르며 '컹컹, 멍, 깽' 울어대기 쉽다. 사실 소거 폭발을 겪는 중이라면(79쪽 참조) 처음에는 평소보다 더 날뛸 것이다. 이럴 때는 "안 돼!"라고 말하거나 개가 뛰지 못하게 손으로 몸을 누르기보다는 우리가 개를 무시하고 있다는 것을 알릴 수 있도록 한 마디도 하지 않은 채 수천 년 된 나무처럼 꼼짝 않는 자세를 유지한다(그림 15.1).

그러면 개는 어리둥절해하며 이리저리 움직일 것이다. 줄에 매어 있지 않거나 작은 방 안에 있는 게 아니라면 아마 포기하고 더 간단한 게임을 찾아나설지도 모르지만 개는 배도 고프고 줄에도 묶여 있으니 어쩔 수 없이 우리 손 안에 있는 먹이에 계속 관심을 보일 것이다. 우리는 기다리기만 하면 된다. 이런저런 행동을 하다보면 결국 개는 앉게 되어 있고 우리는 이 순간을 포착해서 개가 다시 일어나기 전 눈 깜짝하는 사이에 보상을 주면 된다. 이제 개는 첫 번째 힌트를 얻었다. 개가 다시 우리를 쳐다보며 앉을 때 재빨리 한두 번 더 보상을 준다(그림 15.2).

그런 다음에는 다시 손 안에 보상을 숨긴 채 뒤로 물러나거나 몇 걸음 떨어진 곳으로 옮겨서 이 연습을 반복한다. 개가 우왕좌왕하면 쭈쭈 소리를 내서 개가 집중하길 유도한다. 개가 즉각 우리를 쳐다볼 거라고 100퍼센트 장담할 수 없는 상황에서는 이름을 부르면 안 된다. 다시 한 번 강조하지만 이럴 때 이름을 부르는 것은 개에게 자기 이름을 무시하는 법을 가르치는 꼴이다. 한두 번 쭈쭈 소리를 냈는데도 개가 집중하지 않으면 그냥 꼼짝 말고 서서 기다린다. 개가 지겨운 나머지 결국은 앉아서 우리한테 집중할 때까지, 즉 줄에 묶여 있어서 우리한테 집중하지 않으면 지겨운 일밖에는 없다는 것을 알게 될 때까지 말이다. 앉아서 우리한테 집중하는 것 외에 다른 행동을 하면 보상이 없다(음성 벌)는 사실을 배우는 것은, '해주세요' 하고 앉아서 부탁하면 보상을 받는다(양성 강화)는 사실을 배우는 것만큼 중요하다.

그림 15.1

그림 15.2

다시 개가 우리한테 집중하며 보상을 얻으려는 시도를 하기로 결심했다 해도, 개는 아마 원래의 상투적인 행동들을 할 것이다. 이럴 때 보상 대신 무관심을 보이면 개는 우리가 줬던 힌트를 떠올리게 된다. '짖지도, 뛰어오르지도, 서 있지도, 보상이 있는 손을 쳐다보지도 않았었구나.' 하고 말이다. 개가 앉으며 우리 얼굴을 보자마자 일어나기 전에 재빨리 빛의 속도로 보상을 준다. 계속 우리를 바라보며 앉아 있으면 보상을 몇 번 더 준다.

연달아 10~20번 정도 연습하고 나면 개는 정확한 개념을 갖게 된다. 1분간 열 번을 앉을 수 있는지 확인해보고 이보다 더 오래 걸렸다면 걱정 말고 그날 교육 세션을 더 갖거나 개가 더 배고파질 때까지 기다린다. 아니면 평소에 우리 주변에 있다가 개가 앉는 순간을 무작위로 포착해서 보상을 해줄 수도 있다. 개가 이 과정을 완벽하게 하게 되면 우리가 수많은 상황에서 개가 '해주세요'를 하길 원한다는 것을 알 수 있도록 다른 장소에서도 연습한다. 우선 집 안에서 한 다음 밖에서 한다.

뇌물이 아니라 강화를 줘야 한다

개가 '뭔가 원하는 것이 있을 때는 앉아야 되는구나.'라는 개념을 갖고 나면 반드시 보상을 숨겨야 한다. 다음과 같이 하면 된다.

- 우연히라도 먹이 보상을 미끼처럼 꺼내 보이지 않도록 손 안에 쥔 채 배꼽 쪽에 붙이고 있는다.
- 또는 등 뒤에 손을 감추고 있다가 개가 우리 얼굴을 보면서 앉는 찰나에 보상을 준다.
- 또는 먹이 보상을 줄 필요가 있을 때까지 손을 주머니 안에 넣고 있는다.

개가 우리 얼굴을 보고 있는 상태일 때 먹이를 줘야 '눈맞춤' 한 것을 보상해줄 수 있다는 것을 기억한다.

뇌물이 왜 나쁘다는 걸까? 방해 요소가 더 많은 상황에서 연습을 하게 될 때면 사람들은 종종 참을성을 잃고 보상 대신 뇌물을 주기 시작한다. 보상을 보여주며 여기 있다는 것을 상기시키고 심지어 흔들어대기도 한다. 처음에는 별 해도 없어 보이고 몇 번 정도는 더 빨리 앉게 만들기도 하는데, 계속해서 모든 교육을 이런 방식으로 하면 개는 곧 보상을 보여 달라고 요구하기 시작하고 그 보상이 별로 마음에 안 들면 거절해버린다. 개를 집중하게 만들려고 춤추고 노래해줄 필요 없이 개가 스스로 깨달을 때까지 침묵하며 서서 기다린 다음, 개가 앉아서 우리를 올려다보면 갑자기 먹이 보상 또는 칭찬을 준다. 핸즈프리 줄을 이용하면 개가 다른 강화물에 접근하는 것을 포함해 상황을 통제할 수 있다는 것도 기억해두자. 또 기대하는 행동이 무엇인지를 정확하게 정의해둔 다음 반드시 그 기준을 고수해야 한다. 개가 너무 천천히 앉으면 연습을 반복하면서 알맞은 속도로 앉을 때만 보상을 준다. 교육 세션은 개와 두뇌를 겨루는 시간이라는 것과 개가 우리를 교육시키는 것이 아니라 우리가 개를 교육시켜야 한다는 것을 기억한다.

변동 비율로 바꿔나가다가 최종적으로는 먹이 보상에서 벗어난다

대개 먹이로 교육을 시작하는 것이 가장 빠른 방법인데, 일단 개가 일관성 있게 앉을 수 있게 되면 변동 비율로 보상을 주면서 주어진 상황에 맞게 칭찬, 만져주기 또는 개가 가장 원하는 그 뭔가로 점차 바꿔나간다. 즉, 개가 바라는 것이 있을 때마다 앉는 행동을 규칙적으로 하게 되면 매번 또는 서너 번에 한 번씩 먹이 보상을 준다. 그래야 개가 언제 보상을 받을지 절대 알 수 없고, 개가 올바른 행동을 할 때마다 그동안 가르쳤던 '예스' 같은 표시 단어를 사용할 수 있다. 먹이 보상은 주지 않더라도 말이다. 또 가끔씩 먹이를 칭찬이나 개가 원하는 뭔가로 대체한다. 개가 집 밖으로 나가고 싶어 할 때는 그렇게 하는 것을 보상으로 주고 우리가 장난감을 던져주길 바란다면 그렇게 해주면 된다. 칭찬이나 만져주는 것에 관심이 없는 경우에는, 이런 것과 먹이를 짝지어 제시해주는 과정을 통해 칭찬이나 만져주는 것을 좋은 동기부여 요소로 만들어 줄 필요가 있다. 결국 목표는 먹이를 보상으로 사용하는 빈도를 체계적으로 줄여나가는 것이다.

될 수 있으면 '앉아' 지시어는 피한다

지금쯤이면 이 연습을 하는 동안 지시어를 사용한 적이 없다는 것을 눈치챘을 것이다. 지시어를 듣고 나서 예의 바르게 행동하도록 가르치려면 늘 "해주세요." 하고 말을 먼저 해줘야 한다. 하지만 우리는 개가 알아서 습관적으로 예의 바르게 행동하길 원하는 것이기 때문에 일부러 지시어를 사용하지 않았다. 개는 뭔가 원하는 것이 있을 때는 그리고 우리가 가만히 서서 기다리고 있을 때는 예의 바르게 굴어야 하고, '해주세요' 하고 뭔가를 부탁하기 위해서는 반사적으로 앉는 것을 배워야 한다. 새로운 행동을 잘 못하거나, 앉아야 한다는 것을 잘 알지만 서 있는 것을 좋아하는 개라면 하루 이틀 정도는 도와주는 차원에서 "앉아."라고 작게 말해줘도 된다. 하지만 그 뒤에는 스스로 반사적으로 앉아야 한다.

앉는 순간에 신호 단어를 더한다

반사적으로 앉는 것을 가르치고 있는 중이지만 때로는 우리가 주는 신호에 맞춰 앉는 것이 필요한 순간도 있다. '앉아'라는 신호 단어를 가르치려면 개를 불러서 오게 한 뒤, 개가 반사적으로 앉기 시작하는 찰나에 평소의 목소리로 "앉아."라고 말한다. 그리고 개가 앉으면 칭찬이나 만져주기(개가 이런 것들에 동기부여가 된다면) 또는 먹이로 보상해준다. 그 동작을 하기 바로 직전에 신호 단어를 말하길 수십 회 하고 나면, '앉아'라는 말 뒤에는 앉는 것이 뒤따라야 한다는 것을 가르칠 수 있다. 개가 '앉아'의 뜻을 제대로 알고 있는지 테스트해보고 싶다면 개를 등진 채 "앉아."라고 말한 후 앉았는지 확인해보면 된다. 아니면, 이 책에 나온 다른 행동 중 가르친 것이 있다면 그 행동에 대한 신호와 번갈아 사용하면서 개가 올바르게 행동하는지 확인해볼 수도 있다. 일단 개가 신호 단어를 알았으면 아주 가끔씩만 사용해야 한다는 것을 기억해두자. 앉아서 부탁하기는 차 밖으로 나가고 싶을 때, 먹이를 먹고 싶을 때, 줄을 맬 때, 장난감을 던져주길 바랄 때 등과 같은 대부분의 상황에서 개가 반사적으로 해야 한다.

보상 버는 법 배우기 프로그램

개는 언제 '해주세요' 하고 앉아서 부탁하기를 해야 할까? 개가 교육 시간 중에 집 안에서 앉아서 부탁하기를 할 수 있게 되면 이제는 언제든지 반사적으로 예의 바르게 행동하는 것을 가르칠 차례다. 목표는 개가 몹시 흥분한 상태일 때도 자기가 원하는 것을 얻기 위해서는 항상 '해주세요' 하고 앉아서 부탁해야 한다는 것을 가르치는 것이다. 결과적으로 개는 충동적으로 행동하기보다는 스스로 자제하는 법을 배우게 되고, 지시를 받기 위해(특히 개가 원하는 것을 얻을 수 없을 때 또는 뭘 해야 할지 모를 때) 우리를 쳐다보는 것을 배우게 된다. 단 며칠만이라도 이 프로그램을 성실하게 해내면 개의 행동이 완전히 달라진 것을 볼 수 있다.

시작하기 전에 우선 개의 하루 사료 및 먹이 보상의 총량을 측정한다. 그래야 하루 동안 적당한 양을 먹이 보상 가방 안에 넣고 항상 가지고 다니거나 집 안 곳곳 편리한 곳에 나눠 둘 수 있다. 교육 시간을 갖거나 우리 곁에 붙어 있길 바라는데 개가 우리한테 무관심하거나 다른 곳으로 가버리는 경향이 있다면 집에 있는 동안에는 항상 개를 줄로 연결해둘 필요가 있다. 줄을 통해 우리와 한 몸이 되어야만 개가 집 안에서 계속 우리를 따라다닐 수 있다(아니면 개를 우리 가까이에 있는 가구에 묶어놔도 된다). 이렇게 하면 개가 우리 곁을 떠났을 때 엉뚱하게 보상을 받게 되는 것을 막을 수 있다.

처음 시작할 때는 우리 가까이에 앉아 있을 때 무작위로 보상(사료)을 준다. 예를 들어, 우리가 책상에서 일하고 있는데 개가 앉아서 우리를 보고 있다면 보상을 준다. 또 부엌에서 조리대를 치우고 있는데 개가 옆에 앉아 있다면 그때도 연이어 보상을 준다. 대부분의 개들은 하루에 약 100~200개 정도의 사료알갱이를 먹게 되므로, 앉아서 우리를 쳐다볼 때마다 하루 종일 총 100~200번 정도 보상을 받게 된다. 결국 개는 우리한테 집중하는 법을 재빨리 배운다. 개가 우리를 볼 때마다 앉기를 떠올리게 되는 것이 우리가 최종적으로 바라는 가장 이상적인 단계다.

자, 이제 막 배워 생생한 상태일 때 개가 원하는 것이 있을 때마다 반사적으로 앉는 것을 응용해보자.

차에서 내릴 때

개가 자동차 문이 열리기가 무섭게 밖으로 뛰어나가는 버릇이 있다면 나가기 전 앉는 것을 가르친다. 문을 살짝 연 다음 입구를 몸으로 막는다. 개가 틈 사이로 빠져나오려 하면 농구선수가 상대를 방어할 때처럼 몸을 옆이나 앞으로 날쌔게 움직여 막는다(이 연습은 개가 16장에 나오는 '놔둬'를 이미 배웠다면 정말 쉽다). 개가 움직일 때마다 그에 맞게 길목을 막고 방해하다보면 개는 결국 의도적이든 우연히든 간에 앉을 것이다. 개가 앉는 찰나 즉시 먹이를 주고 계속 앉아 있다면 몇 번 더 준다. 개가 몇 초 동안 우리를 쳐다보고 있다면 밖으로 내보내준다. 이때 우리는 개가 차 밖으로 나갈 수 있도록 몸을 완전히 비켜줄 수 있어야 하고, 개는 우리가 지시어를 줄 때까지 앉아 있어야 한다.

반복해보자. 개가 일어나려는 낌새를 보이면 우리 의도를 정확하게 알려줄 수 있도록 재빨리 그 길목을 몸으로 막아선다. 이 기법을 시도할 때의 처음 몇 번은 정말 오랜 기다림의 게임이 될 것이다(그림 15.3). 어떤 개들은 멍한 눈으로 쳐다보며 정말 편안하게 서 있을 수도 있다. 특히 개가 아직 집 안에서도 다양한 상황에서 앉아서 부탁하기에 익숙해지지 않은 상태라면 말이다. 개가 천천히 앉거나 이미 언어 신호에 맞춰 앉는 것에 능숙하다면 작은 소리로 "앉아."라고 말해줄 수 있다. 일단 개가 앉으면 보

그림 15.3

상을 연이어 준다. 그리고 연이어 5~10번 연습을 하고 '놔둬'도 연습한다. 충분히 보상을 줬다면 개는 며칠 만에 혼자 알아서 반사적으로 앉게 될 것이다. 그렇지 않다 하더라도 몇 번 정도 더 기다린 다음 개가 앉으면 여러 개의 보상을 아낌없이 주면 된다. 기다림은 정말 가치 있는 일이다. 일단 전구가 켜지고 나면 밝은 빛을 발하기 때문이다. 며칠간 연이어 5~20번 정도 연습을 하고 나면 차가 공원에 도착했을 때 개가 편안하게 내리는 모습을 보게 될 것이다.

문 앞에서 기다리기

문 밖으로 나가기 전에 기다리는 법도 같은 방법으로 가르치면 된다. 우리 옆을 지나쳐 달려 나가게 내버려두지 말고 개가 앉을 때까지 기다린 다음 문을 열고, 문을 연 후에는 나가지 못하게 몸으로 막는다(더 자세한 내용은 16장, '놔둬'를 참고한다).

타이밍을 제대로 맞췄다면 개는 열린 문틈을 보기 전까지는 문 가까이 가려고조차도 안 할 것이다. 개가 움직일 때마다 우리도 대응해서 움직인다. 아무리 열심히 움직여도 뜻대로 할 수 없다는 것을 알게 되면 개는 다른 해결책을 찾을 것이고 앉기가 그중 하나가 될 것이다. 그러면 문을 활짝 열어줄 수 있어야 하는데 개가 돌진하려고 들지 않는 상태여야 한다. 개가 달려 나가려 할 때마다 재빨리 맞서 움직여 막는다. 개는 우리가 나가라고 개에게 음성 또는 시각 신호를 준 후에만 문을 통과할 수 있다. 곧 개는 조금만 움직여도 나갈 수 없다는 것을 배우게 된다.

장난감 던져주기 전에

개가 물고 오기 놀이를 원할 때는 개가 앉을 때까지 기다렸다가 장난감을 던져준다. 만약 장난감을 보고 크게 흥분하는 경향이 있다면 개를 앉거나 엎드리게 하고 장난감을 얻으려면 앉아 있어야 한다는 것을 가르친다. 이렇게 하는 방법은 16장에서 소개된다.

집에 돌아온 가족이나 손님을 맞이할 때

집에 돌아왔을 때 개가 뛰어들려고 하면 관심을 주지 말고 개가 앉을 때까지 나무처럼 가만히 서 있는다. 대형견이라면 개에게서 등을 돌리고 있는 것이 균형을 유지하는 데 도움이 된다. 개가 앉았을 때는 먹이로 보상해주는 것 외에 머리를 쓰다듬어주는 것도 좋다. 바로 개가 일어난다면 너무 활기 넘치게 개를 칭찬해줬을 가능성이 높은데, 이 경우엔 즉시 똑바로 서서 다시 개를 무시한다. 그리고 개가 앉았을 때 하나 혹은 그 이상의 먹이 보상을 연이어서 준다. 우리가 일관성 있게 하면 곧 개는 앉아 있을 때만 관심을 얻을 수 있다는 것을 깨닫는다. 또 첫 번째 먹이 보상으로 앉도록 유도한 다음, 앉아 있는 동안 이것을 보상으로 줄 수 있다는 것도 기억해두자. 연이어 수차례 연습하면 개는 이 개념을 재빨리 얻고 새 습관을 만든다. 그다음에는 친구들을 초대해 이 과정을 연습한다. 개가 친구들 앞에 앉아 있을 때 보상을 준다. 친구가 직접 보상을 줘도 좋다(그림 15.4). 개가 손님을 항상 올바르게 맞이하는 것을 기대하면서 뛰어오를 때는 절대 보상해주지 않는다면 앉아서 맞이하기는 금세 개의 좋은 습관이 될 수 있다. 손

그림 15.4

님 앞에 앉아 있는 시간을 늘릴 수도 있는데, 더 기다렸다가 보상을 주거나 개가 앉을 때마다 연이어 여러 개의 보상을 주되 그 보상 사이의 간격을 점차 늘리면 된다.

쓰다듬어주길 바랄 때

쓰다듬어주는 손길을 받으려면 앉아야 한다는 것을 가르치면 끊임없이 뛰어오르는 개나 행동 과잉, 지나치게 넘치는 에너지, 주의력 결핍 선고를 받은 개들도 얌전한 개로 바꿀 수 있다. 개에게 '전원 끄기' 버튼을 달아주는 셈이다. 그래서 극도로 흥분했을 때도 개는 관심을 얻기 위해 자기 스스로를 통제하는 법을 배운다. 사실 이것은 보호자 쪽이 일관성 있게 하기 가장 어려운 교육이다. 우리는 개가 앉아 있을 때뿐만 아니라 서 있거나 이리저리 꿈틀대고 있을 때도 개를 만져주는 경향이 있기 때문이다(그림 15.5). 그래도 만져주고 싶은 마음을 꾹 참고 개에게 절대로 관심을 주지 않도록 손을 거둬들이고 똑바로 서 있어야 하며 개가 꿈틀대지 않고 조용히 앉아 있을 때만 만져줘야 한다(그림 15.6). 개가 아무리 에너지

그림 15.5

그림 15.6

가 넘치더라도 쓰다듬어주는 것을 좋아한다면 그걸 받기 위해서는 예의 바르게 앉아 있어야 한다는 것을 5~15분이면 배우게 된다.

개의 엉덩이가 땅에 붙어 있을 때만 천천히 쓰다듬어주면서 마음을 진정시키는 마사지를 해주면 이것으로 개가 차분히 있는 것을 보상해줄 수 있다. 개가 앉아 있을 때 쓰다듬어주면서 동시에 먹이도 주면 이 과정을 더 빨리 가르칠 수 있다. 만약 개가 관심을 보이는 시간이 짧거나 관심이 아예 없다면 핸즈프리 줄로 개를 우리 몸에 묶어둔 상태에서 연습해야 한다. 다시 한 번 말하지만, 이 연습에서 사랑스러운 개에게 눈길을 주고 쓰다듬어주고 싶은 마음을 참기란 참 힘든 노릇이다. 쓰다듬거나 관심을 주는 것으로 잘못된 행동을 강화하는 우리 습관을 바꿀 수 있는 한 가지 방법은 다른 식구들과 내기를 하는 것이다. 다른 식구들이 개가 서 있는 동안 쓰다듬어주는 것을 눈여겨보고 있다가 누가 가장 빨리 그런 행동을 바꿀 수 있는지도 살펴보자.* 개를 쓰다듬으면서 먹이도 주면 진도를 빨리 나갈 수 있는데, 처음에는 자주 주다가 차츰 그 비율을 줄여나간다.

앉기를 재미있는 게임으로 바꾸는 법

개를 가르친다는 것은 단순히 보상을 주는 것에 관한 것이 아니라, 우리 뜻을 분명하게 전하고 개를 즐겁게 집중하게 만드는 움직임에 관한 것이다. 개는 MTV채널을 좋아하지 고전영화 채널을 좋아하지 않는다. 따라서 우리 움직임이 엉성하면 개는 흥미를 잃기 마련이고 집중 시간도 짧아

---

* 얌전히 앉아 있는 행동을 보상해주는 것은 '엎드려'를 가르치는 내용인 21장에 더 많이 나온다. - 지은이주

진다. 그래 놓고는 개가 게임하며 노는 것을 좋아하지 않는다고 잘못 판단한다. 개는 그저 재미없는 보호자와 게임하는 것을 좋아하지 않을 뿐이다.

뒷걸음질하며 앉기 빠르게 반복하기

앞에서 개는 우리를 따라오다가 우리가 멈추면 앉는 것을 배웠다. 이제는 개가 앉아 있을 때 갑자기 몇 걸음 뒷걸음질로 뛰어보자(그림 15.7과 15.8). 개에게 일어나서 우리를 따라 뛰어야 한다는 것을 확실히 알려줄 수 있을 만큼 충분히 움직여야 한다. 우리가 갑자기 멈추면(그림 15.9) 개도 멈춘 뒤 앉아야 한다(그림 15.10). 이 모든 움직임을 분명하게 해줘야 개에게 우리가 바라는 것이 무엇인지를 명확하게 알려줄 수 있다. 이 연습을 5~10번 정도 연이어 반복한다. 개가 우리를 마주보고 있는 한 원하는 방향 어디로든 후진할 수 있는데 단, 직선으로 움직이도록 하자. 이상적인 것은 개가 이 과정 내내 우리를 바라보는 것이다. 이는 부르면 오기를 하기 위한 준비 과정을 돕고 개가 짖으려 하거나 뭔가에 달려들려 할 때 사용할 수 있는 멋진 방법이다. 개가 우리한테 좀 더 쉽게 집중력을 유지할 수 있을 때까지 방해 요소들이 없는 방향으로 움직이며 앉기를 반복하자.

그림 15.7   그림 15.8   그림 15.9   그림 15.10

옆으로 움직이며 앉기 빠르게 반복하기

그다음에는 우리가 옆으로 움직일 때도 우리에게 시선을 고정하도록 가르친다. 우리 앞에 개가 앉아 있을 때 시작하고, 마치 축구에서 태클을 걸어오는 상대 선수를 피하는 것처럼 갑자기 옆으로 몇 걸음 뛴 다음 갑자기 멈춰서 개가 앉기를 기다린다(그림 15.11). 개는 이 과정 내내 우리한테 시선을 집중하고 있어야 한다. 먹이를 손 안에 감추고 있어야 개에게 뇌물을 주는 꼴이 안 된다는 것도 기억하자. 만약 개가 뛰어오르기 시작하면 걸음 수를 줄이거나 좀 더 천천히 뛰자. 개가 뛰어오르기 전에 달리기를 멈추고 속도를 차츰 높인다. 이 게임은 개가 따라 걷기와 부르면 오기를 준비하도록 도와준다.

그림 15.11

'갑자기 멈추기'로 더 신나게 만들기

이제는 '갑자기 멈추기'로 더 신나게 만들 수 있다. 개를 즐겁게 만들기 위해 개를 부추기고 팔을 흔들고 그 외에 격려하는 행동을 하면서 오른쪽 또는 왼쪽으로 뛰다가(그림 15.12와 15.13) 갑자기 얼어붙은 듯 서서 개가 앉는 것을 지켜본다(그림 15.14). '얼음땡 놀이'처럼 개는 마치 우리가 '끄기/켜기' 스위치를 쥐고 있는 것처럼 소란스럽게 날뛰다가 '침묵의 앉기'를 했다가 한다. 개가 앉아 있는 동안은 먹이, 칭찬, 또는 말없이 쓰다듬어주기로 보상해준다. 이 게임을 할 수 있게 되면 개는 앉아서 부탁하기란 정말 신나는 일이라는 것을 깨닫게 된다. 친구들과 경주를 하면서 이 연습을 하고, 칭찬, 만져주기, 또는 먹이(어느 것이든 개가 가장 좋아하는 것으로)를 이용해 변동 비율로 강화해주자. 변동 비율로 진행하고 나면 개가 올바르게 행동했을 때 '예스' 같은 표시 단어를 사용할 수도 있다.

그림 15.12

그림 15.13

그림 15.14

CHAPTER 16

놔둬
Leaving It

이것은 개가 매일의 산책 중에 바닥에 붙은 끈적이는 뭔가를 핥아대거나, 먹이 보상을 줄 때 우리 손에서 먹이를 낚아채려 하거나, 떨어진 음식 부스러기를 놓고 치열한 싸움을 벌일 때 해결책이 되어줄 교육이다. 바닥 위 혹은 우리 손 안에 있는 물건에 접근하려면 우리 허락을 기다려야 한다는 것을 개에게 가르치는 것이 이 교육의 목표다. 이 교육은 개가 스스로를 통제하는 법을 가르치는 것을 돕고, 차에서 내리기 전에, 문을 통과하기 전에, 우리가 던진 장난감을 잡기 전에 기다리는 것과 줄이 팽팽해지도록 앞서 나갔다가도 다시 우리한테 집중하는 것 등을 교육할 때 기초 과정으로 사용할 수 있다.

손 안에 먹이 넣고 있기

이것은 개에게 먹이 보상을 얌전하게 받아먹는 법을 가르칠 수 있는 교육이다. 먹이가 든 손을 주먹을 쥔 채 내밀어 개가 냄새를 맡고 핥고 먹으려고 애쓰게 내버려두되 계속 주먹 쥔 상태를 유지한다(그림16.1). 잠깐이라도 개가 얼굴을 주먹에서 떼면 손을 펼쳐 입 가까이 내밀어 먹게 해준다(그림 16.2). 타이밍이 정확했다면 5~10분짜리 교육 세션을 몇 번만 갖고 나면 개는 우리가 손바닥을 펼쳐 자기 앞에 내밀 때까지 우리 손에서 입과 코를 반사적으로 떼어놓는다.

이번에는 개가 보상을 가져가기 전 지시를 바라며 우리를 쳐다보도록 가르쳐보자. 또 다른 먹이를 반대쪽 손에 든 채 이마 앞에 가져간다. 개가 먹이가 든 원래 주먹에서 코를 떼면 이마 쪽 손의 먹이를 주고, 그다음 주먹 안에 있던 먹이도 준다(그림 16.3). 개가 이 먹이도 먹을 수 있다는 것을 알

그림 16.1

그림 16.2

그림 16.3

수 있도록 코 아래에서 주먹을 펼쳐주면 된다. 단, 주먹 안의 먹이를 줄 때는 먼저 손을 우리 이마로 끌어올려서 이 먹이를 먹을 때도 개의 시선이 우리 얼굴에 머물도록 한다. 며칠에 걸쳐 10~50회 정도 하고 나면 개는 지시를 기다릴 때는 즉시 우리를 올려다보게 된다. 그다음에는 이마 쪽의 먹이는 없애고 개가 지시를 바라며 우리를 보면 주먹 안에 있는 먹이만 준다. 계속해서 먹이가 든 주먹을 그대로 펼쳐서 줄 수도 있고 주기 전에 이마 쪽으로 끌어당겼다가 줄 수도 있다.

'놔둬' 신호 덧붙이기

개가 먹이가 든 손에서 코를 떼고 물러나는 것을 일관성 있게 하게 되면 '놔둬'라는 언어 신호를 덧붙인다. 단, 개가 우리가 손을 내미는 것을 보되 코를 가까이 대지 않을 것이 확실한 순간에만 사용해야 한다. '놔둬'가 코를 대지 말라는 의미임을 개가 이해하게 되면, 같은 뜻의 몸짓 신호 및 수신호를 줄 수 없는 위치에 있을 때 이를 유용하게 사용할 수 있다. 예를 들어, 개가 테이블 위의 음식 냄새를 맡고 있을 때 "놔둬."라고 말하고 이에 개가 우리를 쳐다보면 활기 넘치는 목소리로 칭찬해줄 수 있다. 테이블 위 음식보다 더 좋은 보상을 주면서 말이다.

또, 우리 몸짓 언어가 보상을 먹어도 될 때를 개에게 알려주긴 하지만 '가져 가' 같은 신호도 가르쳐두면 여러 다른 상황에서도 사용할 수 있다. '가져 가'라는 말은 그냥 개가 먹이 보상을 먹을 때마다 쓰면 된다. 이 신호는 개가 깨끗하지 않은 곳에 떨어져 있는 음식을 먹으려 하는 상황에서 유용하다. 또 이제 원하는 것을 가질 수 있다는 것을 의미하는 '오케이',

'끝', '좋아' 같은 해제 신호도 사용할 수 있다.

손 펼치기의 변형

    손을 이용해 '놔둬'를 가르치는 또 다른 방법을 살펴보자. 안에 먹이가 든 손을 펼친다. 개가 냄새를 맡으려고 움직이면 다시 주먹을 쥐고, 얼굴을 뒤로 빼려고 움직이면 다시 손바닥을 펼친다. 몇 초간 개가 코를 멀리 떼고 있으면 "가져가."라고 말하거나 손을 내밀어줘서 먹어도 좋다는 것을 알려주고 먹게 한다. 먹이가 든 손을 먼저 이마 쪽으로 가져간 다음 그 즉시 주는 방법도 좋다. 먹이가 주어지는 방향이 개가 쳐다보고 싶은 방향이 된다는 것을 기억하자. 개가 이 연습을 완벽하게 해내면 뭔가 가까이 가면 안 되는 물건에서 떨어지라고 말하고 싶을 때 이 신호를 사용할 수 있다. 개는 이 신호가 '코를 떼면 그 대신 먹이를 먹게 된다'는 것을 의미한다고 생각한다.

땅에 떨어진 것 놔두기 1. 몸으로 막기

    먼저, 개에게 먹이를 보여준 다음 우리 뒤쪽 바닥에 떨어뜨린다(그림 16.4). 개가 먹이를 향해 뛰기 시작하면 왼쪽 또는 오른쪽 옆으로 몇 걸음씩 움직이면서 농구 선수처럼 몸으로 개를 막는다. 만약 개가 우리 방어막을 뚫고 뒤로 간다면 재빨리 먹이를 발로 밟아 개의 뛰어난 운동 신경이 보상받지 못하게 한다. 그리고 개가 '해주세요' 하고 앉아서 부탁하며 올려다보면 개의 시선이 우리에게 안정적으로 고정될 때까지 연이어 먹이를 준다. 그런 다음 비켜서서 개에게 길을 내준다. 앉은 상태에서 우리한테 집중하면

그림 16.4

보상으로 먹이를 주고, 땅에 떨어진 음식 쪽으로 가려고 조금이라도 움직이면 다시 몸으로 막는다. 개가 안정적으로 우리를 보고 있으면 "오케이."라고 말하면서 땅에 있는 음식을 집어 건네주거나 또는 해제 신호를 말해 먹이를 가져갈 수 있게 해준다.

열두어 번 정도 연이어 하고 나면 개는 떨어진 먹이를 향해 전속력으로 달리는 것을 멈출 것이고, 우리는 개가 가려는 길을 막기가 더 쉬워질 것이다. 5~10분짜리 교육 세션을 몇 번 더 갖고 나면 개는 반사적으로 지시를 기다리며 우리를 쳐다보게 된다. 개가 이 행동에 익숙해지면 '놔둬'라는 신호 단어를 덧붙일 수 있다. 이때는 보상을 변동 비율 강화에 맞춰 준다. 즉, 개가 땅 위의 먹이를 매번 가질 필요는 없다는 말이다. 연습하는 동안 개가 몇 번은 보상을 가질 수 있게 하고 몇 번은 그럴 수 없게 한다.

이제는 개가 뭔가를 하려고 뛰어가기 전 앉아서 우리를 올려다보면 좋을 또 다른 상황에서도 몸으로 막기를 사용할 수 있다. 예를 들어, 개에게 차에서 내리기 전, 현관문 밖으로 나가기 전, 집 안에서 우리가 던져준 장난감을 쫓아가기 전 또는 집에 돌아온 식구에게 뛰어가려 할 때 참을성 있게 기다리는 법을 가르칠 때도 몸으로 막기를 할 수 있다.

땅에 떨어진 것 놔두기 2. 먹이를 줄이 닿는 반경 밖으로 던지기

이 연습을 할 때는 개가 줄을 매고 있는 상태여야 한다. 줄이 닿지 않는 곳에 먹이를 던진 뒤 개가 끝까지 가서 줄이 팽팽해져도 고목나무처럼 버티고 서 있는다(그림 16.5). 우리는 꼼짝도 하지 않을 것이고 그래서 먹이까지 닿을 수 없다는 것을 깨닫게 되면 개는 돌아와서 우리 앞에 앉을 것이다. 이미 '해주세요' 하고 앉아서 부탁하는 법을 배웠고 그렇게 하면 원하는 것을 가질 수 있다는 것도 알기 때문이다. 개가 일단 앞에 와서 앉으면 계속해서 시선을 우리한테 고정할 때까지 먹이를 연이어 준다(그림 16.6). 개가 먹이 없이도 약 2초 정도 우리를 보고 있으면 "오케이."라고 말한 뒤 바닥에 던졌던 먹이를 가리키고 줄이 느슨한 상태를 유지할 수 있도록 빨리 걸어간다. 이 연습은 개에게 줄 끝까지 가봐야 아무 곳에도 갈 수 없다(줄을 당긴 것에 대해 보상을 얻지 못하는 것이므로 음성 벌에 해당)는 사실을 가르쳐주는 아주 훌륭한 방법이다. 개가 이 연습을 잘하게 되면 신호 단어를 덧붙이고, 연습하는 동안 개가 바닥에 있는 음식을 매번 얻지 못하도록 변

그림 16.5

그림 16.6

동 비율로 보상 계획을 바꾸어간다. 이 연습은 개가 줄을 당기고 싶어 할 만한 상황에서 아주 유용하다. 또 바닥에 먹이 대신 장난감을 던지면 장난감 주변에서 자제심을 갖도록 가르칠 수 있다.

일상생활 속에서 연습하기

일상생활 속에서 다음처럼 게임을 하며 연습해보자. 산책 중일 때는 무작위로 먹이를 떨어뜨린 다음, 필요하다면 몸으로 개의 접근을 막는다. 또는 개가 줄을 매고 있다면 먹이가 닿지 않을 곳에서 움직이지 말고 서 있자. 18장에 나오는 '줄 매고 얌전하게 걷기' 연습에서처럼 개가 안간힘을 쓰며 줄을 잡아당기게 내버려둔다. 결국 개가 먹이 쪽으로 갈 수 없다는 것을 알게 되면, 쭈쭈 소리를 내고 개가 그 소리를 듣고 우리한테 오면 먹이를 준다. 이제 우리는 개가 화단에 심어둔 꽃을 먹으려고 접근하는 것도 막을 수 있다. '해주세요' 하고 앉아서 부탁하기를 하거나 허락을 기다리며 우리를 쳐다볼 때까지 기다렸다가 먹이를 집어 올려 개에게 준다.

또, 집에 있을 때는 바닥에 음식이 떨어졌을 때마다 개가 집기 전에 기다리게 한다. 그리고 우리가 원한다면 그 음식을 주거나 아니면 개가 놓치고 싶어 하지 않는 다른 보상을 준다. 떨어진 음식을 봤을 때 반사적으로 기다리는 것을 배우는 것은 개에게 땅에 떨어진 물건은 손댈 수 없는 것임을 깨닫게 해준다. 덧붙이자면, 한 집에 사는 하운드 종 개들이 모두 이 게임을 배우면, 경쟁 관계의 개들도 음식에 달려들어 서로 먹으려고 싸우는 대신 기다리는 법을 배우게 된다.

밥그릇을 내려놓을 때 같은 방식으로 연습하면 개는 우리가 먹이를 준비해서 내려놓을 때까지 참을성 있게 기다리는 법을 금방 배운다.

CHAPTER 17

날 봐
Watch Me

쭈쭈 소리내기나 개 이름 부르기를 포함해 지금까지 사용해온 신호들은 모두 개가 우리를 쳐다보게 만들기 위한 것이었다. 다음 연습은 다른 곳을 봐도 좋다고 말할 때까지 우리를 쳐다보도록 가르치는 것이다.

'날 봐' 가르치기

평소 개의 관심을 얻으려 할 때 사용하던 쭈쭈 소리를 내서 우리를 쳐다보게 만든 다음 개가 다른 곳으로 고개를 돌리기 전에 보상을 준다. 딴 곳으로 시선을 돌리기 전에 빠르게 연속해서 서너 번 보상을 더 준다. 만약 보상을 모두 주기 전에 개가 시선을 돌린다면, 재빨리 뒤로 몇 걸음 뛰어 개를 쫓아오게 만든 다음 다시 연습한다. 개가 보상을 다 받을 때까지 우리한테 시선을 잘 고정할 수 있게 되면 보상을 주는 간격을 처음에는 1~2초씩 늘린다. 연이어 다섯 번을 잘 해내면 보상 간의 시간 간격을 더 늘린다. 쭈쭈 소리를 내도 개가 쳐다보지 않는다면, 개가 바라봐야 하는 방향인 우리 이마 쪽에 보상을 들고 있거나, 개의 코 높이에서 보상을 들고 있다가 재빨리 우리 눈 쪽으로 가져온다(그림 17.1). 즉, 개가 우리 얼굴을 올려다보면 즉시 보상을 준다. 하지만 이렇게 보상으로 유인하는 방법은 딱 두세 번만 사용해야 한다.

　개가 우리가 원하는 것을 이해했다는 확신이 들면, 이제는 '날 봐' 같은 구체적인 신호를 덧붙일 수 있다. 쭈쭈 소리를 내기 직전에 "날 봐."라고 말한다. 만약 개가 우리 목소리를 듣자마자 반사적으로 우리를 쳐다보는 경향이 있다면 쭈쭈 소리는 생략할 수 있다. 개는 금세 '날 봐'가 '먹이 보상을 받으려면 우리를 봐야 한다'는 의미라는 것을 배우겠지만, 쭈쭈 소리를 신호처럼 항상 함께 사용할 수도 있다.

그림 17.1

뇌물이 아닌 강화로 사용한다

개가 신호를 듣자마자 우리를 올려다볼 수 있게 되면 먹이를 유인용이 아닌 강화물로 사용한다. 보상을 손 안에 또는 등 뒤에 감추고 있다가, 혹은 손바닥을 우리 몸 쪽을 향하게 해서 손에 쥐고 있다가 개가 우리를 올려다보면 시선을 돌리기 전에 보상을 준다(그림 17.2). 처음에는 개가 보상이 든 손을 쳐다볼 수도 있지만 결국 우리 얼굴을 보면 그 즉시 보상을 준다. 개가 자꾸 다른 곳으로 시선을 돌려버린다면 보상을 주기 직전에 보상을 든 손을 우리 이마 쪽으로 가져간다. 그러면 개가 보상이 아닌 우리 얼굴에 시선을 고정하는 것을 도울 수 있다.

시간 늘리기

연속적으로 보상을 줄 때의 시간 간격은 물론, 보상을 주기 전 우리를 쳐다보는 시간도 점차 늘린다. 목표는 개가 딴 곳을 보기 전에 보상을 주는 것이다. 개가 딴 곳을 본다면 너무 오래 기다리게 한 것이다. 첫 번째

그림 17.2

보상을 주기 전까지의 시간이 그리고 보상 간의 시간이 약 10초가 되면 불규칙한 간격으로 보상을 주기 시작한다. 그런 다음에는 방해 요소를 추가하되 처음에는 겨우 몇 초 정도로 기대치를 낮춘다. 그리고 계속 방해 요소가 있는 상태에서 시간을 차츰 늘려나간다.

언제 '날 봐'를 사용하면 될까

이 연습의 주목적은 우리가 정지 상태일 때 개가 계속 우리한테 집중하는 것을 가르치는 것이다. 우리가 움직이고 있을 때 계속 집중하게 만들기 위한 준비 단계다. 하지만 그 외의 다른 상황에서도 활용할 수 있다. 예를 들면,
- 개와 함께 줄서서 기다릴 일이 있는데 개가 주변을 킁킁대며 다니길 원치 않는다면, 개가 바쁘게 다니며 문제를 일으키게 두는 대신 '날 봐' 게임을 하면 된다.
- 같이 걷다가 개가 가까이 가면 안 되는 무언가를 탐색하고 싶어 한다면 그 금지된 대상을 보는 대신 우리를 보게 하면 된다.

CHAPTER 18
줄 매고 얌전하게 걷기
Walk Nicely on Leash

　해마다 수많은 보호자가 새로 입양한 개와의 근사한 시간을 마음속에 그린다. 이른 아침 공원에서의 짧고도 달콤한 휴식, 저녁 식사 후의 동네 산책, 해변으로 떠나는 주말여행. 하지만 몇 달도 못 가 뭔가 단단히 잘못되어가고 있다는 것을 깨닫는다.

　개들은 명문 강아지 유치원 출신다운 사회적 기술을 선보이기보다는 야생에서 막 튀어나온 것처럼 행동할 때가 더 많다. 어디로 가는 건지도 모르면서 빨리 가려고 줄 앞으로 튀어나가고, 짐 끌기 경연대회에 출전한 썰매 개들처럼 온힘을 다해 버둥대며 줄을 당긴다. 초크체인을 하고 있다면 체인에 목이 조여 캑캑대고 씩씩거리느라 정신이 없다.

　이 매일의 난리법석에서 벗어나려고 어떤 보호자들은 강력한 조정 장치, 즉 핀치 칼라를 선택한다. 핀치 칼라는 중세시대 고문 도구처럼 생긴

185

금속 줄 안쪽으로 여러 개의 갈고리가 죽 이어져 있는데, 사실은 목 주변의 압력을 골고루 분산시키기 때문에 초크체인보다 안전하기는 하다. 그렇다 해도 핀치 칼라는 정확한 방법으로 사용할 때조차도 개가 우리와 걷는 것을 무서워하게 되거나 나쁜 행동이 발달될 수 있기 때문에 문제가 된다. 게다가 충분히 강하게 압박을 가하지 않으면 효과가 오래가지 않을 수 있다.

이런 면에서는 소형견을 키우는 보호자들은 형편이 나아 보인다. 사실은 '당기기 가르치기 도구'라 할 수 있는 하네스로 바꾸는 것으로 체면도 살리고 개들이 캑캑대며 마른기침하는 것도 막을 수 있으니 말이다. 하지만 이 경우에도 끌어당기기는 막지 못한다. 그러자 보호자들은 얌전하게 걷기를 모방하기 위해서 손가락 끝을 튕기기만 하면 늘어났다 줄어들었다 하는 길이 조절 줄을 사용한다. 이제 개는 보호자를 끌고 다니거나 캑캑대지 않으면서 여기저기를 뛰어다닐 수 있게 되었다. 보호자는 난리법석에서 조금은 벗어났지만, 개가 4.5~6미터 이내에 있는 다른 보행자나 개에게 뛰어오르거나 쫓아가는 것까지 막지는 못한다. 이 방법을 시도하는 대형견 보호자도 만족하기 힘들기는 마찬가지다.

기본형 하네스를 사용하는 대부분의 보호자가 한두 번 써보고 만다. 극도로 활발한 활동을 열렬하게 지지하는 보호자들만이 오랫동안 이 방법을 고수한다. 그리고 줄 길이 조절 기능이 더해진 하네스는 훨씬 나쁜 조합이 될 수 있는데 개가 더 멀리에서도 줄을 당길 수 있기 때문이다.

그렇다면 어떻게 해야 할까? 사실 이쯤에서 대부분의 보호자가 산책을 포기한다. 이것은 개에게 뒷마당 감옥살이 삶을 의미한다. 하지만 그럴 필요 없다. 줄을 매고 얌전하게 산책하는 것은 쉽게 가르칠 수 있다. 필요한 것이라곤 리드줄, 일반적인 목줄 그리고 인내심이 전부다.

줄 매고 얌전하게 걷는 법 가르치기

첫 연습은 집 바로 앞처럼 친숙한 장소에서 하루 중 방해 요소가 거의 없는 때를 골라 계획한다. 앉기를 시키고 보상 주기를 반복하며 준비 운동을 하고 개가 앉아 있을 때 개의 오른쪽에서 개의 앞발과 우리 발이 나란히 있도록 위치를 잡고 선다. 이것이 산책 중 개가 우리 신호에 주목할 수 있는 가장 좋은 위치이다. 이 위치에서 개는 우리 옆 또는 살짝 뒤쪽에서 리드줄이 느슨한 상태로 잘 걸을 수 있고, 줄이 느슨한 상태기 때문에 개는 우리가 허락해주면 나무나 식물 냄새를 계속 맡을 수 있다.

> **속성 과정**
>
> 줄을 매고 얌전하게 걷는 것을 더 빨리 가르치고 싶다면, 15장에서 소개된 '보상 버는 법 배우기' 연습 과정을 거쳐야 한다. 특히, 보상을 받기 위해 계속해서 앉았던 것 말이다. 또 줄이 닿는 범위 바깥에 던져진 먹이를 놔둘 수 있도록 16장의 '놔둬' 연습도 시켜야 한다.

개의 오른쪽을 고수할 필요는 없지만 트레이너 대부분이 이쪽에 서서 교육을 시작한다. 원하는 방향을 선택할 수 있고 나중에는 양쪽 모두 연습할 수 있다. 중요한 것은, 개는 우리와 함께 걸을 때 반대편으로 가라는 지시가 없는 한 우리가 지정해 놓은 쪽에서만 걸어야 된다는 것이다. 처음 배울 때는 한쪽에서만 하고 기법을 완벽히 터득하고 나면 반대편을 추가해도 된다. 이 책에서는 개의 오른쪽에서 시작할 것이다.

줄이 바닥에 닿지 않되 느슨하게 U자 모양으로 늘어진 상태일 때 빠른 속도로 출발한다. 그래야 개가 우리가 걷기 시작했다는 것을 정확하게 알 수 있다. 개가 우리 발보다 앞서 나가면 개가 줄 끝에 닿기 전에 갑자기 얼어붙은 듯 그 자리에 멈춰 선다(그림 18.1). 처음에는 개가 줄을 당길 것이다. 여태까지는 그렇게 하면 효과가 있었으니까 말이다. 그러나 우리가 꼼짝도 하지 않으면 개는 나무에 묶인 것 같을 것이다. 개는 아무 곳에도 갈 수 없고 결국은 '놔둬' 연습에서 그랬듯, 돌아와서 우리 앞에 앉는다. 우리에게 집중하며 앉으면 즉시 개에게 보상을 주고 계속 집중하고 있으면 몇 차례 보상을 더 준다(그림 18.2). 그리고 다시 빠르게 걷기 시작한다. 처음부터 멀리까지 가는 것을 기대하지 말자. 두 번째 걸음 또는 우리 걸음걸이가 꽤 빠르다면 네다섯 번째 걸음쯤이면 개는 아마도 다시 줄 끝에 이르러 있을 테고 우리는 또 멈춰야 한다. 사실 산책이라는 말이 무색할 정도로 연습 내내 가다 서다를 반복할 것이다. 고장 난 차에 탄 것처럼 말이다.

겨우 몇 블록 가는 데 20분씩이나 걸렸다고 기분 상할 필요 없다. 목표가 개가 자기가 있어야 하는 위치가 항상 같은 곳이라는 개념을 이해하는 것이기 때문이다. 멈추고 출발하는 것이 모두 분명해야 개가 무엇 때문에 앞으로 갈 수 있고 무엇 때문에 멈췄는지를 이해할 수 있다. 다시 말해, 항상 개 발이 우리 발보다 앞서 나가자마자 바로 멈추고, 다시 걷기 시작할 때는 빠른 속도로 걸어야 개가 언제 우리가 출발하고 언제 멈추는지를 정확히 알 수 있다. 개가 새로운 산책 규칙을 이해하게 되면 줄 끝에

그림 18.1   그림 18.2   그림 18.3

이르기 전에 멈춘 뒤 우리한테 집중하고 있다는 것을 보여주기 위해 즉시 돌아올 것이다(그림 18.3).

20분이 다 되도록 별 효과가 나타나지 않는다면 아마도 너무 늦게 멈추는 등 타이밍이 틀렸거나, 개가 앞으로 나갈 수 있는 거리의 한계 기준을 계속 바꿨거나, 걷는 속도 때문에 우리가 정확하게 언제 걷기 시작하는지 개가 이해하기 어려웠기 때문이다. 또는 개가 먹이 보상에 동기부여가 되지 않는다는 의미일 수도 있다. 그럴 경우에는 이 연습을 위해서 하루 동안의 전체 식사량을 줄여서 관심이 없었던 먹이를 비롯해 사료 알갱이를 가치 있게 여기도록 만든다. 며칠이면 개는 잡아당기기는 더 이상 효과가 없으며 더 가치 있는 먹이 보상을 얻기 위해서 우리한테 되돌아와 집중하는 편이 낫다는 것을 배우게 된다.

계획을 철저하게 지킨다면 머지않아 큰 변화를 느끼게 될 것이다. 두세 번째 산책을 할 때쯤이면 완전히 다른 개가 되어 있을 것이다. 가차 없이 안간힘을 썼던 곳에서도 이제는 얇은 목줄에 아주 살짝만 당김이 느껴져도 멈춰 설 것이다. 심지어 산책을 시작할 때도 말이다. 우리가 제동을 더 잘 걸수록 메시지는 더 명확해진다. 줄이 팽팽해지는 것은 정지를 의미하고 줄이 느슨해지는 것은 앞으로 가는 것을 의미한다는 메시지 말이다.

학습 속도 올리는 법

허리에 묶는 핸즈프리 줄

버디 시스템(www.buddysys.com)같이 우리 허리 주변에 두르는 핸즈프리 줄을 사용하면 개가 더 빨리 신호를 제대로 이해할 수 있다. 개가 줄 끝에

그림 18.4   그림 18.5

이르는 즉시 팽팽해지기 때문이다(그림 18.4). 보통 줄을 손에 쥐고 있을 때는 개가 줄을 당기면 팔을 우리 몸에 붙이고 버티기보다는 밖으로 뻗는 경향이 있다(그림 18.5). 이러면 개가 멈춰야 하는 때가 부정확해지고, 개는 줄을 살짝은 당길 수 있다고 잘못 배우게 된다.

프론트 커넥팅 하네스와 헤드 홀터

　오랫동안 줄을 당기는 데 익숙해진 개가 잠깐 줄을 당기는 것도 다루기 힘들어하는 사람이라면 그림에 나온 프론트 커넥팅 하네스Front-Connecting Harness나 헤드 홀터Head Halter를 사용할 수 있다. 프론트 커넥팅 하네스*를 착용하고 있을 때 개가 줄 끝까지 이르면, 줄이 하네스 앞쪽에 연결되어 있기 때문에 몸이 우리 쪽으로 돌게 된다. 이런 면에서 헤드 홀터**는 훨씬 더 효과적이다. 말고삐처럼 생겼지만 개를 위해 고안된 것으로, 몸은 반드시 머리가 향하는 쪽으로 따라간다는 아이디어에서 만들어졌다(그림 18.6). 개가 줄 끝에 이르면 헤드 홀터가 끄는 방향으로

그림 18.6

＊ Sensation 하네스나 Gentle Leader 하네스 같은 것-지은이주
＊＊ Gentle Leader나 Snootloop 같은 것-지은이주

곧장 걷게 되는데 사실 개의 머리가 우리 쪽으로 돌게 되는 것이다. 이 과정을 반복하면 개는 줄을 세게 당길 수 없게 된다.

헤드 홀터에 개를 적응시키려면 처음 하루 이틀 정도는 코에 거는 줄만 건 채 보상을 준다. 개가 이 단계를 편안해하면 헤드 홀터를 계속 채워둔다. 그리고 '해주세요' 같은 개가 이미 알고 있거나 좋아하는 게임을 한다. 뭔가 재밌는 것을 하면 개는 머리에 씌워진 이상한 도구보다는 다른 것을 생각하게 된다. 헤드 홀터를 앞발로 건드린다면 그저 부드럽게 줄을 당겨 머리를 끌어 올려서 발로 건드리면 머리가 위로 올라가게 된다는 것을 가르쳐준다. 그런 다음 개가 진정하면 즉시 잡아당기고 있던 줄을 놓고 보상으로 관심을 돌려 보상을 얻을 수 있는 게임을 한다.

고삐를 한 말과 마찬가지로 헤드 홀터는 날카롭게 당기기보다는 부드럽게 이끌듯 사용해야 최고의 효과를 얻을 수 있다. 진행 방향을 갑자기 바꾸면 개의 척추에 무리가 갈 수 있으니 주의해야 한다. 개에게 우리 움직임에 집중하는 법을 알리고 '얌전하게 걷기'를 가르치는 것임을 기억한다. 개에게 우리한테 집중하는 것을 가르치지 않은 상태에서는 세게 당기기는 물론 헤드 홀터를 사용해서는 안 된다. 어떤 속도에서건 갑자기 방향을 바꾸게 되면 개는 목에 상해를 입을 만큼의 큰 충격을 느끼게 된다.

옆에서 계속 잘 걸을 때 보상주기

개가 옆에서 우리를 쳐다보고 있을 때 먹이 보상을 주면 과정을 훨씬 더 빨리 진행할 수 있다. 개가 우리를 쳐다보기는 하지만 보상을 주기 전에 고개를 돌려버린다면, 시간을 벌기 위해 개가 우리를 쳐다보고 있을 때 바로 '예스'라는 표시 단어를 사용할 수 있다. 물론 이미 교육 시켜놓

잘못된 방법　　　　　　　올바른 방법

그림 18.7

았다면 말이다. 텔레비전 퀴즈 프로그램에서 출연자들이 '정답' 버튼을 누를 때처럼 찰나에 먹이를 주는 것이 중요하다.

일관성 유지하기

　개가 줄을 매고 있을 때는 항상 줄이 느슨한 상태로 걷도록 해야 한다(그림 18.7). 개가 줄을 잡아당기려고 할 때는 기둥처럼 꼼짝 않고 서면 된다. 개가 줄이 느슨한 상태로 걷는 것에 일관성이 없다면 가족 구성원들이 걷기 연습을 할 때 저마다 일관성 없이 행동했기 때문이다.

요령을 피울 때는 어떻게 할까?

　우리 의도와 달리 다음과 같이 행동연결behavior chain을 학습해버리는 개도 있다. 끌어당기고, 멈추고, 보상을 받기 위해 뒤돌아오고, 그런 다음 다시 당긴다. 만약 개가 이런 요령을 피운다면 우리 쪽으로 뒤돌아 뛰어올 때 보상을 주지 말고 180도 뒤로 돌아서 반대 방향으로 빠르게 걷기 시작한다. 처음에는 혼자 이 움직임을 연습해본다. 똑바로 일직선으로 걷는 것으로 시작한다. 방향을 돌려야겠다는 결심이 설 때 왼발을 고정한 상태에서 오른쪽으로 180도 돈 다음, 걸어왔던 방향으로 몇 걸음 달린다. 이 과정이 수월하게 느껴지면 개를 데리고 한다. 뒤로 돈 뒤 개가 우리를 따라잡으면 계속 빠르게 걸으면서 먹이로 보상해준다.

다음은 U자 돌기로 진도를 나갈 차례다. 방향을 돌려 걸어온 방향으로 되돌아갈 수 있도록 개 주변을 걸어서 돈다. 이렇게 하려면 우선 우리가 개보다 살짝 앞에 있어야 한다. 같이 걷는 동안 개가 우리 앞으로 나가지 못하도록 보상을 쥔 왼손을 개의 입 높이에 둔다. 일단 개가 멈추면 개 주변을 U자로 돌고, 개와 함께 U자 돌기를 마치고 나면 개에게 보상을 준다. U자 돌기를 자주 섞어서 해서 개가 우리 뒤에 있는 것을 배울 수 있게 한다. 또한 개가 이 과정을 제대로 이해하고 나면 보상을 매번 주기보다는 변동 비율로 바꿔서 주기 시작한다.

CHAPTER 19
옆에서 집중하기(따라 걷기)
Paying Attention at Your Side(Heeling)

 그동안 '해주세요'도 배웠고 야외에서 우리한테 집중하는 법도 배웠기 때문에 이제 개는 우리 왼쪽에서 집중하며 걷는 법을 배울 준비가 끝났다. 여기서 핵심은 우리를 쳐다보며 집중하는 것이다. 산책할 때 개는 보통 줄이 느슨한 상태에서 우리 옆이나 뒤에서 걷는데 이것이 우리한테 가장 주의를 잘 기울일 수 있는 위치기 때문이다. 우리 옆에서 예의 바르게 걷는 동안에는 언제라도 개가 우리 눈을 쳐다보게 할 수 있어야 한다. 그래야 개가 짖고 싶거나 조사해보고 싶은 고양이, 개, 사람, 그 외의 다른 방해 요소들이 나타났을 때도 다시 우리한테 집중하고 계속 옆에서 얌전히 걷게 만들 수 있다.
 이제부터 산책은 개가 왜 우리를 무시하는지, 우리는 왜 이렇게 굼뜬지를 한탄하는 시간이 아니라 개와 유대감을 느끼며 즐겁게 노는 시간이

될 것이다. 이 책에서는 줄 느슨하게 걷기 연습에 관한 한 개를 항상 우리 왼쪽에 서게 한 상태로 시작하고 핸즈프리 줄을 사용할 것이다. 양손이 자유로워야 줄이 아닌 개에게 집중할 수 있고 보상도 제대로 줄 수 있다.

방법 1. '해주세요' 앉아서 부탁하기의 응용

개는 우리가 옆으로 몇 발자국 뛰거나 정신없이 이리저리 돌아다니는 것이 우리 진행 방향을 알려주는 신호라는 것을 이미 배운 상태다. 또 우리가 멈추면 즉시 '해주세요' 하고 앉아서 부탁하기를 해야 한다는 것도 배웠다. 먼저 준비 운동 차원에서 개가 지켜보고 있는 동안 옆으로 몇 발자국 뛴 다음 멈춰서 개가 움직이지 않고 앉아 있는 것에 대해 보상을 준다. 개가 이 과정을 일관성 있게 해내면, 개와 같은 방향을 향하도록 개가 앉아 있을 때 오른쪽으로 몸을 돌린 다음 빠른 속도로 걷기 시작한다. 이때 속도가 중요한데 따라오길 원한다는 것을 개에게 알려줄 수 있기 때문이다. 개는 우리를 따라해야 한다는 것을 반사적으로 알고 거의 동시에 따라잡아야 한다. 개가 따라붙자마자 왼손으로 보상을 준다. 보상을 주는 동안 개는 서 있어야 하고 우리는 계속 걷고 있어야 한다(그림 19.1). 정확한 순간에 개에게 보상을 주기 위해서는 왼팔을 90도로 굽힌 채 옆구리에 붙이고 걷다가 보상을 주기로 한 순간에 그냥 팔을 펴면 된다. 그래야 보상이 개의 입속으로 바로바로 전달된다.

개가 우리 옆에서 계속 따라 걸어야 된다는 것을 잘 모를 경우에는, 빠르게 걷기 시작할 때 개의 시선을 끌기 위해 쭈쭈 소리를 내거나 왼손에 보상을 들고 있는다(그림 19.2). 뇌물주기는 처음에는 효과가 있지만 계속 사

그림 19.1   그림 19.2

용하면 좋아하는 먹이를 봤을 때만 움직이는 욕심쟁이 개로 만든다. 처음 몇 번만 뇌물로 유인하면 개는 곧 우리 옆에서 따라가야 한다는 것을 깨닫는다. 그다음에는 왼손 안에 보상을 숨기고 있다가 개가 따라붙으면 그 즉시 보상을 준다.

개를 집중하게 만들기 위한 이런 처음 몇 단계를 하고 나면(적절한 기초 과정이 있어야만 시행착오를 줄일 수 있다), 첫 번째 보상을 준 뒤 계속 힘차게 걸으며 개가 우리 왼쪽에서 우리에게 집중하며 계속 걷는 것에 대해 보상을 준다. 목표는 개가 항상 시선을 우리 얼굴에 고정시키고 있는 것이다. 개가 다른 곳을 보면 쭈쭈 소리를 낸 뒤 몇 발자국 빠른 속도로 걷고 개가 적절한 반응을 보이자마자 보상을 준다. 보상을 받은 뒤 바로 딴 곳을 보는 경향이 있다면, 손 안에 네다섯 개 정도의 보상을 가지고 있다가 개가 딴 데를 보기 전에 빠른 속도로 보상을 연이어 준다. 보상이 다 떨어지면 연습을 멈추고 보상을 보충한다. 따라 걷기를 하는 동안 개가 우리 얼굴을 똑바로 바라보기를 기대하면서 첫 번째 보상을 주기까지의 걸음 수를 차츰 늘리고, 보상을 주는 간격도 늘려나간다. 최종적으로 보상 없이 따라 걷기를 습관화시키기 위해서는 걸음 수를 3~5부터 시작해 7, 10, 15를 거쳐 반 블록으로 늘렸다가 빨리 변동 비율로 강화 스케줄을 전환하는 것이 중요하다.

표시 단어

  개가 우리를 잠깐 쳐다보고 마는 경향이 있어서 미처 보상을 주기도 전에 딴 데를 본다면, 한 걸음 물러나서 '해주세요' 앉아서 부탁하기를 시킨 뒤 옆으로 뛴다. 또 다른 방법은 시간을 약간 벌기 위해 '예스'라는 표시 단어를 덧붙이는 것이다. 올바른 행동을 표시해주기 위해 표시 단어를 말한 다음 보상을 주는 것이지, 보상을 주면서 "예스."라고 말하는 것이 아님을 확실하게 기억하자. 이 과정을 올바르게 하면 개에게 우리 왼쪽의 일정한 곳에서 걷는 것과 완전히 집중하는 것을 가르칠 수 있다.

  타이밍이 맞다면 개는 더 열심히 집중하면서 자기 위치를 찾을 것이다. 보상을 벌 수 있으니 말이다. 개가 우리한테 계속 집중할 수 있게 되면 보상을 주는 간격을 차츰 더 늘릴 수 있다. 이렇게 하면 더 오랫동안 우리한테 집중한 것을 보상해주는 것이다. 목표가 개를 너무 오래 기다리게 하는 것이 아니라 개가 다른 곳을 보기 전에 보상을 주는 것임을 잊지 않는다.

방법 2. 타깃팅

  우리 옆에서 잘 따라 걷도록 가르칠 수 있는 또 다른 방법은 타깃팅targeting*을 이용하는 것이다. 첫 번째 단계는 개에게 왼손 검지와 중지로 만든 타깃target을 코로 건드리도록 가르치는 것이다. 태권도에서 격파할

---

* 특정 물건이나 대상을 코 등을 이용해 건드리게 하는 것을 말한다. 이 책에선 그냥 타깃, 타깃팅으로 옮기기로 한다. - 옮긴이주

때처럼 손가락을 붙인 채 왼손을 펴서 손바닥을 밖으로 향하게 한 뒤 개가 코로 손가락 바닥면 즉, 우리가 보통 뭔가를 만질 때 사용하는 쪽을 건드리게 한다. 이제 우리는 개가 우리 손의 어떤 곳을 건드려야 하는지 알

그림 19.3

았다. 그다음에는 캔 치즈나 땅콩버터를 손가락 끝에 조금 발라서 개가 냄새를 맡을 수 있게 유인한다(그림 19.3). 왼팔을 굽혀 손을 우리 몸 옆에 올린 채로 시작한다(그림 19.4). 그리고 팔을 쭉 뻗어 타깃이 되는 손을 개의 코 몇 센티미터 앞으로 가져간다(그림 19.5). 개가 손을 건드리면, 손을 원래 위치(우리 몸 옆)로 옮기면서 동시에 개에게 보상을 준다. 이 과정을 5~15회 반복한다.

개가 몇 센티미터 가까운 거리에서의 타깃팅을 안정적으로 잘 해내면 타깃을 멀리 옮겨 개가 한 걸음 나가게 유도한다. 그리고 앞의 과정을 반복한다(그림 19.6). 별다른 방해 요소가 없는 환경에 있는 배고픈 개라면 대

그림 19.4   그림 19.5

그림 19.6

부분 10회 정도 이내에 이를 배운다. 아주 빨리 가르칠 수 있다. 만약 제대로 배우지 못한다면, 우리에게 뭔가 문제가 없는지 평가해볼 수 있도록 다른 누군가에게 연습 과정을 관찰해달라고 부탁하거나 거울을 보면서 해본다. 개가 볼 수 있도록 충분히 타깃을 아래쪽으로 내리고 있어야 한다는 것을 명심하자.

뇌물이 아닌 강화를 준다

개가 우리가 손을 뻗는 것만큼 빠르고 능숙하게 반응할 수 있게 되면 치즈나 땅콩버터 없이도 타깃팅을 할 수 있는지 지켜본다. 좀 더 쉽게 해주기 위해 처음에는 타깃을 몇 센티미터 떨어지지 않은 가까운 곳에 대고 시작하되 보상은 숨긴다. 보상은 보상을 줄 손에 쥐고 있어야 한다. 실수로 보상을 주는 손에 보상이 없으면 개의 집중력이 흐트러지는데, 개가 타깃 역할을 하는 손이 아니라 반대쪽 손을 보게 되기 때문이다. 개가 수차례 올바른 반응을 보이면 개가 움직여주길 기대하는 거리를 차츰 늘린다. 처음에는 한 걸음 움직이면 되는 거리에 타깃을 두고 이것을 잘 해내면 두세 걸음 거리로 늘려나간다. 이때 개는 타깃을 건드리기 위해 빠르게 움직여야 한다.

그림 19.7

개의 움직임을 더 명쾌하게 만들어주기 위해서는 태권도의 격파 순간처럼 타깃을 순식간에 나타났다 사라지게 만드는 것이 중요하다. 즉, 재빠르게 팔을 뻗어 타깃을 보여주어야 갑자기 나타난 것처럼 보인다(그림 19.7). 개가 타깃을 건드리면 타깃을 사라지게 하는 동시에 보상을 준다. 시간을 줄 생각으로 타깃을 그대로 두면 개는 늑장을 부린다. 또 더 쉽게 만들어주려고 타깃을 더 가까이 가져다주면 개는 계속 그렇게 하게끔 오히려 우리를 훈련시키려 들 것이다. 만약 거리를 너무 멀리 잡았다면 타깃을 사라지게 한 뒤 더 가까운 거리에서 다시 보여주면 된다.

이제 우리 왼쪽에서 집중하며 걷는 법을 가르치기 위해 타깃팅을 사용할 준비가 끝났다. 개가 앉아 있거나 서 있을 때 걷기 시작하면서, 우리 엉덩이 높이의 왼쪽에서, 정확히는 개의 코가 위치하길 바라는 곳에 타깃 즉 손을 뻗는다. 타깃을 건드리려면 개는 뛰어야 하고 결국 왼쪽의 완벽한 위치에 있게 된다. 개가 타깃을 건드리면 타깃을 없애는 동시에 보상을 준다. 물론 계속 걸으면서 말이다.

타깃팅 연습을 하는 동안 우리는 개가 정확히 어디에서 걷길 원하는지 말해주는 법을 터득하게 된다. 개가 한 발자국 또는 그 이상 뒤처질 때마다 속도를 내는 동시에 타깃을 제시해서 제자리로 돌아오게 한다. 개가 집중한 채 우리 옆에 있을 때는 타깃이 필요 없다. 이럴 때는 옆에서 우리에게 집중하고 있는 것에 대해 무작위로 보상을 주기만 하면 된다. 개가 너무 앞서 간다면 180도 뒤로 돌아서 타깃을 따라잡게 한다. 그 외에도 개를 옆에 얌전히 따라오게 하기 위해 앞에서 했던 연습들 중 어떤 것이든 사용할 수 있다. 갑자기 멈추기, 개가 앉을 때까지 기다리기 또는 U턴 하기 등 말이다.

따라 걷기 위치로 돌아오게 할 때 타깃팅 사용하기

개가 앞서가고 있을 때 올바른 따라 걷기 위치로 오게 하는 또 다른 방법은 갑자기 멈춰서 왼발을 한 걸음 뒤로 한 뒤, 왼쪽에 있는 타깃을 더 뒤쪽에서 보여주는 것이다. 타깃을 충분히 뒤에서 보여주면 우리가 다시 앞으로 걷기 시작했을 때 개의 어깨는 우리 엉덩이와 나란하게 된다. 개가 왼쪽에서 특정 위치를 유지하며 계속 집중하는 것에 대해 간헐적으로 보상을 주며 강화한다.

만약 개가 뒤에 있다가 우리 오른쪽으로 가로질러 가는 경향이 있으면, 팔을 뻗어 왼손에 든 타깃을 개에게 보여준 다음 다시 왼쪽으로 되가져간다. 그런 다음 다시 올바른 위치에서 집중하며 따라 걷기 하는 것에 간헐적으로 보상을 주어 강화한다. 개의 집중을 얻어야 할 때는 이름을 부르기보다는 입으로 쭈쭈 소리를 낸다는 것을 기억하자.

'가자' 신호 덧붙이기

개가 옆에서 집중 상태로 걷는 것을 안정적으로 잘하게 되면 바로 '따라heel' 혹은 '가자' 같은 신호 단어를 덧붙일 수 있다. 이런 신호 단어는 개가 우리에게 온 신경을 쏟으며 우리 왼쪽에서 어깨를 우리 엉덩이에 거의 붙이다시피 하고 있어야 한다는 것을 의미한다. 우리가 기대하는 대로 할 때만 신호 단어를 덧붙여야 한다.

이 신호 단어를 가르치기 위해서는 밝은 목소리로 "따라." 혹은 "가자."라고 말한 뒤 즉시 우리가 알고 있는 태도로 활기차게 걸어야 한다. 그러면 개는 따라 걷기 위치로 달려갈 것이다. 개가 재빨리 따라잡았을 때 보상을 주고 개가 칭찬을 좋아한다면 칭찬을 해준다. 신호 단어는 활기차게 걷기 시작할 때마다(그리고 개가 재빨리 따라 걷기 위치에 설 것임을 알 수 있는 경우에) 사용한다. 그러면 곧 개는 '따라'가 따라 걷기 위치에 있는 것을 의미한다는 것을 이해할 것이다.

재미있는 발놀림 추가하기

앞서 말했듯 따라 걷기의 목적 중 하나는 산책을 재미있게 만드는 것이다. 보상은 즐겁지만 그만큼 움직임이 제한되기도 한다. 그래서 이제는 따라 걷기를 할 때 단순히 앞으로만 걷는 대신 갑작스런 방향 전환이나 속도 변화를 추가할 것이다. 이런 변화는 예측 불가능하게 해야 한다. 예측 가능한 패턴이나 속도로 하게 되면 개는 지루해서 더 흥미 있는 다른 것을 찾게 된다. 우리가 어떻게 움직일지 그리고 개가 어떻게 반응할지에 초점을 맞추면 산책은 우리와 개가 유대감을 쌓는 시간으로 바뀐다. 최상의 결과를 얻기 위해 처음에는 개 없이 혼자 연습할 필요가 있다.

속도 변화

처음에는 평소의 빠른 걸음 속도로 걷다가 서너 걸음만 갑자기 조깅하듯 뛴 다음, 다시 원래 속도로 돌아가보자. 이제 이 과정을 개와 함께 해본다. 개가 따라오려고 같이 뛰면 보상을 준다. 개가 따라오는 것에 능숙해지면 이에 대한 보상을 간헐적으로 준다. 처음에는 짧은 거리만 뛰는 것이 중요하다. 계속 뛰면 개가 곧 따분해할 수 있다. 이제는 몇 발자국을 갑자기 매우 느리게 걷는 것도 연습해본다. 그러면 개는 활기가 넘치면서 갑작스런 이 변화를 따라하게 된다.

180도 뒤돌기와 U턴

180도 뒤돌기와 U턴을 많이 해본다. U턴을 많이 하면 줄 느슨히 걷기를 배우는 데 필요한 전체 보상의 양을 확 줄일 수 있다(그림 19.8). 속도에 변화를 줄 때와 마찬가지로 개가 U턴과 180도 뒤돌기를 제대로 하게 되

그림 19.8

면 간헐적으로만 보상해준다. 예를 들어 180도 뒤돌기나 U턴을 1회에서 5회 정도 할 때마다 보상을 주고, 간헐적 강화 단계까지 갔다면 표시 단어 혹은 칭찬으로 보답해주면 된다. 이러면 개는 자기가 한 것이 맞다는 일종의 확인서를 받는 셈이다.

오른쪽으로 돌기

공원이나 집 마당에 3×3미터 혹은 이보다 큰 가상의 정사각형을 그려보자. 농구 코트나 사각형 코트에 있는 라인을 이용해도 좋다. 처음에는 이 라인을 따라 시계방향으로 걷는다. 코너에 이르면 왼발을 고정시킨 채로 오른쪽으로 꺾는다. 그리고 세 걸음 정도 달린 다음 다시 평상시의 빠른 걸음으로 속도를 늦춘다. 이 과정을 머리로 생각할 필요가 없을 때까지 연습한 다음 개를 데리고 해본다. 오른쪽으로 꺾어 뛰기 바로 직전에 개가 우리 옆에 붙어 있으면 그곳에서 뭔가 신나는 일이 생긴다는 것을 알려주기 위해 가장 신나는 목소리로 "가자." 또는 "따라."라고 말한다(그림 19.9). 개가 따라붙으면 보상을 준다. 목표는 이 재미있는 게임에서 개가 우리를 따라 즐겁게 달리게 만드는 것이다. 여기까지 과제를 잘 끝냈다면 개는 뒤처지지 않고 방향 전환에 바로바로 반응할 것이다.

그림 19.9

다양한 발놀림 섞기

처음에는 직선으로 움직이고, 빠른 걸음으로 앞으로 걷다가 180도 뒤돌기나 U턴을 하고, 우회전을 하거나 갑자기 오른쪽이나 왼쪽으로 달린다. 개가 잘 따라온다면 활기찬 걸음으로 오른쪽이나 왼쪽으로 도는 것을 추가한다. 큰 원으로 시작해 점차 작은 원을 그리며 나선형 돌기를 하거나, 가로수 사이를 지그재그로 걸을 수도 있다. 몇 걸음은 속도를 높여 걷고 그다음에는 갑자기 느리게 걷는다. 보상은 간헐적으로 준다는 것을 기억하자. 개의 시선은 항상 우리 얼굴에 고정되어 있어야 한다. 개가 딴 곳으로 고개를 돌리면, 관심을 되돌리기 위해 입으로 쭈쭈 소리를 내거나 갑자기 보행 방향과 속도를 바꾼다.

개가 집중하지 않을 때 해결 방법

만약 개가 우리에게 집중하지 않는다면 몇 걸음 뒤로 물러선다. 처음 두 걸음 동안 개를 집중시키는 것에서부터 시작한다. 개가 잘 집중하면 그다음에는 다섯 걸음, 일곱 걸음, 열 걸음으로 걸음 수를 늘려가며 집중하길 기대한다. 이제는 변동 비율 강화를 적용한다. 즉, 어떤 때는 세 걸음에서 다섯 걸음을 걸을 때마다 보상을 주고, 어떤 때는 열 걸음에서 열다섯 걸음을 걸을 때마다 보상을 줘서 개가 언제 보상이 주어질지 모르게 한다. 그리고 나서는 요구 사항을 훨씬 더 어렵게 한다. 이런 식으로 진행하면 개의 집중을 빠르게 얻을 수 있다. 열 걸음 정도 걸을 동안 개가 계속 집중한다면 사실상 성공한 것이다.

산책하는 동안 갑자기 정원사가 나타나거나, 다른 개들이 짖거나, 지나가던 사람이 개를 만지고 싶어 하는 등 더 어려운 상황에 처한다면 재미있는 따라 걷기 게임을 할 준비를 하고 더 잦은 비율로 보상을 줘야 한다. 방해 요인이 많은 상황에서 성공적인 연습을 많이 할수록 줘야 하는 보상의 양을 더 빨리 줄일 수 있다.

따라 걷기를 해야 할 때

개가 우리 왼쪽에서 집중하며 따라 걷기를 잘하게 되었다면 이제 온갖 문제를 해결해줄 만능 도구를 가진 셈이나 마찬가지다. 이 '따라 걷기' 기법은 다양한 종류의 나쁜 행동을 가진 개들에게 활용될 수 있다. 역조건형성을 떠올리면 된다. 역조건형성은 개에게 개가 가진 문제 행동과 동시에는 할 수 없는 행동을 하도록 가르치는 것이다. 게다가 칭찬이나 먹이를 사용하기 때문에 개가 한때는 두려워했을 수 있는 상황을 좋은 일과 연관 짓게 할 수 있다.

일상적인 산책 때

편안할 때 개는 줄이 느슨한 상태로 걸을 것이다. 하지만 비상 상태일 때도 우리가 마법의 단어를 부드럽게 읊조리는 것만으로 개를 따라 걷기 위치로 보낼 수 있어야 한다. 예를 들어 아무리 안전하게 줄에 묶여 있다 해도 개를 무서워하는 사람 옆을 지나가야 하는 상황일 때는 그 사람이 안심할 수 있게 몇 미터 정도는 개가 정확하게 따라 걷기를 할 수 있어야 한다. 이 게임은 지루한 산책에 활력을 주고 개가 우리와 상호작용을 더 잘하게 만들어준다. 빠른 속도의 따라 걷기 게임을 통해 산책을 더욱 생기 넘치게 만들 수 있다. 원할 때면 언제든지 다양하게 섞어보자.

다른 개들에게 공격적일 때

개가 다른 개들을 보고 으르렁거리고 달려든다면 '따라 걷기' 연습으로 되돌아가 첫 번째나 두 번째 방법을 사용하는데, 둘 중 효과가 좋은 것이면 된다. 멀리서부터 시작해서 점차 방해 요소 쪽으로 조금씩 다가간다. 이 연습을 정기적으로 하면, 개는 다른 개에게 관심을 가지기보다는 우리와 게임을 하는 것이 더 재미있다고 배우게 된다.

쫓아가거나 달려들고 싶어 할 때

개가 산책 중에 자전거, 스케이트보드, 고양이, 롤러블레이드를 탄 사람 등을 쫓아가거나 달려든다면 집중하기 기초 단계로 돌아간다. 사람을 쫓는 대신 집중하며 걷는 동안 음식을 쫓는 게임을 할 수 있다.

사물, 사람, 개를 두려워할 때

'따라 걷기' 게임을 다시 한다. 개는 이런 대상들을 볼 때면 재밌는 게임을 하게 된다는 것을 배운다. 결국 이런 두려운 대상 및 사람을 좋은 일과 연관 지어 배우게 된다.

이런 모든 긴급 상황에서, 따라 걷기를 하며 개의 관심을 집중시킬 수 없다면 방해 요소로부터 물러나 '앉기'를 반복하는 것으로 바꿔본다. 또 헤드 칼라^{head collar}를 사용하는 것도 고려해본다. 헤드 칼라는 개가 여기저기 뛰어다니거나 날쌔게 움직이는 행동들을 줄이고 우리한테 집중하는 것을 도와준다.

CHAPTER 20

부르면 오기
Come When called(Recall)

부르면 오기는 간단해 보이지만 이를 견고한 습관으로 만들기 위해서는 많은 연습이 필요하다. 개에게 꼭 가르쳐야 하는 것들 중에서 가장 중요한 것이면서 동시에 보호자를 가장 헛고생시키는 것이기도 하다. 예를 들어보자. 내가 개를 데리고 조깅을 하고 있으면 일주일에 두 번 정도 스탠다드 푸들 한 마리가 공원을 가로질러 튕기듯 다가온다. "패니, 이리 와! 패니, 이리 와! 패니, 이리 와! 패니 이리 와!" 저 멀리 축구장 건너편에 서 있는 푸들의 보호자가 소리를 지른다. 푸들의 반응을 보면 과연 이 개 이름이 패니가 맞나 하는 생각이 들 정도다. "패니! 패니! 패니!" 보호자는 누군가로부터 패니의 존재를 사방에 알리라는 지시라도 받은 듯 계속 소리친다. 어쩌면 패니가 돌아오길 바란다는 것을 나에게 알리기 위해서일지도 모르겠다. 게을러서 직접 와서 데려가진 못하고 말이다.

다행히 이 일은 아무도 해를 입지 않은 상황이지만 다음 사례는 다르다. 다른 개들과 지내는 데 다소 문제가 있는 개와 함께 산책을 하는 중이거나 아기를 태운 유모차를 밀고 가는 중에 대형견 한 마리가 우리를 향해 쏜살같이 달려오고 있다고 생각해보자. 우리는 반대 방향으로 뛰거나 "개를 불러요!"라고 그 보호자에게 소리친다. 불행히도 "브라우저!" 하고 개를 부르는 소리가 몇 차례 들린 후에야 우리는 "개를 '데려'가요. '지금 당장!'"이라고 말했어야 했다는 것을 깨닫는다.

개가 유모차를 덮친 것도 아니고 개들 간에 싸움이 일어난 것도 아닌데 뭐가 문제란 걸까? 줄을 매지 않고 다니는 대형견 보호자들도 대개 이렇게 생각한다. 어느 날 스코티시 테리어, 매기를 데리고 산책하던 내 어머니에게 줄을 매지 않은 대형견이 다가왔다. 매기는 보행 능력에 예측 불가능한 영향을 미치는 유전질환을 가지고 있는데 1분 정도 전속력으로 돌아다니고 나면 근육에 이상이 생겨 갑자기 앞다리가 마구 뒤틀린다. 뒷다리는 천천히 움직이는 채로 말이다. 이럴 때는 아주 살짝만 밀어도 넘어질 수 있다. 스코티시 테리어 중에서도 유난히 몸에 비해 큰 머리를 가졌기 때문이기도 하다. 매기는 자기 방어 실력이 형편없는 개이고 그래서 비정상적으로 크게 짖고 만다. 눈먼 개들은 그 소리에 속아 넘어가겠지만 매기를 향해 뛰어온 저먼 셰퍼드는 장님이 아니었다. 저먼 셰퍼드는 보호자가 부르자 예상대로 귀머거리 놀이를 시작했고 사회화 교육을 제대로 못 받았다는 것을 온몸으로 보여주었다. 매기의 코에 자기 코를 직접 대고 몇 초간 머뭇대더니 매기를 와락 붙잡고는 내동댕이치듯 넘어뜨린 것이다. 그 바람에 어머니도 넘어졌고 매기는 자기 고장 난 다리가 허락하는 한 최대한 빨리 도망갔다. 셰퍼드의 보호자가 개에게 줄을 채우고서야 이 상황은 마무리되었다.

다행히 어머니도 매기도 엉덩이뼈가 부러지지 않았고 며칠 후 회복했지만 이 일은 훨씬 더 나빴을 수도 있다. 슈퍼볼 경기 직후 일어난 폭동 속에서 열쇠를 떨어뜨렸다가는 순식간에 압사 사고의 희생자가 될 수 있는 것처럼, 흥분한 개들 앞에서 사람이 비명을 지르며 넘어지기라도 하면 싸움 중인 개들에게는 이 사람이 새로운 목표물로 바뀔 수 있다. 이는 개가 부르면 오기에 서툰 경우 일어나는 그저 몇 가지 나쁜 사례일 뿐이다. 어떻게 수정할 수 있는지 알아보자.

'부르면 오기' 시작하기

앉아서 '해주세요' 부탁하는 법을 가르칠 때는 우리가 옆이나 뒤로 한두 걸음 물러설 때마다 그렇게 하도록 수차례 반복하는 방법을 사용했었다. 부르면 오기를 가르칠 때도 우리가 서너 걸음 뒤로 물러나면 개가 계속 집중하며 따라와 앉아서 '해주세요' 부탁하는 것부터 연습할 것이다.

이제 '부르면 오기'를 가르쳐보자. 개가 서 있거나 앉은 상태에서 시작한다. "피도, 이리 와."라고 말한 다음 재빨리 뒷걸음질을 쳐서 개가 우리를 따라잡기 위해 쫓아온 뒤 앉아서 '해주세요' 부탁하기를 하게 한다(그림 20.1과 그림 20.2). 앞에서 '갑자기 멈추기' 연습을 했기 때문에 이미 개는 우리가 멈추면 앉기를 하는 것에 익숙해야 하지만, 경우에 따라 방해 요소를 만나 주의가 산만해지거나 우리가 이만큼 멀리 뛰면 자기는 무엇을 해야 하는지 잊어버리는 개도 있다. 이런 개들은 처음 몇 번은 보상으로 유인해서 앉게 하면 된다.

개가 일관성 있게 이 과정을 해내고 항상 우리한테 집중하게 되면 조

그림 20.1   그림 20.2

용한 곳으로 데리고 가 함께 걷는다. 줄은 느슨한 상태여야 한다는 것을 기억하자. 그런 다음 갑자기 뒤돌아 뛰면서 "피도, 이리 와!"라고 신나게 응원해주는 톤으로 말한다. 용기를 북돋는 부름 소리와 함께 이 갑작스런 방향 변화는 개가 재빨리 행동하도록 자극한다. 만약 개가 우리 앞에 서 앉아야 한다는 것을 잊고 옆을 지나쳐 그대로 뛰어갈 것 같으면 개가 도착하기 전에 개의 코 높이에서 보상을 보여주며 우리 앞에 앉도록 유인한다. 2~3회 정도 이런 식으로 유인한 뒤에는 차츰 줄여나가서 개가 앉은 다음에 보상을 줘야 한다.

　이 게임을 반복해서 연습하고 개가 우리를 향해 달려오는 동안에는 격려해준다. 목표는 개가 우리한테 전속력으로 뛰어오는 것이 재미있다고 생각하게 만드는 것이다. 그러기 위해서는 개를 부른 뒤 방향을 돌려 활기차게 뛰어야 한다. 그리고 개가 우리를 앞질러 가버리기 전에 뒤돌아서서 개가 우리 앞에 얌전히 앉도록 한다. 이 게임이 충분히 예측 불가능하고 재미있다면, 개는 땅에 남겨진 냄새를 탐색하고 길 건너 고양이를 쫓아가고, 놀고 싶어 하는 다른 개를 향해 짖고 있을 때조차도 당장 우리한테 오는 것을 선택할 것이다.

난이도 높이기

방해 요인도 없고 가까운 곳에 있을 때 개를 오게 하는 것은 확실히 쉽다. 일상생활 중에 일어나는 긴급 상황일 때도 부르면 오기를 잘하게 하기 위해서는 일상생활의 방해 요인들을 하나씩 추가하며 연습을 해야 한다. 바닥에 놓여 있는 장난감처럼 개가 좋아하는 뭔가가 가까이 있을 때 줄이 느슨한 상태로 개를 데리고 걸어보자(그림 20.3). 개가 그 장난감 쪽으로 움직이기 전에 이름을 부르며 반대 방향으로 뛴다. 마치 다람쥐를 쫓기라도 하는 것처럼 말이다. 즉시 따라오지 않으면 개는 줄이 부드럽지만 팽팽히 당겨지는 것을 느끼게 될 것이다. 우리는 반대편에 신나는 파티라도 있는 것처럼 뛰면서 요란스럽고 즐겁게 행동해야 한다. 개가 우리 앞에 재빨리 앉으면 그 즉시 보상해준다. 보상을 준 뒤에는 개가 장난감 쪽으로 돌아가서 그걸 가지고 놀 수 있게 해준다. 단, 개가 장난감 쪽으로 가는 동안 줄이 느슨한 상태여야 한다는 것을 기억하자. 그래야 개가 줄을 잡아당기는 것을 배우게 되지 않는다.

그 외의 다른 방해 요인들을 가지고 연습을 반복한다. 처음에는 쉬운

그림 20.3

방해 요인을 사용해 쉽게 해낼 수 있게 해준다. 그래야 개가 쉽게 성공할 수 있고 잡아당겨지는 느낌 없이 우리한테 올 수 있다. 즉시 오지 않는다면 그 방해 요인이 개에게 너무 어려운 수준이었거나 개가 그 대상에 이미 몰두한 이후에 개를 불렀기 때문이다. 이럴 때는 더 쉬운 단계로 되돌아가거나 우리가 타이밍 맞추는 능력을 향상시켜야 한다. 과정을 마치고 나면 개는 재미있는 것들로 가득 찬 곳에 있을 때도 부르면 잘 오게 될 것이다.

더 긴 줄로 바꿔 진도 나가기

이제 길이가 3미터 이상인 줄을 사용해보자. 길이 조절이 가능한 줄이 이 연습에 특히 효과적이다. 우선 개가 긴 줄을 한 채로 돌아다니게 둔다. 그리고 줄이 엉키면 안 된다는 것을 기억하면서 손잡이의 버튼을 눌러 줄을 감은 다음 개를 부르며 반대 방향으로 전속력으로 달린다(그림 20.4). 그 반대쪽에서 벌어지고 있는 신나는 파티를 향해 뛰어가는 중이란 것을 개

그림 20.4

가 알 수 있도록 부드러우면서 단단히 줄을 당겨야 할 수도 있다. 하지만 우리가 충분히 빠르게 움직인다면 그 에너지 넘치는 움직임 자체가 우리를 쫓게끔 개를 부추길 것이다. 개가 우리를 따라잡으면 필요에 따라 처음 몇 번은 보상을 이용해 개를 우리 앞에 앉도록 유인한다. 그런 다음 개에게 보상을 주고 칭찬에 동기부여가 되는 개라면 칭찬도 많이 해준다. 그래야 개가 올바른 선택을 했다는 것을 확신할 수 있다. 또 개가 '놔둬'를 배워 알고 있다면 당기기 장난감을 이용해 잡아당기기 놀이를 해줄 수도 있다.

개가 부를 때마다 100퍼센트 즉시 오게 되면 훨씬 더 줄을 느슨하게 하거나 다른 방해 요소들을 추가한다. 단, 한 번에 한 가지씩만 추가해야 한다. 방해 요소를 추가할 때는, 정지된 물체같이 쉬운 것부터 시작해서 차츰 움직이는 장난감이나 줄을 맨 다른 개 등과 같이 더 매력적인 것으로 바꿔나간다. 단, 그 방해 요소가 개일 경우, 그 개는 우리 개가 우리 쪽으로 올 때 같이 따라올 수 없다는 것을 분명히 해두자. 평소처럼 개가 우리를 따라잡아 앉으면 보상을 주고 칭찬해주고 그 다른 개와 놀 수 있는 기회를 준다. 그래야 우리가 불렀을 때 가는 것이 다른 개와 놀 수 있는 기회를 놓치는 것이 아니라는 사실을 배울 수 있다.

> **부르면 오기 팁**
>
> 뛰어와서 보상을 받고 나면 흥미를 잃고 그다음 부를 때까지 자기 할 일을 하러 가버리는 개들도 있다.
> 계속 개의 주의를 끌기 위해서는 연이어 몇 번의 보상을 주고 계속해서 연습을 하면서 차츰 보상 간의 간격을 늘려나간다. 아니면 따라 걷기나 타깃팅 같이 다른 연습으로 바로 건너뛰거나 '날 봐' 연습을 한다.

줄 없이 연습할 때

　최종 목표는 개가 줄에 매여 있지 않을 때도 부르면 오는 것이다. 사실 개가 줄에 매여 있을 때 부르면 오기는 그다지 어려운 문제가 아니다. 이미 핸즈프리 줄을 가지고 다른 연습들을 해왔다면, 그리고 사실 줄도 느슨하고 양손도 자유로웠다면, 개는 이미 줄 없이도 부르면 오기를 할 준비를 하고 있었던 셈이다. 만약 개가 연습 내내 집중도 안 하고 줄이 당겨질 때까지 기다리며 게으름을 부린다면 아직 줄 없이 연습할 단계가 아니다. 개는 우리가 부를 때마다 그 즉시 집중해야 한다.

　실내 혹은 울타리가 있는 곳에서 줄을 묶지 않고 부르기 연습을 해보자. 개가 올 것임을 확신할 수 있을 때만 개를 부른다. 개가 '이리 와' 소리를 들을 때마다 자기 할 일을 하고 있다면 그래도 괜찮다고 잘못 배우게 된다.

　공공장소에서 일반적인 산책을 할 때는 평소 길이의 줄로 연습하고, 공원에서는 길이 조절이 가능한 줄로 연습한다. 냄새를 맡으며 공원을 탐색하게 내버려두고 개가 충분히 먼 거리까지 가면 아무 때나 개를 부른 뒤 반대 방향으로 달린다. 개가 따라잡으면 보상을 하나 또는 연이어 몇 개 준다. 산책하는 내내 이 과정을 중간 중간 반복한다. 개가 다른 착한 개와 놀고 싶어 하면 길이 조절이 가능한 줄을 한 채 또는 땅에 끌리게 놔둔 긴 줄에 연결한 채로 놀게 해준다. 그런 다음 이따금씩 개를 부르고 반대 방향으로 뛰면서 필요하다면 줄을 살짝 잡아당긴다. 개가 우리 앞에 와서 앉으면 여러 개의 보상을 주고 그런 다음에는 다시 다른 개와 놀게 해준다.

　개가 강력한 방해 요소가 있을 때도 부를 때마다 확실히 오게 되면 개

안전 구역에서 줄을 풀고 연습해본다. 다시 한 번 더 강조하자면, 개가 우리한테 온다는 확신이 들 때만 개를 불러야 한다. 이는 개도 우리도 모두 다 성공하기 위한 안전장치이다. 강한 방해 요소들이 있는 상황에서 앉기 또는 따라 걷기를 반복하는 동안 개가 우리한테 집중하지 못한다면, 그래서 불렀을 때 개의 집중을 끌 수 없을 것 같다면 되돌아가서 방해 요소가 있는 상황에서 이를 다시 연습해야 한다.

부르기 지시어를 사용하는 때

개가 문제에 휘말리지 않도록 다음 상황에서 부르기 지시어를 사용할 수 있다.
- 다른 개들과의 놀이가 너무 요란해진다 싶으면 실랑이가 일어나기 전에 개를 부른다. 개가 오면 보상해주고 다시 놀게 해준다. 단, 개가 너무 흥분하기 전에 불러야 한다는 것을 기억하자.
- 냄새 나는 것 위에서 다른 개들이 뒹굴고 있는 것을 발견했을 때, 우리 개가 그 위에서 함께 뒹굴기 전에 부른다. 잘 교육받은 개들은 뒹굴고 있다가도 부르면 온다. 물론 여전히 냄새는 풍기겠지만 말이다. 그러니 뒹굴기 전에 부르는 편이 훨씬 낫다.
- 개가 낯선 사람이나 아이를 향해 달려가기 시작했을 때 개를 불러 우리 옆으로 돌아오게 한다. 그 사람들은 자기 자신 혹은 자기 아이를 조사하려드는 낯선 개를 불편하게 느낄 수 있다. 개를 좋아하는 사람이라 할지라도 개가 뛰어오르는 것까지 좋아하지는 않을 수 있다.
- 오토바이나 스케이트보드 같이 개가 쫓을 수 있는 뭔가를 보게 되면

개가 그것에 푹 빠지기 전에 부른다. 개가 안 온다면, 너무 늦게 불렀거나 개가 그 자극적인 대상에 너무 가까이 있는 것이다.
- 집 안에서 개가 지나가는 사람이나 마당에 있는 이웃집 개를 보고 짖을 때 개를 부른 다음 보상해주고 한동안 우리 옆에 머물러 있는 것에 추가적인 보상을 더 해준다.

앞에서 언급된 상황에서 반사적으로 앉기를 반복하는 동안 개가 우리한테 집중하지 못한다면, 개는 불렀을 때 오기를 제대로 하지 못할 가능성이 크다. 이럴 때는 15장에서 했던 '해주세요' 앉아서 부탁하기부터 다시 연습한다.

CHAPTER 21

엎드려
Teaching Your Dog to Lie Down

앉기가 개가 '해주세요' 하고 부탁하기를 하는 멋진 방법인 것처럼 엎드리기는 개에게 오랜 시간을 가만히 있도록 가르치는 좋은 방법이다. 따라서 엎드리기는 과도하게 에너지가 넘치거나 사람에게 뛰어들기를 좋아하는 개에게 두 번째로 중요한 연습이 될 수 있다. 이 장에서는 개에게 '엎드려'를 가르치는 법을 배우고, 다음 장에서 이것을 '엎드려 기다리기'로 발전시키는 법에 대해 배울 것이다.

방법 1. 움직임 지켜보기

뭔가를 하고 있는 개의 머릿속을 들여다볼 수 있는 가장 재미있는 방법 중 하나는 앉아서 '해주세요' 부탁하는 법을 가르쳤을 때와 같은 방법으로 '엎드려'를 가르치는 것이다. 개가 뭔가를 해야 할 때라는 것을 알도록 보상을 준비한다. 그리고 개가 뭔가를 하기를 그냥 기다린다. 처음에 개는 아마도 앉을 것이다. 앉기가 우리가 원하는 것이 아니라는 것을 보여주기 위해 고개를 돌리고 무시하면서 "틀렸어."라고 무심하게 말한다. 이 신호는 '뭔가 다른 것을 해보라'는 의미가 된다. 아직 앉아서 '해주세요' 하고 부탁하는 것이 철저히 습관화되지 않은 에너지 넘치는 개들은 우리를 쿡 찌르거나 다른 위치로 가서 앉는 등 여러 가지 다른 행동들을 하다가 결국엔 엎드리게 된다. 엎드리자마자 잠깐이나마 엎드린 것에 대해 3~4회 정도 연이어 보상을 준다. 이것을 며칠 동안 10회의 세션에 걸쳐 총 50번 정도 하고 나면 개는 결국 이때 우리가 원하는 것은 엎드리기란 것을 깨닫는다. 사실, 개가 우리가 주는 보상을 좋아한다면 상급자용 복종 훈련 대회에 출전하는 개들보다 훨씬 더 빨리 배우게 될 것이다. 개가 규칙적으로 빠르게 엎드릴 수 있게 되면 엎드리기 직전에 '엎드려'라는 지시어를 말해주기 시작한다.

방법 2. 먹이로 유인해 행동형성하기

다양한 행동을 할 것 같지 않거나 앉아서 '해주세요' 부탁하기가 완벽한 습관이 돼버린 개의 경우에는 행동형성하기shaping를 한다. 개가 이미 앉아 있을 때 시작하고, 개의 코앞에 보상을 쥐고 있되 바닥 쪽으로 몇 센티미터 내린다. 그러면 자연스레 개의 머리와 코도 바닥 쪽으로 내려오면서 몸 앞부분도 조금 내려오게 된다. 즉시 보상을 준 뒤 일어나지 않고 이 자세를 유지한 것에 대해 보상을 추가로 연속해서 준다. 보상을 쥐고 있는데 개가 일어섰다면 보상이 바닥 너무 가까이에 있었다는 의미다. 즉 다음에는 보상을 조금 더 높이 들고 있어야 한다. 이 연습을 충분히 해서 개가 즉시 바닥 가까이로 몸을 낮추게 되면 다음 2단계로 넘어간다.

2단계에서는 보상을 더 아래로 내려서 개가 몸 앞부분을 좀 더 낮추게 한다. 개가 흥미를 잃거나 계속 일어선다면 보상이 너무 아래까지 내려갔기 때문이다. 이 과정을 개가 정말 잘할 때까지 계속한 다음, 보상을 점점 더 아래로 내려 난이도를 높여나간다. 보상이 거의 땅에 닿을 수준까지 차츰차츰 진행한 후에는 보상을 바닥까지 내리는 다음 단계로 넘어간다. 이때 개의 코에서 일직선으로 떨어진 위치에 보상을 쥐고 있어야 한다. 이렇게 하면 개가 몸 앞부분을 아예 바닥까지 뻗어 내리면서 엎드리게 된다. 즉, 알파벳 L자 모양이 되도록 보상을 아래로 내린 다음 개의 반대쪽으로 미는 것이다(그림 21.1). 개가 엎드릴 때마다 항상 빠른 속도로 연이어 보상 몇 개를 줘서 개에게 '엎드린 자세는 즐거운 것'임을 가르쳐주도록 한다.

그림 21.1

방법 3. 터널 만들기

엎드리기를 좋아하지 않는 개의 경우에는 터널 만들기 방법을 시도해 볼 수 있다. 개와 함께 바닥에 앉은 상태에서 시작하되 양쪽 무릎을 세워서 작은 터널을 만든다. 그런 다음 보상을 든 손을 터널 안으로 반쯤 넣

그림 21.2

는다(그림 21.2). 보상을 먹기 위해 개는 몸 앞부분을 낮추고 터널 안으로 들어갈 것이다. 처음에는 그냥 몸 앞부분을 숙이는 정도라 해도 보상을 연속해서 준다. 그런 다음 차츰차츰 보상을 터널 안쪽으로 깊숙이 넣어가면서 행동을 형성해나간다. 예를 들어, 보상을 든 손을 터널 안 15센티미터까지 넣은 뒤 개가 이 단계를 빠르게 잘해낼 때까지 반복한다. 그다음 터널 안 18센티미터까지 넣어서 이 단계 역시 잘할 때까지 반복한다. 개는 마법처럼 몸 앞부분을 더 낮추게 되고 결국은 엎드리게 된다. 개가 엎드릴 때마다 항상 재빨리 여러 개의 보상을 준다. 연이어 10회 시도해서 여덟아홉 번을 즉시 엎드리게 되면 터널을 없애고 방법 2로 바꿔보자.

뇌물에서 강화로 바꾸기

연이어 10회 중 적어도 8~9회를 잘해내는 것으로 보아 개가 먹이로 유인할 때마다 엎드릴 것이라는 확신이 들면, 먹이로 유인하기를 그만두고 개가 방법 1과 같이 엎드리기를 할 때까지 기다리거나 손동작을 사용해 엎드리라는 신호를 줄 수도 있다. 먹이로 유인할 때 사용했던 L자 모양

같은 손동작을 사용하되 신호를 주는 손에 보상이 없는 상태로 해보자. 개가 엎드리면 엎드려 있는 동안 신호를 주지 않는 반대쪽 손으로 연이어 서너 개의 보상을 준다. 결국 개는 자기가 배운 새로운 자세로 편안하게 있는 법을 배우게 된다.

신호 덧붙이기

개가 수신호를 보고 엎드릴 수 있게 되면 적당한 시점에서 수신호를 주기 직전에 음성 신호 '엎드려'를 덧붙인다. 신호는 정확하고 즐거운 목소리여야 한다는 것을 명심하자. 또 반드시 개가 이미 알고 있는 수신호를 주기 전에 음성 신호를 말해야 한다는 것도 기억하자. 이 두 가지 신호를 동시에 다 사용하면 '블로킹 효과 blocking effect'라 불리는 현상이 일어날 수도 있는데, 이는 이미 아는 시각 신호가 더 중요해서 음성 신호를 배우는 데 실패하는 것을 말한다. 즉, 개는 이미 수신호를 알기 때문에 음성 신호를 배울 이유가 없다. 하지만 반대로 음성 신호를 먼저 제시하면 그 뒤에 시각 신호가 온다는 것을 예상하게 해준다. 수신호 전에 음성 신호를 제시하길 충분히 반복하며 보상을 줬다면, 개는 '엎드려' 소리를 들었을 때 엎드리는 것으로 반응할 것이다. 아무런 몸짓 없이, 미동조차 없이 서서 "엎드려."라고 말해보면 개가 음성 신호 때문에 엎드리는지 수신호 때문에 반응하는지 확인할 수 있다. 개가 음성 신호에 엎드렸다면 개는 '엎드려'라는 음성 신호가 엎드리는 것을 의미한다는 것을 아는 것이다.

개가 엎드릴 때까지 기다린 다음 그 행동에 보상을 해주는 방법으로 '엎드려'를 가르쳤다면, 개가 곧 엎드릴 것이란 걸 알아차리는 순간에 음성 신호 또는 시각 신호를 주는 방법으로 신호를 가르칠 수 있다. 이런 여러 가지 조합들이 진행되면 개는 결국 이 신호들이 자기가 엎드려야 한다는 의미임을 이해하게 된다.

게임

다음은 개에게 '엎드려'를 가르칠 수 있는 게임들이다.

게임 1. '엎드려'가 진짜 의미하는 것은 무엇일까?

연이어 수차례 '엎드려'라는 음성 신호를 연습하고 나면, 개는 수신호 없이도 '엎드려'가 엎드리는 것을 의미한다는 것을 정확하게 알 수 있고, 아니면 자기가 최근 5~10회 동안 했던 행동이 무엇이건 간에 '엎드려'가 그것을 하는 것을 의미한다고 생각할 수 있다. 개가 다른 단어들과 구별해내는지 테스트하거나 연습시키기 위해서 다음 게임을 해보자. 방 안을 걸어 다니다가 멈춰서 "엎드려." 하고 말해본다. 만약 개가 앉으면 개를 무시하면서 5~10초 동안 기다린 후 다시 시도한다. 개가 또다시 그렇게 하면 지난 과정을 다시 반복한다. 개가 엎드릴 때까지 네다섯 번 반복한다. 개가 엎드리지 않으면 시각 신호를 덧붙이는 단계로 되돌아간다. 개가 엎드리면 보상을 준 다음 다시 방 안을 걸어 다니다가 "엎드려."라고 말한다. 개가 잘하면 엎드리기 신호와 앉기 신호를 바꿔본다. 개가 올바르게 과정을 잘해내면 보상을 준다. 반대로 틀리면 5~10초쯤 기다린 다음 다시 반복한다.

두 가지 신호를 아무렇게나 바꿔가며 제시해도 잘해낸다면 개는 '앉아'와 '엎드려'라는 음성 신호의 차이를 확실히 아는 것이다.

게임 2. '갑자기 멈추기'의 고급 버전

'엎드려'는 누구나 배울 수 있는 데다 특히 재빨리 엎드리기는 재미있는 게임이 될 수 있다. 개와 함께 서 있는 상태로 시작하고 방법 1에서처럼 개가 엎드릴 때까지 기다린다. 개가 엎드리면 3~5회 연이어 보상을 준다. 그리고 몇 걸음 걷다가 멈춰서 다시 개가 엎드리기를 기다린 다음 엎드리면 몇 차례 연속적으로 보상을 준다. 보상에 동기부여가 아주 잘 된다면 개는 우리가 멈추기가 무섭게 엎드리기 마련이다. 개가 정말 빠르게 엎드리게 되면 연습과 연습 사이에 에너지 소모량을 늘려준다. 개가 이에 능숙해지면 '엎드려'라는 언어 신호를 덧붙여 같은 과정으로 연습할 수 있다. 우리한테 집중하고 있는 개를 데리고 걷다가 멈춰서 갑자기 "엎드려."라고 말한다. 개가 재빨리 엎드리면 연이어 몇 개의 보상을 준다. 만약 너무 느리면 5~10초 정도 기다렸다가 다시 시도하고, 개가 빨리 엎드릴 때만 보상을 준다. 엎드리는 속도가 정말 빨라지면 연습 사이사이에 에너지 소모량을 늘려준다. 즉 큰 소리로 칭찬하고 응원해서 개가 뛰어오르게 하거나(물론 우리에게 뛰어드는 것은 안 된다.) 우리 옆에서 달리게 한다. 그러다가 갑자기 멈춰서 개에게 엎드리라고 한다. 개가 이에 능숙해지면 신호에 따라 개를 앉게 하거나 엎드리게 하는 것을 번갈아가며 할 수 있다.

다음 장에서 엎드려서 기다리기를 한 후에 이 연습을 하게 되면 개는 정말 엎드리기를 좋아하게 되고 그야말로 번개같이 엎드리게 된다. 처음에는 핸즈프리 줄을 사용할 필요가 있을 수도 있다.

게임 3. 조용히 엎드려 있을 때 보상해주기

과잉행동, 과도한 에너지, 또는 주의력 결핍이란 소리를 듣는 개에게 우리는 이미 앉아서 '해주세요' 부탁하기를 가르치고 칭찬과 쓰다듬기로 보상해주었다. 이제 이 과정을 '엎드려'에 응용할 차례다. 며칠에 걸쳐 개가 엎드려 있을 때마다(그림21.3) 관심을 주고 만져준다. 몸을 만져주는 동안 개가 꼬리를 흔들거나 우리 몸에 앞발을 올리거나 몸을 뒹군다면 즉시 손을 떼고 똑바로 일어나 우리가 개를 무시하고 있다는 것을 보여준다. 개가 진정하면 다시 느긋하게 마사지하듯 만져주기를 계속한다. 계속 이렇게 하면 개의 행동은 하룻밤 만에도 바뀔 수 있다. 또, 개가 다른 수많은 재미거리를 발견해 우리한테 집중하는 시간이 짧다면 핸즈프리 줄로 개를 가까이 둔 상태에서 연습해야 한다. 보호자와 떨어져 있는 것을 불안해하는 개의 경우는, 줄을 가구에 연결해놓고 우리는 몇 걸음 또는 몇 미터 떨어진 곳에 서 있거나 앉아 있는다. 그리고 개가 엎드렸을 때만 가까이 다가가 보상을 해준다. 목표는 개에게 조용히 엎드려 있으면 우리가 돌아온다는 것을 가르치는 것이다.

그림 21.3

게임 4. 장난감 물고 오기 할 때 엎드리기

그 외에 동기부여가 될 수 있는 수많은 것을 개에게 보상으로 줄 수 있다. 예를 들어, 물고 오기 게임을 하는 동안에는 엎드려서 기다려야 장난감을 던져준다는 것을 가르칠 수 있다. 사실, 환상적으로 빠른 속도의 엎드리기를 원한다면, '해주세요'를 시키고 싶은 순간마다 엎드리기를 요구하면 된다. 즉, 앉아서 부탁하기가 아니라 엎드려서 부탁하기를 시키면 된다.

CHAPTER 22

앉아서 기다리기와 엎드려서 기다리기
Sit and Down-Stay

산책 중 배변을 다 치울 때까지 개가 얌전히 기다리지 않고 밟고 지나다니기라도 하면 정말 골치 아프다. 이런 상황에 처한 적이 있다면 앉아서 기다리기 또는 엎드려서 기다리기 연습을 미리 해두는 것이 큰 도움이 된다. 앉아서 기다리기와 엎드려서 기다리기는 그야말로 활용도가 무한하다. 예를 들어, 저녁 식사 시간 내내 음식을 달라고 졸라대는 개를 키우고 있다면 개에게 개집에 가서 엎드려 기다리기를 하게 하면 평화로운 식사 시간을 가질 수 있다. 또 피부나 귀 혹은 다른 신체 부위를 검사할 필요가 있을 때 개를 제대로 붙잡아둘 수도 있다. 개가 이 연습들을 방해 요소가 있는 환경에서도 잘하게 되면 이를 활용할 수 있는 수많은 독창적 방법을 찾을 수 있다.

앉아서 기다리기 가르치기

이미 개가 '해주세요' 앉아서 부탁하기의 모든 응용에 익숙한 상태기 때문에 곧바로 '기다려'에 해당되는 음성 신호와 시각 신호를 사용할 것이다. 개를 우리 앞에 앉게 한 뒤 "기다려."라고 말하면서 팔을 뻗어 손바닥이 개를 향하게 들어올린다(그림 22.1). 그런 다음 뒤로 한 걸음 물러나면서 손을 몸 옆의 편안한 위치로 내리고, 즉시 앞으로 한 발자국 나아가 시작 위치에 선다(그림 22.2). 그리고 개가 일어서기 전에 보상을 준다. 처음에는 실제로 뒤로 한 걸음 내딛기보다는 무게중심만 살짝 뒤로 기울여야 할 수도 있다. 그런 다음 시작 위치로 무게중심을 옮기고 나서 보상을 준다. 이 연습을 할 때는 몸을 뒤로 움직인 다음 개가 일어서기 전에 다시 원래 위치로 되돌아오는 것이 중요하다. 그래야 개가 옳은 일을 한 것에 대해 보상해줄 수 있다. 처음에는 개가 살짝 혼란스러워할 수도 있다. 앉아서 '해주세요' 부탁하기에서 우리 움직임을 거울처럼 따라하는 데 익숙해졌기 때문이다. 첫 번째 단계에서 문제가 있다면 먼저 이 장 후반부에 나오는 엎드려서 기다리기를 가르치면 된다. 아니면 뒤로 한 걸음 물

그림 22.1　　　　　　　　　　　그림 22.2

러날 때 보상을 주고 다시 되돌아왔을 때 보상을 또 하나 준다.

거리 늘리기

한 발 뒤로 갔다가 다시 앞으로 오는 동안 개가 가만히 기다릴 수 있게 되면 두 걸음으로 거리를 늘린다. 쉽게 하는 방법은 손 안에 5~10개의 보상을 쥐고 있다가 그 보상들을 다 쓸 때까지, 보상을 하나 줄 때마다 연습을 끝내기보다는 뒤로 갔다 다시 돌아와서 보상을 주는 과정을 반복하는 것이다. 연이어 보상을 5~10개 주는 과정을 한두 번 정도 끝냈으면 거리를 한 걸음씩 늘릴 수 있다. 또는 거리는 똑같이 유지하되 보상을 주는 시간을 늘릴 수도 있다. 목표는 개가 일어서기 전에 개에게 돌아가는 것이다. 개가 일어선다면 우리가 너무 멀리 갔거나 너무 오래 떨어져 있었던 것이다.

또 같은 방식으로, 뒤가 아닌 오른쪽이나 왼쪽으로 한 걸음 움직였다가 다시 제자리로 돌아오는 것도 연습해보자. 개가 잘해내면 거리를 늘려나간다.

방해 요소 추가하기

우리가 원하는 것은 개가 주변에서 무슨 일이 일어나더라도 그리고 멀리 떨어져 있을 때도 앉아서 기다리기를 하는 것이다. 그러기 위해서는 연습 중에 방해 요소들을 추가하고 거리를 늘려나가면 된다. 앞에서 사용한 일반 줄로 거리를 늘려나가고자 한다면 안전을 위해 6~9미터 길이의 줄로 시작하는 것이 적당하다. 그리고 한 번에 한 걸음씩 늘려나가는 초반의 과정을 계속한다. 완성될 때까지 많은 시간이 걸릴 것 같지만 사실은 정말 간단하다. 개에게 등을 보이며 걷기, 구불구불한 패턴으로 걷기, 뱅뱅 돌기, 빠르게 걷기 또는 몇 발자국 뛰기 등을 연습한다. 개에게서 멀어지는 다양한 방법을 추가할 때마다 거리나 떨어져 있는 시간은 짧게 줄인다. 더 어렵게 만들기 위한 행동을 충분히 하는 것이 목표지만 항상 개가 일어서기 전에 돌아와야 한다.

그런 다음에 장난감이나 친구를 옆에 지나가게 하는 것 같은 다른 방해 요소를 추가한다. 집에서 다른 가족이 문을 노크하는 동안, 산책하는 동안, 그리고 개 공원에서 놀고 있는 중간 중간에 이 연습을 한다. 단, 새로운 방해 요소를 추가할 때마다 거리 혹은 시간은 짧게 해서 개가 성공할 수 있도록 도와줘야 한다는 것을 잊지 말자. 이를 위한 방법 중 하나는 손 안에 5~10개의 보상을 들고 개 옆에 서서 시작하면서 다른 사람이 방해 요소를 만들어내는 동안 3초 간격으로 보상을 주는 것이다. 방해 요소는 개가 보상을 얻는 순간에 딱 맞춰서 발생돼야 한다. 개가 연이어 5~10개의 보상을 받는 동안, 일어나고 있는 방해 요소 대신 우리한테 집중할 수 있게 되면 방해 요소를 무작위로 만들 수 있다. 개가 이 단계에 익숙해지면 시도할 때마다 보상을 주는 간격을 몇 초씩 늘려나갈 수 있다. 보상을 주는 간격은 최대 30초까지 가능하다. 10~30초까지 늘렸다면 이제는 방해 요소들이 일어나고 있는 동안 개로부터 멀어지는 거리를 늘리기 시작하자. 각 방해 요소별로 그리고 방해 요소의 강도별로 이 과정을 반복한다. 즉 처음에는 방해 요소에서 멀리 떨어진 상태에서 시작하고 시도할 때마다 방해 요소를 가까이 옮긴다.

안 보이는 곳에서 하기

다양한 방해 요소들이 있을 때도 '앉아서 기다리기'가 완벽하게 되면 이 과정을 줄 없이 그리고 개의 시야를 벗어난 곳에서도 할 수 있다. 처음에는 집 안에서 안전하게 연습하고, 보상을 갖고 돌아오기 전 1~2초 동안만 사라진다. 그런 다음 안전한 외부로 이동해서 같은 과정을 거친다. 하지만 사실 이 행동은 가르칠 필요가 없길 바란다. 왜냐하면 줄도, 지켜보는 사람도 없는 상태로 바깥에 개를 두고 떠나는 것은 안전하지 않기 때문이다. 그저 만약을 위해서 한번 해보자.

엎드려서 기다리기 가르치기

'엎드려서 기다리기'는 '앉아서 기다리기'와 정확하게 똑같다. 일부 개들의 경우 처음에 매개 단계를 연습해야 할 수도 있다는 것만 빼면 말이다. 개가 신호를 주면 엎드리긴 하지만 우리가 똑바로 서면 금방 일어나 앉거나 아예 일어서버린다면, 처음에는 개가 엎드려 있는 동안 개의 눈높이에 무릎을 꿇은 상태에서 연속해서 보상을 준다. 손에 약 열 개의 보상을 들고 있다가 2~3초마다 하나씩 준다. 개가 엎드려서 기다리기를 확실히 편안하게 할 때까지 계속한다. 보상을 다 주었다면 연습을 끝내고 보상을 다시 가져와 이 과정을 반복한다. 개가 완벽하게 그리고 편안한 상태로 열 개의 보상을 다 받을 때까지 엎드려 있으면, 우리가 일어나는 동안 보상을 주는 연습을 하면서 다시 무릎 꿇은 자세로 되돌아온다(그림 22.3).

보상은 바닥에 낮게 내려서 줘야 개가 앉거나 일어나게끔

그림 22.3

유인하지 않게 된다. 이 단계에도 익숙해지면 즉, 개가 10회 중 여덟아홉 번을 해내거나 적어도 연속해서 다섯 번을 완벽하게 해내면, 이번에는 아예 선 채로 개에게 보상을 준다. 우리가 서 있는 동안 개가 안정적으로 잘 엎드려 있으면 거리를 늘려나간다. 단, 다음 단계로 진행하기 전에 연이어 5~10개의 보상을 주면서 같은 거리에서 연습해야 한다. 즉, 처음에 뒤로 또는 옆으로 한 걸음 갔다가 보상을 주기 위해 제자리로 돌아온다. 그런 다음에는 한 번 하고 연습을 끝내기보다는 이 과정을 5~10회 반복한다. 개가 계속해서 잘 엎드려 있으면 두 걸음 움직이는 것으로 진도를 나간다. 이는 시간과 거리를 동시에 늘리는 빠른 방법이다. 걸음 수를 건너뛰지 않는 한, 거리와 시간을 둘 다 재빨리 늘려나갈 수 있다. 또한 앉아서 기다리기를 할 때와 같은 방법으로 방해 요소를 추가해나가며 연습할 수 있다.

집에서 연습하기

개가 오랫동안 엎드려서 기다리기를 꽤 잘하게 되면 그 지속 시간을 늘리도록 도와주는 지름길로 갈 수 있다. 저녁 식사 시간 또는 우리가 책상에 앉아 있는 동안 개를 테이블 옆에 엎드리게 한 다음, 개가 일어나지 못하게 줄을 발로 밟는다. 엎드려 있는 동안 연이어 몇 개의 보상을 주고 나서 필요하다면 개가 그 자세를 유지하도록 계속 줄을 사용한다. 개가 계속 잘 엎드려 있을 때는 식사 시간 내내 무작위로 보상을 준다.

또는, 개를 1.5~3미터 정도 떨어진 곳에 엎드리게 한 다음 아주 짧은 줄을 뭔가에 낮게 묶어서 개가 일어나지 못하게 할 수도 있다. 그리고 개가 예의 바르게 잘 엎드려 있는 동안 이따금씩 가서 보상 또는 관심으로 보답해준다. 이런 방법으로 개는 집 안에서 오랫동안 엎드려 기다리기를 재빨리 배울 수 있고, 우리는 우리 시간을 효율적으로 사용할 수 있다.

야외에서 그리고 집 근처에서, 필요한 여러 장소에서, 모든 상황에서 이 연습을 하자. 예를 들어, 손님이 방문했을 때 개를 엎드려 있게 하거나 산책할 때 잠깐씩 엎드려 있게 하자. 놀이 중에 너무 흥분했을 때도 좋다.

게임

'앉아서 기다리기'와 '엎드려서 기다리기' 연습을 지루해할 수 있는데, 이를 게임으로 만들면 충분히 재미있게 할 수 있다.

- 친구들과 함께 : 각자의 개에게 앉아서 기다리기 또는 엎드려서 기다리기를 하게 한 다음, 20초 안에 누가 개로부터 가장 멀리까지 갈 수 있는지 겨뤄보자. 물론 가장 멀리 간 사람이 우승이지만, 그 친구가 제자리로 돌아올 때까지 개가 그대로 있어야 한다.
- 엎드려서 기다리기 에어로빅 : 개가 앉아서 기다리기 또는 엎드려서 기다리기를 하는 동안 춤추는 꼭두각시 인형 흉내를 내고, 제자리 돌기를 하며 개 주변을 원을 그리며 뛰어본다. 개가 이런 이상한 행동들을 무시한다면 기다리기가 완벽하게 된 것이다. 친구와 함께 해보면서 우리 개가 얌전히 엎드려 있는 동안 친구의 개를 일어나게 만드는 트릭을 써보자. 목표는 항상 개가 일어나기 전에 개에게 돌아가 보상을 주는 것임을 기억하자. 규칙적인 간격으로 보상을 주면서 방해 요소를 만들어간다면 연습 속도가 빨라진다. 처음에는 개가 보상을 얻고 있는 동안에만 방해 요소를 제시해야 한다. 나중에는 좀 더 무작위로 제시할 수 있다.

- 다른 개들 : 다른 개가 지나가거나 닿지 않는 곳에 장난감이 보일 때도 개가 계속 앉거나 엎드려서 기다리는지 테스트해보자. 처음에는 쉬운 방해 요소로 시작하고 차츰 난이도를 높여 개가 성공할 수 있도록 해줘야 한다는 것을 잊지 말자.*

---

* 매너스 마인더 도그 트레이닝 시스템(Manners Minder Dog Training System)을 활용하면 엎드려서 기다리기를 체계적이고 보다 쉽게 가르칠 수 있다. 이 시스템은 리모트컨트롤로 먹이를 줄 수 있어 개가 우리에게서 떨어져서 엎드려 있는 동안에도 개에게 보상을 줄 수 있으며, 설정된 간격에 맞춰 자동화 방식으로 보상을 줄 수도 있다. 주어진 매 단계마다 얼마나 자주 보상을 주는지도 알려준다. 앉아서 기다리기와 엎드려서 기다리기에 대한 임상테스트를 마친 진행 과정이 담긴 DVD도 함께 제공된다. - 지은이주

CHAPTER 23

자리로 가
Go to Your Place

 개가 부엌에서 졸졸 따라다니며 방해하거나 저녁 식탁 아래서 음식을 얻어먹고 싶어 안달이거나 손님 얼굴에 코를 들이밀거나 현관에 선 방문자를 킁킁대며 괴롭히려 해도 이제는 더 이상 화낼 필요가 없다. 엎드려 기다리기를 할 수 있는 '특별한 장소'로 가는 법을 가르치면 되니까 말이다. 이 연습은 개가 '엎드려'를 배운 뒤 음성 신호에 따라 엎드려를 할 수 있게 된 다음에 해야 된다. 또한 '자리로 가'를 가르치기에 앞서 먼저 그 특별한 장소에서 엎드려 있는 것을 연습해야 한다. 그래야 개가 그 장소를 엎드리기 및 보상받기와 연관 지을 수 있다.

'자리로 가' 가르치기

개가 엎드릴 수 있을 만큼 충분히 큰 개 침대, 담요 또는 그 외 별도의 방석 등을 준비한다. 개 방석으로부터 1.5미터 정도 떨어진 거리에서 개를 데리고 향해 빨리 걷는다. 방석과의 거리가 한두 발자국 남으면, 개가 방석으로 완전히 올라가야 먹을 수 있는 위치에 보상을 던져서 개가 먹게 한다(그림 23.1). 아마 개는 즉시 보상을 차지하고는 허겁지겁 먹을 것이다. 만약 개가 보상 쪽으로 가지 않는다면 '놔둬' 연습과 헷갈려 하는 것이다. 그럴 때는 손가락으로 가리키며 '놔둬' 연습에서 배웠던 해제 신호를 준다(그림 23.2). 그런 다음 개가 보상을 먹으면 엎드리라는 음성 신호를 준다. 그러면 아마도 개는 우리를 향해 엎드리려고 몸을 돌릴 것이다. 개가 엎드리자마자 엎드린 것에 대해 연이어 보상을 여러 개 준다. 이를 연이어 5~10회 연습한다. 자기 침대나 방석 위에서 엎드려서 기다리기를 연습하고 수많은 보상을 받은 개는 자리로 가는 것을 재빨리 배우기 마련이다. 개가 우리가 자기 침대 쪽으로 향하기가 무섭게 뛰어가는 수준에 이르게 되면 '자리로 가'라는 음성 신호를 덧붙일 수 있다. 개를 데리고 방석에서

그림 23.1   그림 23.2

1.5~3미터 떨어진 곳에서 시작하고, 개가 방석으로 향하기 바로 직전에 "자리로 가."라고 말한다. 그러면 개는 방석으로 뛰기 시작해야 한다. 그런 다음, 앞에서와 같이 방석 위로 보상을 던져주고 개가 그걸 먹고 나면 음성 신호에 맞춰 엎드렸을 때 보상을 연이어 준다.

개가 신호에 맞춰 자기 자리로 뛰어가는 것을 일관되게 잘하면 더 이상 방석 위로 보상을 던지지 말고 방석 위에 엎드린 것에 대해서만 보상을 준다.*

개가 신호를 안다는 것을 어떻게 알 수 있나?

개는 우리가 "자리로 가."라고 말할 때를 알고, 즉 신호가 올 거라는 실마리를 알고 우리가 꼼짝없이 서 있는데도 자기 자리로 뛰어간다. 일단 개가 엎드리면 개에게 걸어가서 연이어 보상을 몇 개 준다. 바로 이 단계에서 '자리로 가' 연습에 방해 요소들이 추가된 엎드려 기다리기를 더할 수 있다.

방해 요소 및 시간 늘리기 : 엎드려서 기다리기의 변형

이제는 앞 장에서 엎드려서 기다리기를 할 때 그랬던 것처럼 개가 침대

---

* 매너스 마인더 도그 트레이닝 시스템(Manners Minder Dog Training System)을 사용하면 '엎드려서 기다리기'를 체계적이고 쉽게 가르칠 수 있다. 매너스 마인더 DVD에 그 단계가 소개된다. 이 기계는 기본적으로 쉬운 목표를 제시하기 때문에 개에게 어디로 가야 하는지 정확히 알려준다. 더불어 다양하게 바뀌는 여러 장소에 던져야 하는 보상도 아끼게 해주고 거기까지 걸어서 왔다 갔다 하는 수고도 덜어준다. - 지은이주

에서 기다리는 시간을 늘려보자. 개를 자리로 보낸 다음 그 자리에서 기다리고 있는 것에 대해 연이어 약 열 개의 보상을 준다. 약 3초마다 보상을 주면서 문을 노크하거나 집 주변을 뛰어다니는 사람이나 소음 같은 방해 요소들을 추가한다. 개가 연이어 열 개의 보상을 주는 과정을 몇 회 반복하는 동안 주어지는 방해 요소들에 익숙해지면, 여전히 방해 요소가 있는 상황에서 보상 간의 시간 간격을 늘리며 연습해나간다.

'자리로 가'를 사용할 수 있는 순간

- 뭔가에 개가 방해가 될 때 또는 손님이 올 때, 개를 자기 자리로 보내서 조용히 앉아 있거나 엎드려 있게 한다. 단, 이런 상황들을 지켜볼 수 있는 곳에서 하게 한다.
- 초인종이 울리고 개가 짖으면 몇 번 짖게 내버려둔 뒤 개를 자기 자리로 보낸다. 개를 자리로 보내고 그곳에 머물러 있는 것에 대해 보상을 주고, 그런 다음 현관문 쪽으로 가되 개가 일어서기 전에 되돌아오면 정확하게 이 과정을 가르칠 수 있다. 그다음에 개가 자기 자리에서 잘 엎드려 기다린 것에 보상을 준다. 문 쪽으로 걸어가고, 문을 건드리고, 문을 노크하고 또는 밖을 보기 위해 문을 여는 등 난이도를 차츰 높이며 진행한다. 개가 자기 자리에 있을 때 무선 차임벨을 울리는 연습을 할 수도 있다. 또는 처음 한 번 울린 뒤 자리에서 기다리고 있는 개에게 차임벨을 보상으로 줘서 엎드려 기다리기를 한 것을 강화해줄 수도 있다. 한편, 매너스 마인더 프로페셔널 도그 트레이닝 시스템MannersMinder Professional Dog Training System 작동 과정은 초인

그림 23.3

종이 울리는 상황을 염두에 두고 고안한 것이다(그림 23.3).
- 실내 배변 교육을 위해 크레이트 안으로 들여보내야 할 때도 '자리로 가' 지시어를 사용할 수 있다.

실내에서 배변을 가리지 못하는 개가 있는가 하면, 몇 시간이 넘도록 끊임없이 짖거나 느닷없이 무는 개도 있다. 한때는 이런 흔한 문제들이 미스터리처럼 여겨졌을지도 모르지만, 개가 어떻게 의사소통하고 학습하는지에 대해 많이 알려진 지금은 그 원인을 짐작해볼 수 있다.

이 섹션에서는 무엇이 이런 '문제'를 일으키는지 이해하기 위해 앞에서 배운 모든 것을 총동원할 것이다. 현재의 지식 상태라면 각 장을 읽는 데 5분이면 충분하고, 원인 및 해결법도 금방 명쾌해질 것이다. 단, 공격성에 관한 문제의 경우에는 공인 동물응용행동학자나 수의 행동학자의 조언을 구해야 한다. 건강상의 문제에서 비롯된 것일 수 있다면 정기적으로 다니는 동물병원의 수의사를 제일 먼저 만나야 한다.

훌륭한 리더십 즉, 강압이나 무력이 아닌 15장에서 다룬 '보상 버는 법 배우기 프로그

SECTION 4

일반적인 문제 행동을 위한 5분 가이드

Five-Minute Guide to Solving Common Canine Problems

램'을 통해 우리가 얻은 리더십이 모든 문제를 해결할 수 있는 열쇠지만, 어떤 문제들은 특별한 연습과 기법들이 다른 무엇보다도 더 중요할 수 있다. 다시 말해, 무언가에 의해 강화된 탓에 반복적으로 나타나는 나쁜 행동을 성공적으로 고치기 위해서는 정확한 타이밍, 일관성, 명확성, 그리고 올바른 비율 또는 강화가 수반되어야 한다. 그래야 개는 우리가 자기를 이끌 능력이 있다고 생각한다. 또 우리가 하는 방식을 지켜봐주고 이런 기술을 잘 다듬어줄 코치나 트레이너가 필요할 수도 있다. 개의 감정 상태도 중요하다. 문제를 고치기 위해서는 그 행동을 이끌어내고 있는 잠재적인 동기에 대해 알아야 한다. 그리고 주의해야 할 것은, 공격성을 일으키는 일반적인 동기 유발 요인이 '높은 서열을 갖길 원해서'가 아니라는 사실이다. 오히려 공격성을 일으키는 가장 빈번한 요인은 두려움임을 명심해야 한다.

CHAPTER 24

크레이트 교육과 화장실 교육
Crate Training and Housetraining Your Dog

크레이트 교육

크레이트 교육이 다소 생소한 사람들에게는 작은 공간에 개를 가둔다는 것이 중세 시대 고문처럼 느껴질지도 모르겠지만, 잘 교육받은 개들은 크레이트를 전혀 다른 시각으로 본다. 개에게 크레이트란 온전히 자기 것이라 주장할 수 있는 안전한 은신처이자 현대식 굴이라 할 수 있다.

크레이트 교육은 여러 가지 면에서 우리 정신 건강을 돕는다. 배변 교육 단계에 있는 강아지 보호자들에게는 그야말로 구세주 역할을 한다. 이 오줌싸개 시절 동안, 어린 강아지에게 안전한 화장실 이용법은 단 세 가지뿐이다. 첫째, 강아지가 자유롭게 볼일을 볼 수 있는 야외의 개 전용 안전 지역으로 가는 것, 둘째, 줄로 우리 몸에 연결시켜두고 있다가 대소변

245

을 볼 것 같은 신호가 보이면 바로 밖으로 데려나가는 것, 셋째는 편안한 크레이트 안에 있는 것이다. 강아지를 매의 눈으로 계속해서 관찰할 수 없거나 또는 줄을 매어 우리 몸에 연결시켜놨을 때도 강아지가 배변을 본다면, 움직이기에 충분히 넓으면서도 배설 욕구를 참을 만큼은 작은 크레이트 안에서 개를 쉬게 한다.

크레이트는 셀 수도 없을 만큼 많은 용도로 유용하게 쓰인다. 이 이동 가능한 굴은 손님이 있을 때는 쉴 수 있는 개인 공간도 되고, 아무 문제없이 밤을 보낼 수 있는 안전한 장소가 되기도 한다. 여행을 가면서 개를 친구네 집에 맡겨두건 혹은 함께 데려가건 간에 크레이트 교육은 개집을 어디로든지 옮길 수 있게 해준다. 대개 차 안에서 이리저리 뛰던 개도, 휴가 중 호텔방 안에서 뭘 해야 할지 모르던 개도, 혹은 친구네 집에 맡겨진 동안 안전한 장소가 필요한 개도, 크레이트 교육을 받으면 새로운 환경을 보다 친숙하고 편안하게 느끼게 될 것이다.

크레이트 교육 시키는 법

반려동물에게 크레이트를 집으로 여기게끔 가르치는 일은 간단하다. 예민한 고양이나 다 큰 성견도 마찬가지다. 자기 집 안에 있으면 근사한 일이 일어난다는 것을 가르치기만 하면 된다. 그 근사한 일이란 바로 먹이다.

개가 갇혀 있는 것을 정말 싫어한다면, 밥을 크레이트 바로 밖에서 주기 시작한다. 개가 이 새로운 장소에서 밥을 편안하게 먹는다면 다음에는 밥그릇을 크레이트 바로 안쪽으로 옮겨서 밥을 먹으려면 크레이트 안에 머리를 넣어야 하게끔 한다. 며칠 후 밥그릇을 크레이트 더 안쪽으로 넣어서 개가 앞발을 크레이트 안에 들여놓을 수밖에 없게 한다. 이런 식으로 밥그릇을 크레이트 제일 안쪽으로 차츰차츰 옮긴다. 개가 스스럼없이 혼자 크레이트를 드나들게 되면, 개가 먹이를 먹는 동안 또는 특히 좋아하는 특별한 장난감*을 함께 넣어둔 채 크레이트 문을 닫는다. 그리고 개가 밥을 다 먹자마자(또는 다 먹기 바로 직전에) 문을 열어 밖으로 나오게 해준다. 또 이따금씩 크레이트 안에 비밀스럽게 먹이 선물을 넣어두고 개가 찾도록 할 수도 있다. 크레이트 안쪽 벽에 땅콩버터**를 바르거나 바닥 깔개 아래 소시지 조각들을 넣어두자. 시간이 제법 걸릴 것 같이 느껴지겠지만 사실은 대개 일주일도 걸리지 않는 과정이다. 심지어 크레이트를 좋아하지 않는 성견의 경우에도 그렇다.

  개가 먹이를 먹기 위해 크레이트 안에 들어가기 시작하면, 이제 먹이를 유인용이 아닌 보상으로 사용해 안으로 들어가는 것을 가르친다. 처음에는 개에게 보상을 보여주고 개가 크레이트 안에 들어가면 먹이를 준다. 개의 코 바로 위에 또 다른 보상을 밀어 넣어서 밖으로 나오지 못하게 막는다. 개가 크레이트 안에서 나오지 않고 있으면 보상을 연이어 준다. 개를 엎드리거나 앉게 하면 더 좋다. 그리고 한쪽 옆으로 비켜서서 개를 바깥으로 부른다. 그런 다음 이 연습을 반복하는데 이번에는 크레이트 안을 가리키기만 한다. 개가 안으로 들어가면 다시 얼굴 앞에 보상을 밀어 넣어서 밖으로 못 나오게 막는다. 그리고 서 있거나 앉거나 엎드린 채 크레이트 안에서 움직이지 않고 있는 것에 대해 연속해서 보상을 준다. 우리가 손으로 가리킬 때마다 크레이트 안으로 들어가는 것을 일관되게 할 때까지 이 과정을 반복한다. 보통 1~2회 정도만 하면 된다. 그다음에

---

* 닐라본 츄(Nylabone chew)나 테이스티본(Tasty Bone) 같은 장난감을 추천한다. - 지은이주
** 해외에서는 땅콩버터가 많이 사용되고 있는데 간혹 알러지 반응을 보이는 개들도 있으므로 확인 후에 사용할 것을 권한다.
  - 옮긴이주

는 크레이트를 가리키기 바로 직전에 '집'이라는 음성 신호를 덧붙인다. 또 하루 종일 아무 때나 "집!"이라고 말하면서 크레이트를 향해 개와 함께 걸어간 뒤 개가 크레이트 안으로 들어가면 보상을 주는 것으로 음성 신호를 가르치는 연습을 한다.

크레이트로 들어가게 하는 또 다른 방법

앞에서처럼 먹이로 유인하지 않고 개를 신호에 맞춰 크레이트 안으로 들어가도록 가르치는 또 다른 방법은, 먼저 '집'이라고 말한 다음 보상을 그 안에 던져 넣는 것이다. 보상을 안으로 던져 넣기 전에 음성 신호를 말해야 개가 보상이 던져진다는 것을 예상할 수 있음을 잊지 말자. 던지는 동작은 사실 시각적 신호다. 시각 신호와 음성 신호를 동시에 제시하면, 개는 우선적으로 더 의미 있는 신호, 즉 시각 신호를 배우고 언어 신호는 배우지 못할 수 있다(두 가지 신호가 동시에 제시됐을 때 더 분명한 신호만을 학습하는 이러한 현상을 음영화 또는 뒤덮기overshadowing라고 한다). 개가 크레이트 안으로 들어가고 나면 크레이트 안쪽으로 더 많은 보상을 던져주고, 개 얼굴 앞에 먹이를 들이대서 나오지 못하게 막는다. 그런 다음 서거나 앉거나 엎드린 채 움직이지 않으면 먹이로 계속 보상해준다. 그다음, 유인용으로 사용하던 먹이를 보상으로 바꿔서 우리가 먹이를 가지고 있건 그렇지 않건 간에 개가 크레이트로 뛰어가는 것을 배우게 한다. 보상을 손 안이나 등 뒤에 숨긴 채 개와 함께 크레이트를 향해 걸어간다. 개는 크레이트 안으로 들어간 후에만 보상을 보고 받을 수 있다. 점차적으로 크레이트와의 거리를 멀리하면서 개를 크레이트로 보낼 수도 있다. 이 간단한 단계들을 모두 거치고 나면 개는 자기 크레이트를 천국 같은 안식처로 여기게 될 것이다.

화장실 교육*

 아이를 키워본 사람이라면 대소변 가리기 교육은 시간이 오래 걸릴 수 있고, 밤새 이불에 실수하는 것쯤이야 해결해야 할 문제 중 일부에 지나지 않는다는 것도 잘 안다. 하지만 이것이 수차례 야외의 지정 장소로 가서 배설해야 하는 강아지의 이야기라면 태도가 좀 달라진다. 덜 너그러워지는 것이다. 하물며 나이 먹은 마스티프가 대소변으로 집을 엉망으로 해놓거나 에어데일 테리어** 성견이 종종 대소변 실수를 하면 참을성은 한계에 이르고 만다. 하지만 다행인 것은 대소변을 가리지 못하는 원인을 알고 나면 문제 해결이 쉽다는 것이다.

 대소변 실수를 하는 가장 큰 원인은 불완전한 화장실 교육에 있다. 즉, 규칙적으로 먹이를 주고 물을 주는 것처럼 화장실 교육도 단순히 몇 시간에 한 번씩 밖으로 데리고 나가는 것 정도로만 생각하거나, 강아지가 겨우 1~2주 만에 완벽하게 화장실 교육을 마칠 거라고 생각하는 것이 문제다. 물론 일부 영리한 강아지는 그럴 수도 있지만 대충 생략된 대소변 가리기 교육 과정을 받으면 당연히 강아지는 부분적으로만 화장실 교육이 된 상태로 남게 된다. 따라서 이들은 집 밖이 대소변을 하기에 좋은 장소라고 배우긴 하지만 집 안은 그 범주 밖이라는 것은 이해하지 못

---

* 해외의 경우 대개 개들이 실외에서 대소변을 보기 때문에 그에 맞춰 이야기가 진행되고 있으나 국내의 경우엔 적절한 배변 장소로 데려가는 것으로 대체해서 받아들이면 좋을 듯하다. - 옮긴이주
** 영국이 원산지인 사냥개로 가장 큰 테리어 종이다. - 옮긴이주

한다. 사실, 아주 열심히 놀거나 운동을 한 다음에 집에 돌아오면 값비싼 카펫 위에 오줌을 싸는 개들이 있다. 이런 극적인 경우를 포함해 하루 종일 수차례씩 반복되는 똥오줌 때문에 골머리를 앓고 있다면 대소변 가리기 교육 지침 과정을 처음부터 끝까지 다시 완벽하게 실행해야 한다.

어린 강아지를 위한 완벽 화장실 교육 과정

엎드려 있기에 충분히 넓지만 한쪽을 화장실로 만들 만큼의 공간은 안 되는 편안한 크레이트를 준비한다. 크레이트 안쪽이 너무 넓다면 임시로 종이 상자를 넣어 조절한다. 크레이트는 밤에는 개가 잠을 자는 장소이자, 낮에는 우리가 개를 지켜볼 수 없을 때 개의 안전을 지켜주는 피난처가 된다.

다음 단계들을 엄격하게 진행한다.
- 강아지가 잠에서 깨면 자던 곳 혹은 크레이트 밖으로 나오게 한다.
- 즉시 강아지를 집 밖의 정해진 대소변 장소로 안아서 데려가거나 줄을 매고 뛴다. 줄을 매고 간다면 이리저리 꾸물대다가 오줌 쌀 기회를 얻게 되는 산책 때와는 달라야 한다는 것을 기억하자. 마치 응급 상황인 것처럼 빨리 걷거나 전력질주 해야 한다.
- 밖으로 나오면, 강아지가 대소변을 둘 다 할 때까지 소리 없이 가만히 서 있는다. 개는 줄에 묶여 있기 때문에 이리저리 뛰어다니며 놀 수 없다.
- 개가 막 대소변을 보려고 할 때 '쉬' 또는 '응' 같은 음성 신호를 딱

한 번 말해서 개가 이 단어를 자기가 하고 있는 행동과 연관 지을 수 있게 해준다. 그리고 개가 일을 끝내고 나면 보상을 준다. 임무 수행 중인 개를 방해하지 않도록 그 외에는 조용히 한다.

- 개가 대소변을 둘 다 하고 나면 집 안으로 들어와 식사를 할 수도 있고 놀이 시간을 가질 수도 있고 또는 줄을 하고 산책을 나갈 수도 있다. 반대로 개가 대소변을 둘 다 하지 않았다면 약 15분 동안 크레이트 안에 다시 들어가게 했다가 그 이후 다시 시도한다.
- 개가 대소변을 '둘 다' 할 때까지 이 과정을 반복한다. 안 그러면 우리가 잠깐 한눈파는 사이 집 안에다 대소변을 할 것이고 우리 계획도 빗나간다.

낮 시간

자유 시간에는 개를 작은 구역 안에 풀어주어도 된다. 단, 풀로 붙인 듯 개에게 시선을 고정시킬 수 있다면 말이다. 눈을 떼기가 무섭게 개는 틀림없이 대소변 실수를 할 것이다. 잠깐 한눈파는 사이 파스타 삶는 물이 넘쳐버리는 것처럼 말이다.

사실 잠에서 깨고, 놀고, 장난감을 오래 씹고, 물을 많이 마시는 모든 행동이 어린 강아지에게는 대소변을 하고 싶게 만드는 것이기 때문에 대소변을 유도하는 상황 중 어느 것이든 그 후에는 강아지를 밖으로 데리고 나갈 필요가 있다. 바닥을 쿵쿵대거나 깽깽 울거나 헐떡대거나 뱅뱅 돌거나 우리에게서 떨어져 이리저리 돌아다니는 것 같은 행동도 자기를 밖으로 데리고 나가라는 신호다. 또 먹거나 물을 마신 지 15~20분이 지났을 때도 개를 밖으로 데리고 나갈 필요가 있다.

하루 동안 다음 과정을 반복한다.

- 개를 크레이트나 펜스 안처럼 화장실 안심 지역에 두거나 또는 줄로 우리와 연결하고는 한두 시간 정도 시선을 떼지 않고 지켜본다.
- 그러고 나서 볼일을 볼 수 있도록 밖으로 데리고 나간다.
- 개가 볼일을 보고 나면 지켜보는 가운데 놀 수 있게 해준다.

아마 이 과정을 하루에 6~10번 정도 반복해야 할 것이다.

일부 어린 강아지들은 눈 깜짝하는 사이에, 최소한의 신호 후에, 심지어 줄로 연결되어 있을 때도 대소변을 본다는 사실을 기억하자. 게다가 대소변 보기가 세상에서 가장 좋아하는 취미인 듯한 강아지도 있다는 것을 염두에 두자. 이들은 한 시간에 한 번씩 소변을 보거나 물을 마신 뒤 5분 후 또는 아주 살짝만 욕구를 느껴도 언제든지 소변을 본다. 이런 강아지를 키우고 있다면 극도로 엄격한 계획에 맞춰 교육을 진행할 필요가 있다. 일단 바깥에서 대소변을 보게 되면 시간을 다양하게 바꿔가면서 바깥에서 놀아주거나 또는 10~15분 정도 짧은 시간 동안 집 안에서 놀아준다. 물론 철저하게 우리가 지켜볼 수 있는 장소에 한해서 말이다. 그런 다음 한 번에 몇 시간씩 개를 크레이트 안에 넣어둬서 소변 참는 법을 배울 수 있게 한다. 단, 강아지는 월령보다 더 긴 시간을 크레이트 안에서 보낼 수 없다는 것을 기억하자. 크레이트에 있는 시간이 끝나가면 대소변을 보도록 개를 꺼낸 다음, 놀이, 운동, 학습 게임, 혹은 운동이 더 필요하다면 산책으로 보상을 주는 과정을 반복한다. 낮 동안 한 번에 몇 시간씩 크레이트 안에 있었으므로 충분히 운동을 하게 해줘야 한다는 것을 잊지 말자. 그 시간을 계산해보면 우리 입장에서는 여전히 많은 시간이다. 하루 16시간 동안 6~8번의

> **강아지는 크레이트 안에서 얼마나 있을 수 있을까?**
>
> 대개 강아지는 자신의 월령과 같은 숫자에 해당하는 시간을 크레이트 안에서 보낼 수 있다.

대소변과 놀이 세션이 있고, 각 세션이 15분 정도라면 우리가 이에 쏟는 시간은 총 1.5~2시간이 된다.

밤 시간

화장실 교육은 낮에 집중적으로 하고 나면 밤에는 쉴 수 있다. 개가 마지막으로 밖에 나가 소변을 보기 약 30분 전부터 다음날 아침까지 물그릇을 치워둔다. 며칠 밤이 지나는 동안 개가 밤사이 소변을 참지 못한다면 물을 더 일찍부터 제한한다. 또는 개가 소변을 참지 못하는 관련 질병을 가지고 있을 수도 있으니 수의사의 검진을 받도록 하자.

2주 후

이 교육을 시작하고 2주 후쯤이면 개가 스케줄을 완전히 꿰고 있겠지만 그렇다고 완벽하게 배웠다는 의미는 아니다. 사실 이쯤이면 개는 대소변은 밖에서 해야 한다는 것을 안다. 하지만 집 안에서는 안 된다는 사실까지는 아직 모른다. 이제는 놀이 시간 동안 점차 개에게 더 많은 자유를 줘야 한다. 우리가 지켜보는 상황에서 말이다. 처음에는 한 공간에서만 시작하고 우리가 함께 있는 동안 그 공간에 개를 자유롭게 풀어주는 시간을 늘려나간다. 개가 몇 시간 동안 참을 수 있으면 체계적으로 공간들을 추가해 나간다. 물론 처음에는 반드시 개를 지켜봐야만 한다. 체계적으로 공간을 추가해나가서 가면 안 되는 장소들을 배우게 하는 것이 중요하다. 우리가 충분히 일관성 있게 해야만 개에게 습관을 만들어줄 수 있다. 큰 집에 살고 있는 작은 개에게는 시간이 더 많이 걸릴 것이다. 다시 말하지만, 감독을 제대로 하지 않은 상황에서 일어나는 모든 대소변 실수는 습관이 형성되는 시간을 지연시킨다.

대소변 실수를 했을 때

개가 집 안에서 소변을 보기 시작한 뒤에 그 사실을 알아차렸다면, 오줌을 잠깐 멈추도록 짧게 "아!" 하는 소리로 개를 놀라게 한 다음 재빨리 적절한 대소변 장소로 데려간다. 조심해야 할 것은 개를 겁주거나 벌을 줘서는 안 된다는 것이다. 그러면 개는 우리 시야 밖에서 대소변하는 법을 배우게 된다. 우리가 못 보는 사이 대소변 실수를 했다면 그냥 세제로 깨끗이 닦아내고 다음부터는 더 가까이서 잘 지켜보면 된다.

만약 강아지가 크레이트 안에 실수를 했다면, 크레이트를 깨끗이 청소해서 개가 더러운 곳에 있는 것에 익숙해지지 않도록 한다. 너무 오래 크레이트 안에 뒀거나 크레이트가 너무 크면 그럴 수 있다. 아니면 대소변을 참을 수 없는 건강상의 문제를 가지고 있을 수도 있다. 이런 문제 중에는 장내 기생충이나 설사를 유발하는 위장관 장애, 요로 기형, 물을 많이 마시게 해서 끊임없이 소변을 보게 하는 질환 등이 있다. 뭔가 의심되면 수의사를 찾아가야 한다.

화장실 교육이 많이 힘들어 보일 수 있지만, 사실 3년간 기저귀를 갈고 더 오랜 시간 침대보를 갈아대야 하는 우리 사람에 비교하면 아무것도 아니다. 대부분의 강아지는 어린 나이에 꽤 화장실 교육이 잘된다. 하지만 12주 동안 대소변 실수가 한 번도 없을 만큼 완벽하게 되지는 않는다. 일반적으로 생후 약 6개월 이상이 돼야 화장실 가리기에 완벽함을 기대할 수 있다.

성견을 위한 화장실 교육

성견이 집 안에서 대소변 실수를 한다면 강아지 대소변 가리기 수업으로 되돌아간다. 개가 새 집에 처음 갈 때는 대소변을 해도 되는 적절한 장소를 모르기 때문에 단기 집중 코스로 화장실 교육을 다시 해야 할 수도 있다. 또 나이가 많은 개는 때로는 교육 초기에 실수를 할 수도 있고, 때로는 의학상의 문제를 가지고 있을 수도 있다. 어떤 개들은 건강상 문제 때문에 설사를 하거나 성년기에 실금이 생기기도 한다. 성견이 갑자기 대소변을 가리지 못한다면, 요로 감염, 당뇨병이나 또 다른 의학적 원인이 있는지 알아보기 위해 수의사에게 데리고 가야 한다.

사람을 만났을 때 하는 배뇨

절대 걱정할 필요 없는 문제다. 강아지의 이런 오줌지리기 문제는 곧 사라진다. 어려서 방광 조절 능력 및 기능이 다소 떨어지기 때문에 나타나는 증상일 뿐이다. 이로 인해 화장실 교육이 조금 더디게 진행될 수는 있지만 성장하면 결국 사라질 가능성이 크다. 물론 몇 단계의 교육을 통해 좀 더 빨리 해결할 수 있다.

친구나 가족에게 처음 인사를 할 때 강아지가 오줌을 지린다면, 그리고 강아지가 흥분해서 배뇨를 하는 것을 정확하게 관찰했다면 해답은 간단하다. 개를 너무 흥분하게 두지 않으면 된다.

이런 배뇨는 가족이나 친구가 방문했을 때 일어나기 때문에, 그들에게 개를 쓰다듬어주고 놀아주는 대신 몇 분 동안, 또는 진정할 때까지 개를 무시하도록 부탁한다. 아니면 개가 배뇨할 기회를 갖기 전에 앉은 것에 대해 먹이 보상을 줄 수도 있다. 일단 개가 차분하게 서 있거나 앉아 있게 되면 부드럽게 쓰다듬기를 시도해본다. 단, 천천히 시작해야 하고, 만져줄 때는 조용히 하거나 부드럽고 온화한 목소리로 대해야 한다.

만약 강아지가 이 과정에서 배뇨를 했다면 너무 빨리 쓰다듬기 시작했거나 너무 과도했거나 또는 너무 오래 만져서 그렇다. 개를 쓰다듬을 때는 개의 행동을 잘 관찰해야 한다. 흥분해서 엉덩이를 흔들고 몸을 꿈틀대기 시작한다면 재빨리 관심을 끄고 마치 개가 존재하지 않는 것처럼 행동해야 한다. 그리고 개가 진정하자마자 쓰다듬기로 보상해준다.

처음 몇 번은 여전히 실수를 하기 마련이다. 강아지는 자신의 오랜 기계적 절차에 익숙할 수밖에 없다. 즉 친구를 보고 흥분해서 인사를 하고 오줌을 지리는 과정 말이다. 하지만 놀랍게도 인사를 하는 모든 사람이 새로운 절차를 지킨다면 이런 배뇨 문제는 몇 번 만에 해결될 수 있다. 어루만짐을 받기 위해 앉거나 엎드리기를 연습시키는 것으로 이 과정에 속도를 높일 수 있다. 이 방법은 개가 극도로 흥분했을 때조차도 스스로를 통제하고 진정하는 법을 가르치는 것이기 때문에 결국 개가 너무 흥분해서 배뇨하는 실수를 줄여준다.

CHAPTER 25

입 버릇 : 씹기와 물기
Mouthing Off : Chewing and Nipping

씹기

 유아용 안전문, 수납장 안전잠금장치, 아기용 카시트 등은 아기를 키우는 부모에게 일상적인 필수 용품들이다. 거의 움직이지는 못하지만 이 작은 장난꾸러기들은 손이 닿는 곳에 있는 모든 물건을 입에 넣는다.
 강아지들도 비슷한 탐험 단계를 거친다. 하지만 이들이 목표물로 삼는 것은 우리 예상과 다소 다를 수 있고 더 딱딱한 것들일 수 있다. 이들은 장난감은 물론 신발, 소파를 비롯해 반응을 보이는 물 뿜는 장난감, 즉 야외의 스프링클러까지도 씹으려 든다. 누군가가 다른 걸 알려주기 전까지 이들의 천진난만한 눈에는 모든 것이 씹을 장난감이다. 다음은 이 작은 씹기 대장들이 문제를 일으키지 않도록 하는 방법이다.

주변 환경 관리

　유아들에게 그렇듯, 첫 번째 규칙은 주변 환경을 관리하는 것이다. 구미가 당기는 씹을 것들을 개가 닿지 않는 곳에 두는 것인데, 어딘가에 넣고 잠가두거나 이런 것들이 있는 장소에 개가 접근하지 못하도록 막으면 된다. 신발은 신발장 안에, 수건은 서랍장 안에, 잡지나 책은 높은 선반 위에 올려놓는다.

적합한 장난감을 항상 갖고 놀게 해주기

　찍찍 소리 나는 고무장난감, 테니스공, 속을 뭔가로 채워 넣을 수 있는 장난감처럼 갖고 놀기 적합한 것들을 항상 갖고 놀 수 있게 해준다. 개는 여러 가지 장난감을 바꿔가며 놀기를 좋아하므로 한 번에 네다섯 개의 장난감을 꺼내놓는 것이 가장 좋다. 며칠마다 한 번씩 다른 장난감으로 바꿔줘야 개가 그 장난감을 가치 있는 것으로 여기게 된다. 언제든 가지고 놀 수 있게 되면 싫증을 느끼기 마련이다.

지켜보기

　어린아이를 지켜볼 때처럼 개가 무언가를 씹어 망가뜨리는 행동을 하지 않게 될 때까지 항상 개를 지켜봐야 한다.

개가 뭔가 부적절한 것을 씹고 있을 때

　개가 뭔가 부적절한 것을 야금야금 씹기 시작하거나 입안에 넣고 있다면,
　・충분히 크고 날카로운 소리로 갑자기 "아!"라고 말해 개를 놀라게 해서 행동을 즉각 멈추게 한다. 개가 이런 반응을 보이지 않는다면

계속 시도하며 애쓰지 말고 그냥 다음의 두 번째 항목을 하면 된다.
- 재빨리 적절한 장난감을 먹잇감처럼 흔들어서 개를 유인한다. 이 장난감을 잡도록 개를 부추긴 다음, 개가 문제가 됐던 물건을 내려놓으면 칭찬해준다(개가 칭찬에 반응하는 경우라면). 또는 문제가 됐던 물건을 내려놓은 것에 대해 보상해준 뒤 적당한 장난감을 준다.
- 개가 다가가는 우리를 보자마자 도망갈 경우 개를 쫓아가지 않도록 주의하자. 쫓아가면 개를 신나게 만들 뿐이다. 그 대신 개를 무시하거나 개가 자기가 갖고 있던 것을 버리고 올 때까지 뭔가 더 재미있는 것을 가지고 노는 척하거나 또는 섹션 3에서 다뤘던 앉아서 '해주세요' 부탁하기, 부르면 오기, 타깃팅 또는 '놔둬'처럼 동시에는 할 수 없는 즉, 양립될 수 없는 다른 행동을 하게 시킨다.
- 달라고 요청했을 때 개가 그 물건을 순순히 내놓게 만드는 가장 좋은 방법은 불러서 오게 한 다음 보상을 주는 것을 습관화하는 것이다.
- 또 다른 대안은 개가 씹으면 안 되는 것들에 매운 고춧가루 cayenne pepper, 쓴맛이 나는 비터 애플 bitter apple 또는 비터 오렌지 bitter orange 등 불쾌한 맛이 나는 것들을 발라두는 것이다. 이런 제품들은 펫숍에서 구입할 수 있다. 반대로 씹어도 되는 장난감에는 쇠고기 육수, 민트 향 그리고 땅콩버터 같은 좋은 맛을 살짝 발라둔다.

운동과 집중

씹기란 개가 저도 모르게 마음을 뺏기는 일이자 주변을 탐색하는 자연스러운 방식이다. 강아지에게는 충분한 운동과 집중할 거리가 필요하다. 운동을 규칙적으로 할수록 강아지는 스스로 재미를 찾을 필요가 줄어든다. 또 개의 식사 일부를 이리저리 굴려야만 속에 든 내용물이 나오는 트리트 볼treat ball 안에 넣어주거나 속이 빈 할로우 추hollow chew 안에 넣은 뒤 얼려 주는 것도 좋은 방법이다. 이는 개의 평범한 식사 시간을 멋진 정신 운동 시간으로 바꿔준다.

어떤 개는 혼자 남겨진 불안감이나 스트레스를 줄이기 위한 방편의 하나로 씹어댄다. 이 범주에 해당된다면 혼자서도 집에 즐겁게 있는 법을 가르친다.

씹는 버릇을 가진 다 자란 개

어떤 개들은 1년이 지나도 계속 씹어대고 심지어 밖에 나가서도 항상 씹을 것을 찾는다. 매일 보는 움직임 없는 장난감보다는 훨씬 더 재미있는, 움직임이 있는 데다 상호작용도 가능한 스프링클러 같은 것들 말이다. 이런 개들은 우리가 지켜볼 수 없을 때는 안전 구역 안에 넣어두고, 에너지를 제대로 소모할 수 있도록 운동을 시켜준다. 정신적·육체적 운동을 하게 해주는 퍼즐 장난감을 이용해 먹이를 주고, 15장에서 배운 '보상 버는 법 배우기'를 가르쳐서 우리한테 집중하게 한다.

물기

강아지가 놀이 중에 문다면 아마도 그냥 지나가는 발달 과정이길 바랄 것이다. 하지만 불행하게도 이는 평생 동안 지속될 수 있는 행동이다. 무는 정도가 가볍다 해도 최대한 빨리 문제의식을 가져야 한다. 찍찍 소리 나는 장난감처럼 무의식중에 소리를 지르고 팔을 흔들면 이는 강아지에게 보상이 되어 지나치게 흥분하고 무례한 태도로 놀이를 하도록 가르치는 것이 된다. 가벼운 물기가 정말 심각하게 무는 행동으로 발전하는 경우도 있다.

다음은 물기를 다루는 몇 가지 방법이다. 우선 15장에서 다룬 앉아서 '해주세요' 부탁하기를 가르친다. 그래야 강아지가 자기가 놀고 싶다는 것을 우리에게 알리고 싶을 때 할 수 있는 적절한 행동을 배울 수 있다.

방법 1. '아야!' 소리 내기

이 방법은 어린 강아지들에게 가장 효과가 있는데, 우리 목소리 톤에 민감하거나 이미 단서를 알고 있는 성견에게도 효과가 있다. 이는 강아지들이 자기 한배 형제들과 한바탕 놀던 시절 그 무리 속에서 일어났어야 하는 학습 과정을 모방한 것이다. 처음 7~10주 동안 강아지들은 엎치락뒤치락 놀이와 부드러운 입질은 괜찮다는 것을 배운다. 그리고 한 마리가 너무 거칠게 입질을 하는 바람에 누군가의 입에서 갑작스런 비명이 터져 나오면 놀이가 끝났음을 알게 된다. 강아지들도 이해하기 어렵지 않다. 착하게 잘 놀거나 아니면 떠나야 한다.

피부에 이빨을 느끼게 되면 크고 날카롭되 화는 섞이지 않은 "아야!" 소리를 내서 강아지들의 '깽' 소리를 흉내 낼 수 있다. 예기치 못하게 어딘가에 발가락을 찧었을 때 나오는 소리처럼 충분히 목소리에 힘을 담아 "아야!"라고 말하면 강아지는 깜짝 놀라서 입을 놓게 된다. 그러면 그 즉시 칭찬하고 보상을 주고 재빠르게 강아지 앞에 씹을 수 있는 적절한 장난감을 줘준다. 아니면 앉아 있는 동안 여러 개의 보상을 주는 것으로 보답해준 다음 앉기가 재미있는 일이라는 것을 알려주기 위해 앉기 게임을 몇 번 더 한다. 강아지가 다시 물기 시작하면 이 연습을 반복한다. 그러나 강아지의 반응이 극적이지 않거나 명확하지 않다면 이 방법은 피하고 다른 방법 중 하나로 시도해야 한다.

개가 이 과정을 배우게 되면 '아야'를 '놔'라는 단어로 바꿀 수 있다. 이제 '놔'는 개에게 입에 문 뭔가를 놓으라는 새로운 지시어다. 항상 보상이나 장난감을 뒤이어 줘야 한다는 것을 기억하자. 하지만 이를 연이어 2~3회 이상 반복해야 한다면 효과가 없는 것이므로 포기하고, 방법 2를 쓰도록 한다.

방법 2. 나무처럼 서 있기

"아야!" 하는 큰 소리에도 도무지 관심이 없는 개 또는 날카롭게 이 소리를 내지 못하는 보호자들의 경우에는 방법 2나 방법 3을 사용한다. 개가 물 때마다 즉시 소리 없이 일어서서 나무처럼 서 있는다. 그래야 무의식적으로 놀아주기(음성 벌)로 개의 행동을 보상해주지 않는다는 것을 확실히 할 수 있다. 우리가 자기를 무시하고 있다는 것을 개가 정확히 알 수 있도록 시선을 다른 곳으로 돌리고 그대로 서 있는다. 개가 앉는 순간, 앉은 것과 계속 앉아 있는 것에 대해 여러 개의 보상을 준다(양성 강화). 그런 다음 앉기 게임을 다시 반복한다. 보상이 끝난 후 강아지가 다시 문다면 다시 나무 흉내 내기를 한다. 강아지는 우리를 물면 우리가 지겨운 나무

토막으로 바뀐다는 것을 재빨리 배우게 된다. 이 단계는 개가 앉아서 '해 주세요' 부탁하기를 이미 알고 있다면 훨씬 더 빨리 진행된다.

방법 3. '놔둬' 게임하며 놀기

또 다른 방법은 16장에서 다룬 '놔둬'를 가르치는 것이다. '놔둬'를 말할 때는 개와 상호작용하지 않겠다는 것을 알려주기 위해 '나무 흉내 내기' 행동도 해야 한다(그림 25.1). 개가 이 의미를 알고 나면, 강아지에게 이빨을 우리 피부나 다른 금지된 물건에서 떼라고 말할 때 이 신호를 사용할 수 있다.

그림 25.1

CHAPTER 26
분리불안
Separation Anxiety : Canine Style

잭 런던의 소설 〈화이트 팽White Fang〉에서, 주인공인 개는 보호자와 매우 강한 유대를 맺게 된다. 그 유대가 너무 깊어 보호자와 잠깐 떨어졌을 때조차도 극도의 괴로움 속에서 식음을 전폐하며 야위어 간다. 어린 시절 나는 보호자에 대한 충성심을 낭만적으로 표현한 이 소설에 완전히 매료되었다. 하지만 개에 대해 잘 알게 된 지금은 이 이야기를 회상할 때마다 이렇게 소리 지르고 싶어진다. "이봐요! 그 개는 분리불안증이 있어요. 도움이 필요하다고요!"

화이트 팽만 분리불안증을 가진 것도 아니고 희귀한 사례도 아니다. 사실 분리불안증은 동물행동학자들이 접하는 가장 일반적인 문제 중 하나다. 미국과 유럽의 동물행동학자들이 접하는 개의 전체 사례 중 20~40 퍼센트를 차지한다. 다만 화이트 팽과 달리 대부분의 개들은 이렇게 가슴

저미는 방식으로 자신의 절망감을 표현하지 않는다. 그 대신 온 집안을 다니며 이것저것 갈기갈기 찢어놓고, 계속 짖어대고, 눈에 띄는 장소에 사건을 남겨놓는다. 그리고 이 절망감의 표현에 대해 개들에게 돌아오는 것이라곤 "일부러 이런 게 틀림없어."라는 우리의 싸늘한 반응이다. 불행하게도 대부분 보호자는 문제가 더 심각해질 때까지 도움을 구하지 않는다. 수천 달러의 손해를 보거나 이웃의 끊임없는 항의를 듣고 난 후에야 개의 생명이 위태로운 비상사태에 처했음을 깨닫게 된다.

사회적 동물

개는 혼자 남겨지게 되면 왜 그렇게 불안해하는 걸까? 이 모두는 공동체 의식과 관련 있다. 사회적 동물인 개는 자기 동료들과 어울리는 것을 좋아하고, 사람의 손에서 자란 경우에는 우리를 동료로 여긴다. 물론 대개의 경우 이는 문제가 아니다. 우리 사람도 관심을 좋아하니까 말이다.

하지만 자신의 두 발 달린 친구에게 너무 심하게 의존하는 개들이 문제다. 흔히 찾아볼 수 있는데, 이 개들은 보호자가 자기 눈 밖이나 심지어 손닿는 곳 밖으로 벗어나지 않도록 이 방 저 방을 졸졸 따라다닌다. 보호자가 언제 사라질지 모른다며 두려워하는 것처럼 말이다. 이들은 보호자의 몸에 기대고 무릎 위로 올라가고 관심을 바라며 울거나 짖어서 끊임없이 자기를 안심시켜주길 요구한다. 본질적으로 이 개들은 낮은 자존감을 가진 개라고 할 수 있다.

보호자의 일시적인 부재에도 극도의 불안감을 느끼는 개의 유형은 더 많다. 항상 사람과 함께 있는 것에 익숙한 개, 사람이나 놀이 친구와 떨어졌을 때 편안히 있는 것을 배운 적이 없는 개 또는 원하는 것은 뭐든지 얻으며 지낸 개들은 갑자기 혼자 남게 됐을 때 절망하기 쉽다. 그 어떤 충동 조절법도 배운 적이 없고 또 원하는 게 있을 때마다 즉시 그것을 얻는 것에 익숙했기 때문에 불안해지는 이런 개들은 엄밀히 말해 분리불안 사례가 아니지만 행동 수정 방법은 같다.

분리불안은 갑작스런 고립과 함께 느닷없이 나타날 수 있다. 아마도 항상 집에 있던 사람 친구가 갑자기 회사를 가게 됐거나 아이가 학교를 다니기 시작해 집에 없을 때 시작되기 쉽다. 어떤 식으로 일어나는지 예를 들어보자. 접착테이프처럼 이 방 저 방 가장 좋아하는 식구를 따라다니던 개가 뭔가 달라진 것을 알아챈다. 갑자기 사람이 집을 떠날 채비를 하는 것이다. 보호자는 멜로드라마에 나오는 것처럼 작별인사를 한 뒤 처음으로 개를 혼자 두고 떠난다. 개는 당황한다. "이봐. 어디 가는 거야? 나를 잊었잖아. 나 여기 있다고! 여기! 여기!" 물론 무심히 들으면 "멍! 멍! 컹! 아우~."처럼 들리지만 말이다.

10분 후, 개는 자기가 잠깐 잊힌 것이 아니라 버려졌다고 생각한다. 이제 개는 정말 걱정이 되기 시작했다. 개는 자기 마음을 달래려고 뭔가 입에 닿는 대로 씹는다. 식탁 다리 같은 것 말이다. 하지만 아무 효과도 없고 한술 더 떠 이 근심은 배탈을 일으킨다. 개는 카펫 위에서 볼일을 본다. "내가 나가서 찾아봐야겠어!" 더 이상 견딜 수 없어진 개는 결국 미친 듯이 현관문을 파기 시작한다.

보호자는 집에 돌아오면 개를 혼자 놔두고 간 죄책감을 씻기 위해 개에게 온갖 칭찬과 어루만짐 세례를 퍼붓는다. 개는 이 큰 이벤트를 축하하기 위해 온몸을 흔들고 뛰어오르면서 이에 화답한다. 반면 어떤 보호자는 개가 엉망진창으로 만들어놓은 집을 보고 소리를 지르거나 야단을 치는데 이런 행동은 패닉 상태에 빠져 있던 개를 더 불안하게 만든다.

어떤 경우이건 간에, 개는 이제 식구가 나갈 준비를 하는 것을 보면 곧 그가 사라진다는 의미라는 것을 안다. 열쇠를 들고, 신발을 신고, 바쁘게 집 안을 돌아다니는 것 같은 외출을 암시하는 신호들은 이제 곧 무서운 일이 일어난다는 것을 알리는 신호가 됐다. 결과적으로 개는 이제 식구가 나갈 준비를 하면 불안해하거나 두려워하는 행동을 하게 된다.

분리불안 다루기

그렇다면 우리에게 지나치게 의존하는 개는 어떻게 다루어야 할까? 우선, 벌은 아무 효과가 없다는 것을 분명히 해두고 시작하자. 벌은 두려움에 가득 찬 개에게 불안감만 더 가중시킬 뿐이다. 또한 동정 어린 마음도 상황을 더 악화시킬 수 있다. 애지중지하는 태도는 개의 의존성을 더 심화시키기 때문이다. 즉, 개를 안심시키기 위해 어루만지고 개에게 말을 거는 행동은 오히려 개를 더 낑낑대며 불안하게 만들 뿐이다.

이 경우 개에게 정말 필요한 것은 자립심이다. 개에게 자립심을 키워주고 우리가 없을 때도 차분하게 있는 법을 가르칠 수 있는 몇 가지 방법을 소개한다.

우리의 외출을 좋은 일과 연관 짓도록 가르치기

다소 쉬운 사례의 경우에는, 개가 가장 좋아하는 장난감, 먹이 퍼즐, 또는 속을 다른 것으로 채울 수 있는 씹기 장난감을 남겨놓고 가는 것으로 간단히 해결할 수 있다. 외출 5~10분 전에 이런 씹기 장난감들을 놔두고 집에 돌아온 후에는 바로 치운다. 이런 좋은 것들을 외출 전에 줘서 개가 혼자 있는 동안 빠져 있게 하는 것이다. 하지만 이 방법은 다음에 언급될 차분하게 엎드려서 기다리기 또는 앉아서 기다리기 행동을 가르치는 것만큼 효과가 좋지는 않다. 그저 개의 주의를 딴 데로 돌리는 것이기 때문이다. 하지만 교육 시간을 줄여주는 효과가 있다. 또한 개가 그 보상을 먹기 시작한다면 이것은 개의 불안감이 줄어들고 있음을 나타내는 것이다.

무엇이 효과가 있는지 가르치기

낑낑거리고 불안해하는 행동들을 해봤자 아무것도 달라지지 않고 아무것도 얻지 못한다는 것을 개에게 알려준다. 오히려 차분하게 행동하고 자기감정을 조절하면 보상을 얻을 수 있다는 것을 가르친다. 가장 빠른 방법은 15장에서 다룬 '보상 버는 법 배우기'를 익히게 하는 것이다. 보상 버는 법 배우기는 개에게 자제심을 가르치고 우리의 지도를 신뢰하게 만든다. 자기가 원하는 모든 것, 특히 칭찬, 어루만짐, 관심 그리고 보통은 지나친 흥분을 이끌어내는 일들을 얻기 위해서는 반사적으로 앉아서 '해주세요' 부탁하기를 하고 그대로 앉아 있어야 한다는 것을 개에게 가르친다. 그러면 자제력을 빨리 키워줄 수 있다.

며칠에서 길게는 일주일밖에 안 걸리는 이 과정을 개가 익히고 나면 줄을 우리 몸에 연결해서 개가 우리로부터 한두 걸음(0.5미터) 정도 밖으로는 벗어나지 못하게 한다. 개가 앉거나 엎드린 다음 그 자세를 유지할 때마다 다가가서 5초 동안 만져준다. 이것은 개에게 차분하게 앉거나 엎드려 있는 것이 우리를 자기 쪽으로 가까이 오게 만들고 자기를 만져주게 만든다는 사실을 가르쳐준다. 개를 점점 더 멀리 있게 한 다음 최종적으로는 시야 밖으로 벗어날 때까지 체계적으로 거리를 늘려나간다. 그런 다음 잠깐 방을 나갔다가 돌아오되 단, 개가 우리가 자기 쪽으로 다시 걸어오는 것을 보고 앉을 때까지 기다렸다가 돌아와야 한다. 이렇게 하면 개는 차분하게 앉아 있거나 엎드려 있는 것이 우리를 되돌아오게 만든다는 것을 다시 한 번 더 배우게 된다. 개는 자제심을 가지면 자기가 원하는 것을 가질 수 있음을 배울 수 있다.

자립심 가르치기

줄로 개를 우리 몸에 연결해두는 연습을 하면서 동시에 우리한테서 떨어져 앉아 있기 또는 엎드려 있기를 가르칠 수 있다(23장에서처럼). 일부러 개에게 앉아 또는 엎드려를 시키고 그렇게 한 것에 대해 먹이를 주거나 만져주어 보상을 준다. 처음에는 딱 한 걸음만 떨어진 후 개가 일어나기 전에 보상을 주기 위해 되돌아간다. 이 과정을 빠르게 연속해서 5~10회 정도 한다. 그런 다음 두 걸음, 세 걸음 등으로 거리를 늘려나간다.

매너스 마인더 도그 트레이닝 시스템을 이용해 방해 요소가 있을 때 앉거나 엎드려서 기다리기를 시키면 이 과정을 보다 빨리 배우게 할 수 있다. 방해 요소를 만들기 위해서는 걸어 다니면 된다. 즉, 개가 매너스 마인더에서 나오는 보상을 먹고 있는 동안 개에게서 떨어졌다가 다시 돌아간다. 매우 빨리 걷되 편안한 태도를 유지해야 하고, 개가 보상을 조금씩 내놓고 있는 기계에서 고개를 돌려 올려다봤을 때 멀어지는 우리 모습을 절대 오랫동안 보지 못하도록 충분히 자주 돌아가야 한다. 개가 불안감을 느끼기 전에 되돌아가야 한다는 얘기다. 이 두 방법을 이용해서 개가 같은 방 안에서 적어도 30분 동안 우리와 떨어져 엎드려 있을 수 있을 때까지 보상 간의 거리와 시간을 체계적으로 늘려나간다.

다음에는 개에게 눈앞에서 사라진다고 해서 마음에서도 사라지는 것이 아니라는 것을 가르친다. 개가 잘 따라온다면 잠깐(몇 초) 집 밖으로 나갔다가 개가 불안해하기 전에 되돌아온다. 어떤 경우라도 개가 불안한 상태가 되는 것은 철저하게 피해야 한다.

우리가 떠나자마자 곧바로 불안해하는 이력을 가진 개라면 엎드려서 기다리기(단, 개가 이미 엎드려서 기다리기를 익숙하게 할 수 있어야 한다.)를 시킨 상태에서 외출을 방해 요소로 추가해본다. 문손잡이를 이리저리 움직이는 것으로 시작해 문을 열었다 닫고, 또는 문을 나섰다가 개가 불안해하기 전에 바로 돌아와 개의 착한 행동을 보상해준다. 5~10회 연속적으로 시도하는 동안, 개가 일관성 있게 차분히 있게 될 때까지 약한 수준의 방해 요소들을 반복한다. 그런 다음 진짜로 밖으로 걸어가거나 전보다 더 오랫동안 밖에 있는 것으로 수준을 올리는데, 이 경우에도 개가 계속 편안해 보여야 한다는 것을 기억하자. 우리와 떨어져 있는 동안 개는 반드시 긍정적인 경험만 해야 한다. 매너스 마인더를 사용하면 자동화된 기준에 따라 보상을 줄 수 있어서 우리가 집 밖에 있는 동안에도 개가 차분하게 엎드려 기다리기를 한 것에 대해 보상을 얻을 수 있다.

결국, 이 연습의 목표는 개에게 작별 인사는 좋은 것임을 가르치는 것이다. 이 연습을 하는 동안 수도 없이 집에 들어왔다 나갔다 해야 한다. 개가 적어도 30분 동안은 차분한 상태로 있을 수 있을 때까지 밖에 나가 있는 시간을 체계적으로 늘린다.

극적이고 장황한 인사 그만두기

이제는 만날 때나 헤어질 때 다소 과장된 방식으로 인사하는 것을 그만두고 따분한 상황으로 만들어야 한다. 방법은 간단하다. 떠나기 전 20분과 집에 돌아온 후 20분 동안 개를 무시하면 된다. 하지만 이런 노력에도 불구하고 우리의 외출 채비를 지켜보며 개가 불안하게 서성대거나 또는 우리가 돌아왔을 때 개가 나 홀로 축하 쇼를 벌이며 사방을 뛰어다닌다면, 개가 차분해질 때까지 얌전히 엎드리거나 앉아 있는 것에 대해 반복적으로 보상을 해준다. 외출하기 전과 집에 돌아왔을 때 이렇게 한다.

외출을 암시하는 신호들에 대해 탈감각화와 역조건형성을 할 수도 있다. 차분했던 개를 불안하게 만드는 외출 암시 신호가 있다면 이것에 대해 탈감각화와 역조건형성을 하는 것은 좋은 방법이다. 예를 들어, 개가 하루 중 어느 때건 우리가 무얼 하고 있든 상관없이 우리가 열쇠만 집어 들어도 심하게 헐떡이며 침을 흘린다면, 그런 반응을 일으키지 않도록 아주 조용하게 열쇠를 집어든 다음 개에게 보상을 던져준다. 목표는 우리가 열쇠를 집으면 정말 맛있는 보상을 얻게 된다는 것을 개에게 알려주는 것이다. 한 번 연습할 때 적어도 5~10회 정도 반복하여, 하루에 총 20~30번쯤 열쇠를 계속 집어올리고 맛있는 보상을 던져준다. 연습을 반복하면서 열쇠를 집을 때 나는 소리도 점점 크게 한다. 우리가 제대로만 한다면 며칠 만에 이 새로운 연관을 가르칠 수 있다.

집을 비우는 동안의 관리법

우리가 집에 없는 동안 개를 관리할 수 있는 임시적 방법들을 찾아보자. 행동 수정을 할 때 이상적인 것은 우리가 집에 없는 동안에 개가 오직 좋은 경험만 하는 것이다. 따라서 개를 집에 혼자 두고 나가야 한다면 개를 돌봐주는 곳이나 친구 집에 보내거나 펫시터가 돌보게 하고 만약 개가 심각한 문제를 일으키는 경우라면 전문 위탁 시설에 보낸다. 하지만 개의 불안 증세가 별로 심하지 않고 집을 비우는 시간도 짧다면 크레이트를 생각해볼 수 있다. 단, 개가 크레이트를 좋아하도록 가르쳐둔 상태여야 한다. 개가 크레이트를 잘 받아들이면 개를 혼자 남겨두고 떠나기 전에 크레이트를 가장 좋아하는 장소로 여기게끔 만들어준다(크레이트 교육은 24장에 더 자세히 소개된다). 개가 크레이트 밖에 있을 때는 개를 무시하고, 크레이트 안에 있을 때는 후하게 관심과 보상을 주고 칭찬을 해주면 된다.

분리불안의 치료는 간단해 보이지만 이런 개를 키워본 적이 없다면 제대로 이해하기 힘들지도 모른다. 어떤 개는 며칠 만에 바뀌는 반면, 또 어떤 개들은 몇 달이 지나도 고쳐지지 않는다. 개에 따라 방법이나 계획이 달라져야 하기 때문에 코치가 필요하며, 어떤 경우에는 약물 치료가 병행되어야 할 수도 있다. 하지만 클로미캄^{Clomicalm}이나 리콘실^{Reconcile} 같은 분리불안 치료 약물은 즉각적인 효과를 가져다주지도 않고 모든 개에게 효과가 있지도 않다. 반드시 행동 수정이 병행되어야 한다. 또한 분리불안의 개별적 신호를 보이는 개가 사실은 다른 행동상의 문제 또는 의학상의 문제를 가졌을 경우에도 효과가 없다.

하지만 다행히도 분리불안의 첫 징후가 나타났을 때, 예를 들어 크레이트 밖으로 나오려고 살짝 울거나 짖을 때, 또는 입구나 문 옆에서 우리와 헤어질 때, 또는 우리가 외출한 사이 파괴적인 행동 징후가 처음 나타났을 때 앞에서 말한 방법들을 잘 수행한다면 장차 분리불안으로 발전되는 것을 막을 수 있다. 완벽하게 성공하거나 또는 적어도 각 단계들에서 매우 빨리(일주일 안에) 향상되는 모습이 확인되지 않는다면 공인 동물응용행동학자(www.animalbehaviour.org)나 수의사 또는 동물행동수정 분야를 다루는 수의사에게 도움을 받아야 한다(동물 행동에 대해 정통하지 못한 수의사들은 미국동물행동수의사회(www.AVSABonline.org)나 나의 웹사이트(www.DrSophiaYin.com)를 통해서 또는 수의사 정보 네트워크(www.vin.com)에 가입하여 지도를 받을 수 있다).

CHAPTER 27

우위 공격성 : 지위를 획득하기 위한 투쟁
Dominance Aggression : A Struggle for Status

    개에게 물리는 사고는 해마다 미국에서만 80만 건이 보고된다. 보고되지 않는 경우는 더 많다. 무엇이 그리고 누가 이 많은 개를 물게 만들었을까? 지난 20년 간, 우리는 모든 공격성의 원인을 모호한 의미를 가지는 단어인 '우위dominance' 탓으로 돌려왔다. 못된 행동을 하거나 버릇이 없거나 제멋대로 굴거나 공격적인 개를 모두 '우위에 있고 싶어 한다'고 판단한 것이다. 하지만 동물의 사회적 위계질서와 늑대 행동에 관한 학문의 발달로 인해 이제 행동학자들은 대부분의 공격성이 우위가 아닌 두려움에서 비롯된다는 것을 알게 되었다. 예를 들어, 친숙하지 않은 성인이나 아이를 무는 개는 겁이 많은데 이는 대부분 강아지 시절의 부적절한 사회화 과정 때문이다. 이들은 희생자들이 우연히 자기를 위협했기 때문에 또는 방어가 이 '무서운' 사람들을 가까이 오지 못하게 하는 가장 좋은 방법이라고 배웠기 때문에 그들을 문 것이다.

반면 우위 공격성은 다양한 유형의 자원에 대한 우선적인 접근권을 확보하기 위해 싸우는 개체들 간의 공격성이다. 우위는 개체들 간의 관계이고 우위-복종 관계는 한 개체가 다른 개체의 뜻에 일관되게 따르기 전까지는 존재하지 않는다.

이 과학적 정의를 고려해볼 때, 어떤 개가 진짜 우위 공격성을 보이는 개일까? 전형적인 우위 공격 성향의 개는 수많은 종류의 자원들 앞에서 자신감 넘치고 공격적이다. 우두머리답게 누구보다 뛰어나고, 두려움의 자세라든지 '미안해하는' 것으로 불릴 만한 행동은 좀처럼 하지 않는다. 처음 잠깐은 첫 데이트에 나온 카사노바만큼 매력적이다. 하지만 다음 순간이 되면 이 개들은 시합 전 기자회견장에서의 프로 권투 선수들보다 더 심하게 짖고 문다. 아는 개의 이야기처럼 들린다면 계속 읽어보자.

어쩌다가 예측 불가능하고 공격적인 개가 되었을까?

이런 불손한 행동들은 왕자님처럼 떠받들어지는 강아지 시절에서 비롯된다. 강아지들은 정말 사소한 행동에도 칭찬과 어루만짐을 받고 호화로운 호텔의 룸서비스처럼 요청하는 족족 배달되는 공짜 음식을 받는다. 아무 노력 없이 수많은 장난감을 얻고 엉덩이를 붙이고 쉴 수 있는 최고의 인간 침대 및 소파도 갖는다. 이렇게 자란 대부분의 강아지가 다루기 힘든 버릇없는 개가 된다. 물론 그렇다고 이들이 모두 우위 공격 성향을 가진다고 볼 수는 없다.

그러나 좀 더 공격적인 기질을 가진 개들이 일관성 있고 예측 가능한 규칙이 없는 또는 리더가 없는 생활을 할 경우, 먹이, 장난감, 잠자는 곳, 관심에의 접근 등 자기가 원하는 모든 자원에 대해 공격적으로 소유권을 주장하는 털북숭이 괴물이 된다. 본질적으로 어떤 개들은 온 집 안을 자신의 독재 통치 아래 두길 요구한다.

사실 이런 우위 공격성을 진단받는 개는 흔하지 않다. 식구들에게 공격적이라 하더라도 그저 한 가지 유형의 자원에만 소유욕을 보이는 경우가 더 많다. 혹은 보호자의 잘못된 교육이 개를 공격적으로 만들 수도 있다. 즉, 개에게 원치 않는 행동 대신 해야 하는 대체 행동을 알려주지 않고 벌만 줬기 때문에 개가 달리 대안이 없어 방어적으로 반응하는 것이다.

힘이 아닌 머리를 사용해 개의 통치 시대 끝내기

무리를 이루고 사는 늑대, 개코원숭이, 사자의 세계가 그렇듯이 우위-공격 성향을 가진 개는 무력 심지어 폭력으로 다뤄야 한다고 생각할지도 모르겠다. 하지만 문제는 동물의 세계에서 대개 한 동물의 통치 기간은 짧고 상대를 이길 만큼의 육체적 힘을 가진 한도 내에서만 유지된다는 것이다. 빗대어 이야기해보자면 집에서 가장 힘센 가족원은 우위-공격 성향을 가진 개를 이길 수 있지만 나머지 다른 식구들은 스스로의 힘으로 해결해야 한다. 게다가 이런 힘겨루기는 공격성을 일시적으로 억누를 뿐 내재되어 있는 감정 상태는 더욱 악화시킨다. 개는 속으로 감정이 끓어오르는데도 싸울 만큼 충분히 강하지 않다고 여겨지면 자신의 분한 감정을 숨길 수 있다. 하지만 감정은 결국 행동으로 표출되기 마련이어서 더 이상 담아둘 수 없게 되는 상태에 이르면 물어버리고 만다. 다행히 우리는 개보다 더 머리가 좋으니 비폭력적이면서도 오래 지속되는 다음의 방법들을 통해 개의 태도를 바꿀 수 있다.

우리 자신의 안전을 지킨다

첫 번째 단계는 우리 자신을 안전하게 지키는 것이다. 즉, 싸움을 일으킬 수 있는 모든 상황을 피하는 것이다. 이것은 압도적으로 똑똑한 우리가 펼치는 머리싸움이다. 만약 개가 지키려는 자원이 가구라면 모든 가구에 개가 접근하지 못하게 한다. 소중히 여기는 의자가 있는 방에 들어가지 못하게 하거나 안 쓰는 책들로 침대에 방어벽을 치거나 또는 정전기가 충전되는 스캣매트scatmat*로 부비트랩을 설치하거나, 바로바로 당길 수 있도록 개를 줄로 연결해둔다. 이때 따분한 태도로 해야 한다는 것을 기억하자. 예를 들면 무심하게 줄을 잡고 감정 없이 걸어간다. 그런 다음 개가 금지된 가구에서 떨어져 잘 따라온 것에 대해 보상을 준다.

모든 중요한 자원을 통제한다

먹이, 가구, 장난감을 포함해 그밖에 쓰다듬기, 칭찬, 놀이 시간 등 개가 좋아하는 모든 중요한 자원에 대한 통제권을 가진다. 개를 대신해서 우리가 이런 자원들을 통제하면서 선택적으로 개에게 배급한다. 또 줄을 묶어 개가 움직이는 자유도 통제한다. 며칠에서 일주일 정도, 사람이 집에 있을 때는 개를 항상 가까이 붙여두거나 집 어딘가에 줄로 매어둔다.

---

* 약한 전기가 흐르게 해서 출입 금지 지역에 놓는 용도로 제작된 매트 – 옮긴이주

앉아서 '해주세요' 부탁하는 법을 가르친다

다음 단계는 개가 원하는 것을 얻으려면 참을성 있게 앉아서 '해주세요' 부탁해야 한다는 것을 가르치는 것이다(15장을 참고하자). 개가 보상을 얻기 위해 앉는 것을 배우고 반복해서 앉는 것을 즐기면 다음 단계로 넘어간다.

원하는 것이 있으면 반사적으로 앉도록 가르친다

이제부터는 개가 원하는 것을 공짜로 갖는 대신 반사적으로 앉아서 '해주세요' 부탁하기를 해야만 한다. 장난감을 던져주기 전, 문 밖으로 내보내주기 전, 보상을 주기 전에 개가 앉아서 예의 바르게 우리를 쳐다보기를 기다린다. 개 밥그릇은 창고로 치워버리고 개가 앉거나 그 외 배운 다른 행동을 해서 사료를 벌게 하고 머리를 두드려준다. 목표는 이제 이것이 세상이 돌아가는 방식이라는 사실을 개가 배우는 것이다. 이것이 질서고 예측 가능함이다. 이제 개는 원하는 것이 있을 때 그것을 지키려고 안달할 필요가 없다. 예의 바르게 앉아서 허락을 구하며 우리를 올려다보면 자기가 원하는 것을 얻을 수 있다.*

싫어하는 곳을 만져도 좋아하도록 가르친다

많은 우위 공격 성향의 개가 우리가 다루거나 보정**을 할 때 으르렁대거나 물려고 한다. 이런 경우에는 자기 몸을 만지는 것에 대해 다른 방식으로 탈감각화와 역조건형성을 할 필요가 있다. 예를 들어, 개가 발을

---

* 단, 만약 키우고 있는 개가 다른 사람을 물지도 모른다는 걱정을 하고 있다면, 동물행동에 조예가 깊은 수의사(www.AVSABonline.org), 공인 동물응용행동학자(www.animalbehaviour.org)나 이 책에 서술된 것과 유사한 기법을 사용하는 경험 많은 공인 반려견 트레이너(www.ccpdt.org)와 상담해야만 한다. - 지은이주
** 병원 등에서 검사 및 치료를 할 때 개가 움직이지 못하도록 잡아두는 것을 말한다. - 옮긴이주

만지거나 발톱을 자르는 것을 싫어한다면 우선 개가 거의 반응하지 않을 수준에서 발이나 다리를 만지기 시작하면서 그때마다 보상을 짝지어준다. 발을 만지는 것이 맛있는 보상과 같은 의미임을 분명하게 알려주기 위해서, 개가 보상을 먹고 있는 동안에만 발을 만지고, 개가 보상을 다 먹자마자 발 만지기를 그만둔다. 개가 일정 수준으로 만져지는 것을 일관성 있게 허락한다면 강도를 높인다. 예를 들어 부드럽게 발가락을 누르거나 발 가까이에 발톱깎이를 가져가는 수준으로 말이다. 목표는 개가 각 수준마다 만져지는 것을 무시하고 오로지 먹이에만 집중하는 것이다. 개가 주어진 수준에서 반응을 보이지 않을 때만 다음 수준으로 강도를 높여야 빨리 향상될 수 있다. 심지어 겨우 며칠에서 일주일 만에도 가능하다.

태도는 빨리 바꿀 수 있다

처음에 이런 변화는 우리 보호자에게도 힘든 일이다. 예의 바르게 굴 때까지 개를 무시하기보다는 개가 우리 무릎에 올라오면 예뻐하며 만져주고 싶은 게 우리 마음이다. 또 개가 엉덩이를 땅에 내리고 지시를 기다리며 우리를 올려다볼 때까지 기다리기보다는 문 밖으로 나가려고 득달같이 뛰어가게 내버려두게도 된다. 하지만 꾹 참고 이 모두를 당장 바꾸면 개에게 명확한 메시지를 줄 수 있다. 일단 개가 우리가 행동을 통해 자신에게 전달하는 규칙을 알게 되면, 통치자 자리를 지키려는 압박감을 벗어던질 것이다. 게다가 예의 바르게 부탁하는 것이 개의 새로운 습관이 되고 나면 우리는 개가 보답을 받을 만하다는 생각이 들 때 보상을 주기만 하면 된다. 이것이 우리가 통제권을 가진 자로 남는 법이다.

CHAPTER 28

먹이 소유욕 그리고 장난감 및 보상 소유욕
Food Possessiveness and Toy & Treat Possessiveness

먹이 소유욕

자기 밥그릇에 접근하는 사람이 있으면 노려보며 몸을 경직시키고, 심지어 누가 자기 식사를 방해하면 으르렁거리거나 물려고 들거나 또는 진짜 무는 개들이 있다. 왜 그러는 걸까? 개는 우리가 자신들이 원하는 것들을 제공해주는 존재지 위협하려는 존재가 아니란 사실을 이해하지 못하는 걸까?

이들은 유난히 먹이에 집착하고, 마치 최후의 만찬이라도 되는 양 매번 밥그릇을 사수하는 것이 자기 의무라고 느낀다. 개에게 넉넉한 양의 먹이를 주고 있는 보호자들로서는 이해 못 할 행동이지만, 발리나 코스타리카 같은 나라의 개발도상 지역에서 이리저리 배회하는 개나 떠돌이 개를 지

281

켜본 사람이라면 이 행동이 일반적인 것임을 안다.* 이런 길거리 개 또는 마을 떠돌이 개는 늘 먹이를 찾아다녀야 하고 충분히 먹을 수 있다고 생각하지 못한다. 결과적으로 먹이에 의존해 사는 개는 있는 힘을 다해 먹이를 지키려 하기 마련이다. 그래서 이 먹이 방어 행동은 개가 배가 고프든 그렇지 않든 상관없이 습관이 될 수 있다. 집에서 사는 반려견도 강아지 시절에 같은 행동을 발달시킬 수 있는데 먹이 경쟁이 심한 환경에서 자란 경우라면 특히 더 그렇다.

밥그릇을 놓고 벌어지는 이런 공격성을 접하게 되면 보통 우리는 본능적으로 개에게 누가 대장인지를 보여주려고 든다. 예를 들어, 어떤 훈련사는 개를 옆으로 잡아 눌러서 강제로 복종심을 갖게 하려고 한다. 이것이 높은 지위를 가진 개들이 하는 행동이라면서 말이다. 하지만 그들이 간과한 것은, 높은 지위를 가진 개가 낮은 지위를 가진 개의 먹이를 뺏으려 할 경우 싸움이 일어날 수 있다는 것과 실제로 많이 일어난다는 사실이다. 단순한 으르렁거림과 침 튀기기 혹은 침 흘리기에서 끝나는 것이 아니라 실제 무는 것으로까지 이어질 수 있다는 말이다. 또, 누가 대장인지 보여주려다가 그 대장이 개로 판명날 수도 있다. 결과적으로 이런 결전은 꼴사납고 위험하기까지 하다. 재빨리 끝나고 상처도 입지 않는다 하더라도 상황은 해결되지 않을 것이다. 오히려 더 많은 싸움을 해야 한다. 왜냐하면 개는 이제 식사 시간은 곧 싸움을 의미한다고 알았으니까 말이다.

더 난감한 문제는, 총력전이 끝난 후 겉보기엔 모든 것이 괜찮아 보이지만 개는 우리가 빈틈을 보일 순간만을 호시탐탐 노리기 시작한다는 것

---

* 개발도상 지역의 떠돌이 개에 관한 더 많은 정보를 얻으려면 www.drsophiayin.com에 있는 발리 개들에 대한 글을 읽기 바란다. - 지은이주

이다. 밥그릇 주변에서 예의 바른 태도를 갖는 법을 배우는 대신 자기 내면의 불안감을 감추는 법만 배우게 된다. 우리가 자신이 밥 먹는 공간으로 들어오면 겉으로는 웃지만 속은 부글부글 끓고, 그러다가 더 이상 참지 못하게 되면 이전에 그랬듯 얼어붙은 자세나 으르렁거림 또는 물려고 하는 것으로 먼저 경고를 보내기보다는 느닷없이 정말로 힘껏 물어버린다.

힘으로 나쁜 행동을 다루려 할 때 일어날 수 있는 또 다른 문제는, 개가 밥그릇에 관해 자기를 복종시킨 사람은 대장으로 받아들일 수 있다 해도 그 외의 다른 식구들은 그렇지 않다는 것이다. 즉, 대장으로 받아들인 사람이 없을 때 손님이나 다른 가족이 밥을 주려고 하면 바로 공격적인 태도를 보이게 된다.

그러니 식사 시간은 싸움판이고 먹이를 빼앗길 거라는 두려움이 현실이 된다고 가르치지 말고, 먹이 주변에 사람이 존재하는 것이 자신에게 더 좋은 일이 일어난다는 것과 연관시키도록 가르치자.

방법 1. 증상이 심하지 않은 개

식사 시간마다 개가 평소처럼 사료를 먹고 있는 동안 안전한 거리에 떨어져서 개가 좋아하는 보상을 한입 크기로 잘라 연이어 계속 던져준다 (10~30개 정도). 그런 다음, 개가 밥을 다 먹어서 더 이상 지켜야 할 것이 없을 때 더 가까이 다가가서 밥그릇 안에 또는 개에게 직접 보상을 더 던져준다. 평소 하루 섭취 열량에 맞추기 위해 사료의 양은 평소보다 적게 줘야 한다는 것을 기억하자. 이 방법대로 몇 번 더 식사를 준 뒤 매일 조금씩 더 가까이 다가간다. 단, 항상 개의 방어 범위 밖에 있어야 한다. 개가 긴장하거나 으르렁대면 너무 빨리 또는 너무 가까이 간 것이므로 개의 몸짓 언어를 잘 관찰해야 한다. 핵심은 개가 밥그릇 주변에서 늘 편하게 있고 우리에게서 훨씬 더 좋은 보상이 나온다는 것을 배우는 것이다. 이 방법이 일주일 이상 걸린다면 다음의 방법 2로 넘어가자.

방법 2. 증상이 심한 개

이 방법을 사용하면 개가 밥을 먹고 있는 동안 특별 보상을 얻기 위해 앉도록 가르칠 수 있다. 이 연습을 하기 전에 먼저 다른 두 가지 연습을 해야 한다. 우선 식사 시간이 아닐 때 밥그릇에서 떨어져서 앉아서 '해주세요' 부탁하기를 하도록 가르친다(더 자세한 것은 15장을 참조한다). 개에게 자제심을 가르치는 것이다. 다음은 개가 원하는 것을 얻으려면 반사적으로 앉아야 한다는 것을 응용한 '놔둬'를 가르치는 것이다. 16장에 나오는 바닥에 떨어진 먹이를 놔두게 가르치는 '놔둬' 방법 두 가지를 모두 가르친다.

더 안전한 방법부터 시작해보자. 줄을 맨 뒤 개가 닿지 않는 곳에 보상을 던지고, 개가 보상을 먹으려고 줄을 당기면 움직이지 않고 그대로 버티고 서 있는다. 줄을 아무리 세게, 오랫동안 당겨도 보상에 닿을 수 없다는 것을 알게 되면 개는 우리 쪽으로 돌아앉을 것이다. 그러면 0.5초 내에 재빨리 보상을 준다. 개가 앉아서 우리를 보고 있으면 2~5초마다 한 번씩 계속해서 보상을 준다. 보상을 충분히 빨리 줘야 계속 우리한테 집중하고 싶게 만들 수 있다. 더 이상 바닥에 떨어진 보상을 주워 먹으러 달려가는 것은 생각하지 못하도록 개의 시선이 우리한테 안정적으로 고정될 때까지 계속 보상을 주고, 개에게 '오케이' 또는 그 외의 다른 해제 단어를 말해준다. 그리고 바닥 위에 있는 보상을 가리키면서 동시에 걸어간다. 줄이 느슨한 상태를 유지할 수 있도록 충분히 빨리 가야 한다는 것을 기억하자(더 자세한 것은 16장을 참조한다).

또 다른 방법은, 우리가 바닥에 떨어져 있는 보상 쪽으로 걸어가는 동안 개가 계속 앉아서 우리를 보고 있도록 하고 이것에 대해 계속 보상을 주는 것이다. 그리고 바닥에 떨어진 보상을 집어 개에게 준다. 바닥에 떨어진 먹이를 주워 먹으려다 다른 누군가와 싸움이 날 수도 있기 때문에 개가 직접 바닥에 떨어진 먹이를 먹는 걸 원하지 않는 사람이라면 이 방법을 사용하면 된다.

이 '놔둬' 연습을 통해 개는 약간의 자제심만 가지면 원하는 것을 얻게 된다는 것을 알게 된다. 소유욕을 느낄 필요가 없다는 것을 배우게 된다는 말이다. 차분하게 앉아서 우리를 쳐다보면 자기가 좋아하는 많은 것을 받게 된다는 것을 충분히 배울 수 있다.

개가 닿을 수 없는 곳에 보상을 던질 때마다 개가 바로 앉아서 우리를 쳐다보는 것에 능숙해지면, 던지자마자 또는 던지고 난 뒤 마치 게임인 것처럼 행복한 목소리로 "놔둬."라고 말해 음성 신호를 가르친다. 개가 1~2초 이내에 앉을 것이라는 확신이 들 때만 음성 신호를 사용한다. 그렇지 않으면 개가 음성 신호와 해당 행동을 연관 지어 생각하는 것을 배우는 데 시간이 오래 걸린다. 이 게임을 자주 해서 하루나 이틀 내에 습관으로 만들어준다.

바닥에 떨어진 보상으로 못 가게 막을 때는 16장에 나온 '놔둬'의 두 번째 방법을 이용할 수 있다. 우리가 땅에 있는 물건을 향해 손을 뻗지 않는 상태로 자기 앞에 서 있으면 대부분 먹이 소유욕을 가진 개들은 공격적으로 굴지 않을 것이다. 그 물건은 아직 자기 소유물이 아니기 때문이다. 하지만 개가 어떻게 반응할지 확실하지 않다면 현재로서는 이 연습을 건너뛴다.

보상 버는 법 배우기 : 개가 원하는 모든 것을 위해

개가 극도로 어렵거나 위험한 사례에 속한다고 생각된다면,* 개에게 최고의 효과를 가져다주는 '보상 버는 법 배우기'도 가르쳐야 한다. 그래야 개는 원하는 것을 얻기 위해서는 자제심을 가져야 한다는 것을 배울 수 있다. 즉, 개는 우리와 함께 있을 때 사료를 얻기 위해 앉아서 '해주세요' 부탁하기를 반사적으로 해야 한다. 줄을 매기 위해서, 밖으로 나가기 위해서, 어루만짐을 받기 위해서, 놔둬 게임을 하는 동안, 장난감을 던져 달라고 하기 위해서 등등 개가 원하는 모든 것을 위해서 말이다. 자제심을 가지고 허락을 구하기 위해 우리를 쳐다보기만 하면 원하는 것을 가질 수 있다는 것을 가르쳐주기 위해, 우리는 개가 원하는 모든 것을 사용할 수 있다.

대장이 되려고 노력하는 사람에 대한 이야기가 아니라, 원하는 것을 얻기 위해 예의 바르게 허락을 구하는 법(단, 우리가 괜찮을 때)을 배우는 개에 관한 이야기를 하고 있다. 물론 개가 실제로 물 수도 있다고 느껴지면 전문가의 도움을 받아야 한다.

밥그릇 트레이닝

개가 반사적으로 앉기와 놔둬를 능숙하게 하면 식사 시간에 사료를 받기 위해 앉는 것도 기대해볼 수 있다. 만약 개가 유난히 어렵거나 공격적인 사례에 속한다면 달려들어서 상처를 입히거나 하지 못하도록 밥그릇

---

* 두려움이 느껴질 만큼 개가 달려들거나 물려고 하거나 실제 무는 등 공격적인 행동을 한다면 수의행동심리학자나 동물행동에 특별히 조예가 깊은 수의사(www.avsabonline.org), 공인 동물응용행동학자(www.animalbehavior.org)나 먹이에 대한 소유욕이 강한 개들을 훈련한 경험이 많고 이 책에서 언급되는 것과 유사한 방법을 사용하는 공인 반려견 트레이너(www.ccpdt.org)에게 도움을 요청한다. 때로는 이러한 행동이 중요한 의학적, 행동학적 요인에서 비롯된 것일 수 있으며, 보호자들은 훈련을 능숙하게 하는 법을 배울 필요가 있다. 전문가들이 가르쳐줄 수 있는 추가적인 변수들이 있다는 것도 기억하자. - 지은이주

을 놔둔 장소에서 조금 떨어진 곳에 줄로 매어 놓는다.

사료가 담긴 밥그릇을 손에 든 채 개가 앉기를 기다린다. 줄이 닿지 않는 곳에 밥그릇을 내려놓고 "놔둬."라고 딱 한 번만 말한다. 개가 일어나도 줄에 매여서 먹이에 닿을 수 없기 때문에 괜찮다. 개가 다시 앉기를 기다린다. 개가 앉으면 보상을 준 다음 줄을 풀고 해제 신호를 주고, 가서 사료를 먹게 해준다.

줄을 풀어줄 때는 개의 방어 또는 보호 구역 즉, 개가 지키는 밥그릇 주변 구역 밖에 서 있어야 한다는 것을 기억하자. 그래야 개가 위협을 받는다고 느끼지 않는다.

개가 평화롭게 사료를 먹도록 내버려두고, 식사를 끝냈을 때 군침이 도는 먹이를 한 조각 들고 천천히 다가가서 개의 밥그릇 보호 구역 바로 밖에 서 있는다. 그리고 개가 앉아서 '해주세요' 부탁하기를 하면 이 보상을 준다. 이 보상을 특별한 것으로 만들기 위해 이때 주는 먹이는 이 연습 때만 주도록 한다. 땅콩버터를 바른 개 비스킷이나 고기 조각이 특히 좋다.

이제 이 과정을 식사의 새로운 일상으로 만들어야 한다. 식사가 끝난 후 우리가 접근할 때마다 개가 규칙적으로 앉게 되면 식사 중에 접근하는 것으로 수준을 올릴 수 있다. 그러나 처음에는 개의 식사 공간 가장자리까지만 접근하도록 한다. 그래야 개의 방어 본능이 일어나지 않는다. 그런 다음 개가 앉으면 보상을 한두 개 주고 다른 곳으로 걸어간다. 우리가 접근하는 것은 개에게 뭔가 좋은 것이고 우리가 다른 곳으로 가는 것은 개가 다시 식사를 할 수 있다는 것을 알려주는 것이다. 우리가 접근하는 것을 보자마자 개가 앉는 것을 일관성 있게 하게 되면 다음에는 더 가까이 다가갈 수 있다.

항상 개가 앉을 때까지 기다렸다가 가서 보상을 준다. 앉아서 '해주세요' 부탁하기가 주는 혜택은 개가 무슨 생각을 하고 있는지 우리가 더 잘 판단할 수 있게 해준다는 것이다. 우리가 다가가는 동안 개가 보상을 기대하며 앉아서 우리를 바라본다는 것은 개가 우리의 접근을 좋은 일로 여긴다는 것이다.

진도 빨리 나가기

연습 때 처음부터 사료를 다 주지 말고 일단 1/4만 준다. 그러면 매 식사 때마다 네 번씩 연습할 수 있어 진도를 보다 빨리 나가게 된다. 우리가 접근할 때는 앉아야 한다는 것을 개가 이해하게 되면 밥그릇에 사료를 채우러 되돌아갈 수 있다. 그리고 나서 식사 중에 더 좋은 뭔가를 가지고 접근하는 연습을 매 식사 때마다 1~4회 정도 한다.

나중에는 다른 가족들도 같은 과정으로 연습해야 한다. 개가 그들에 대한 근본적인 두려움이 없다면 다른 가족들에게도 금세 일반화시켜야 한다. 목표는 식사 중에 자신에게 접근하는 사람은 뭔가 좋은 것을 의미한다는 것을 개가 배우는 것이다. 개는 뭔가 근사한 것을 갖게 되고 여전히 일상적인 자기 먹이도 먹는다. 결과적으로 개를 방어적으로 만들었던 원인이 사라져 사료를 먹는 동안 접근해오는 사람들에 대한 태도가 좋아질 것이다.

참을성을 가지고 꾸준히 연습하고, 다른 사람들과도 연습한다면 개의 밥그릇 집착은 점차 사라질 것이다.

> **먹이 소유욕 예방 계획**
> 강아지 혹은 새로 입양한 개에게 이와 같은 먹이 주기 게임을 하면 자기 먹이를 지키려는 행동을 예방할 수 있다.

장난감과 보상에 대한 소유욕

개는 밥그릇을 지키듯 다른 소유물도 지키길 좋아한다. 만약 우리가 자기 장난감이나 보상에 접근할 때, 뺏으려고 들지 않는데도 몸을 경직시키고 물려고 든다면 개가 이런 물건들에 집착한다는 뜻이다.

그렇다면 이런 소유욕은 어떻게 없앨 수 있을까? 한 가지 방법은 소유욕으로 인한 공격성을 일으킬 수 있는 모든 장난감이나 보상에 사용 정지 선언을 내려 아예 상황을 피하는 것이다. 하지만 이 방법은 개가 앞으로 평생 이런 물건을 접할 일이 없다는 것을 100퍼센트 보장할 수 있을 때만 효과가 있다.

이를 보장할 수 없다면 다른 방법을 사용해야 하는데 무척 간단하다. 개에게 소유욕을 느낄 필요가 없다는 것을 가르치는 것이다. 개가 물고 있던 물건을 우리한테 주니 훨씬 좋은 일이 일어났다면 개는 종종 이 물건을 돌려주려 할 것이다. 개들이 소중하게 여기는 장난감을 보호하려드는 것에 대해 앞으로 이야기하겠지만, 치료 과정은 그 물건이 뼈이건 다른 보상이건 똑같다.

앞서 본 밥그릇에 대한 소유욕과 마찬가지로 처음에는 앉아서 해주세요 부탁하기와 놔둬부터 시작하면 된다. 그런 다음에는 개가 보상이나 장난감, 관심을 얻고 싶을 때마다 앉는 것을 기대할 수 있다. 개가 며칠 내로 이것을 완벽하게 해내면 다음의 물건 교환 게임을 시작할 수 있다.

물건 교환 게임

개가 배가 많이 고플 때, 매우 유혹적인 먹이 보상과 그에 비하면 가치가 낮은 장난감을 가지고 연습을 시작한다. 개에게 장난감을 주고 나서 개의 얼굴 앞에 맛있는 먹이 보상을 들고 있는다. 우리가 올바른 보상을 선택했고 개가 배고픈 상태라면, 개는 결국 보상을 먹기 위해 장난감을 떨어뜨릴 것이다. 개가 보상을 먹자마자 바로 장난감에 뛰어들지 못하게 연이어 보상을 몇 개 더 준다. 만약 우리가 자기 쪽으로 또는 자기가 소중히 하는 물건에 접근하는 것을 개가 허락하지 않는다면 손으로 보상을 건네주는 대신 하나씩 던져서 준다.

이 보상 던져주기를 몇 세션에 걸쳐 연습한다. 이 단계에서는 개가 스스로 장난감을 포기하고 편안해하지 않는다면 절대 장난감을 가져오면 안 된다. 개가 우리 손에 있는 맛있는 보상을 보자마자 자기 장난감을 떨어뜨리는 것을 일관성 있게 할 때, 그리고 추가적인 보상을 기대하며 우리를 쳐다보는 동안에도 편안한 상태일 때 다음 단계로 진행한다.

이제는 개가 보상을 먹고 있는 동안 장난감을 건드리고 급기야 그것을 가져올 차례다. 개가 장난감을 떨어뜨릴 때 보상을 주면서 동시에 장난감을 만진다. 반복적으로 이 과정을 할 수 있고 개가 계속 편안한 상태를 유지한다면 장난감을 가져오는 단계로 넘어갈 수 있다. 개가 보상을 다 먹으면 앉을 때까지 기다린 다음 장난감을 돌려준다. 이런 식으로 개는 두 가지를 모두 얻게 된다. 우선 맛있는 먹이 보상을 받고 이어서 자기 물건을 돌려받는다. 이제 개는 장난감을 잃어버린다고 절대 생각하지 않기 때문에 장난감에 대한 집착을 가질 필요가 없다. 다른 환경에서 다른 물건을 가지고 수없이 연습하되, 차츰 개가 더 중요하게 생각하는 물건들로 바꿔나간다. 개는 우리한테 자기 물건을 주는 것을 재미있는 일이라고 배우게 될 것이다.

장난감으로 하는 놔둬 게임

효과 있는 또 다른 게임은 16장에서 설명한 '놔둬' 게임이다. 놔둬 게임에서는 바닥에 먹이를 두는 방법을 사용했는데 여기에서는 먹이 대신 장난감을 사용할 수 있다. 두 가지 방식을 모두 사용할 수 있는데 첫 번째는 개가 자기 장난감에 가는 것을 막는 것이고 두 번째는 줄이 닿는 범위 바깥에 장난감을 떨어뜨리는 것이다. 이 두 가지 방식의 연습은 개에게 장난감 주변에서 자제심을 갖는 것을 가르친다. 또 장난감을 되찾기 위해서 반사적으로 앉게 하는 것도 가르칠 수 있다.

CHAPTER 29
어린아이와 있을 때 안전 유지하기
Keep Safe Around Kids

 '생후 6주 된 여아가 집에서 키우던 개에게 물려 죽었다'는 기사가 신문 헤드라인을 장식한 적이 있다. LA 보안당국은 익숙한 시나리오를 발표했다. 가족이 아기를 혼자 침대에 둔 채 잠깐 나갔다가 돌아와보니 개가 아기의 머리를 물고 있었다는 것이다.

 충격적으로 들리겠지만, 집에서 키우는 개에게 유아가 희생되는 사건은 이것이 처음이 아니다. 미국 질병통제예방센터의 1997년 발표에 따르면, 1979년과 1994년 사이에 미국에서 발생한 개에게 물려 사망한 사건은 모두 279건으로, 대부분이 10세 미만의 어린이들이었으며 그중에서도 유아가 압도적으로 높은 비율을 차지했다. 특히 유아가 혼자 반려견과 남겨졌을 때 가장 많은 사고가 발생했다.

 어떤 유형의 개들이 이런 나쁜 행동을 하는 걸까? 많은 사람이 핏불 혼혈종이나 불한당 같은 로트와일러가 그럴 거라고 결론내리겠지만, 앞에서 말한 사례에서는 아기 같다고 알려진 주머니에 들어갈 만큼 작은 개, 포메라니안이 범인이었다. 이런 사망 사건이 일어나면 보통 대형견들이 비난을 받지만, 닥스훈트, 웨스티, 코커 스패니얼 같은 작은 개들도 같은 범죄를 저지른다. 심지어 래브라도와 골든 레트리버조차 이런 끔찍한 명단에 들어 있다. 그래서 모든 개는 물 수 있고 심지어 일부는 죽일 수도 있다는 말이 나오는 것이다.*

왜 아이를 공격할까

왜 반려견이 가족을, 그것도 순진무구한 어린아이를 공격하는 걸까? 전체적인 상황은 말이 안 돼 보이지만 개에 대해 조금만 생각해보면 퍼즐 조각이 맞춰진다.

사냥감 추적 본능

잭 러셀 테리어 종인 제이크의 하루 일과는 단조롭다. 그런데 갑자기 놀라운 것이 나타난다. 2kg의 찍찍거리는 뭔가가 움직이며 개가 간직한 포식자로서의 본능에 방아쇠를 당긴다. 털로 뒤덮인 장난감과 찍찍 소리가 나는 공을 '죽이고' 다람쥐를 가차 없이 쫓게 만드는 그 본능 말이다. 그 정체불명의 대상은 옷더미 속에 숨어 있다. 냄새는 포유동물 같고 살

---

* 어린아이와 개에 대한 더 많은 정보를 얻고자 한다면, 피아 실바니(Pia Silvani)와 린 에크하트(Lynn Eckhardt)가 쓴 〈강아지와 아기 함께 키우기 : 부모를 위한 가이드(Raising Puppies and Kids Together: A Guide for Parents)〉와 콜린 펠라(Colleen Pelar)가 쓴 〈개와 아기와 함께 살기 : 안전하고 행복한 가정을 위한 육아 비결(Living with Kids and Dogs: Parenting Secrets for a Safe and Happy Home)〉을 읽어보자. - 지은이주

아 있는 먹잇감처럼 찍찍 소리를 낸다. 하지만 제이크는 그게 무엇인지 배운 적이 없다. 상처 입은 먹잇감처럼 홱 움직이다가 이상한 소리도 낸다. 접근 금지인 이 비밀스런 장난감은 늘 유혹이다. 정체를 드러내지 않는 사이 그의 욕구 불만과 추적 본능은 더욱 커져간다.

걸음마를 배우는 유아와 어린아이도 이 본능을 부추기긴 마찬가지다. 아이들은 누르면 삑 소리를 내는 장난감처럼 자기 팔을 허우적대고 소리를 지르며 뛰어다닌다. 이때 개는 단순히 놀기 위해 쫓아가는데, 아이가 겁을 먹고 소리를 지르고 팔다리를 더욱 허우적대는 바람에 개의 흥분도는 통제선 밖으로 벗어나고 만다. 그리고 때로는 무는 것으로 이어진다.

두려움

먹이 추적 본능도 개로 하여금 작은 유아들을 물게 만드는데, 실제로 개가 아이들을 무는 가장 흔한 원인은 두려움이다. 개는 강아지 시절 성인에 대해서는 사회화가 되지만 사실 아이들을 많이 접하지는 못한다. 그래서 성인은 '안전한' 것이라 여기지만 아이는 '외계인'으로 분류한다.

종종 부모는 개가 자기 아이를 두려워한다는 사실을 전혀 알아채지 못한다. 왜냐하면 유아는 상대적으로 움직이지 못하고 개는 떨어져 있을 수 있기 때문이다. 하지만 아기가 기거나 아장아장 걷게 되면 개의 공격성이 나타난다. 걸음마를 시작한 아이는 개가 입술을 올리거나 으르렁대며 경고하는 것을 무시한 채 계속 개에게 다가가니 말이다. 이때 보호자는 개가 이런 행동을 보이며 경고 신호를 보낸 것에 고마워하기보다는 오히려 벌을 준다. 결국 개는 이 벌로 인해 불안감이 더 커지고 경고 신호를 숨기게 된다. 그래서 입술을 올리고 으르렁대는 것으로 경고하는 대신 궁지에 몰리면 물려고 하다가 더 이상 참을 수 없게 되면 완전히 물어버린다.

개가 아이를 두려워하지 않을 때도 아이들은 개를 폭발 지점까지 몰고 갈 수 있다. 부모들은 대개 자기 개가 정말 참을성이 많아서 걸음마를 시작한 아이가 자기 옆에 앉아 있어도, 심지어 귀에 손을 찔러 넣어도 잘 참는다고 자랑스러워한다. 사실은 개가 정말 많이 참고 있다는 것을 전혀 깨닫지 못한 채 말이다. '개인 공간'에 대한 개념이 아직 없는 소리를 마구 질러대는 아이들과 한 방에 갇혀 있다고 상상해보자. 더군다나 쉬는 시간을 마음대로 결정할 수도 없다. 아마 몇 시간이나 하루 또는 길게는 일주일 정도는 괜찮을 수도 있지만 어느 시점이 되면 아이들에게 버럭 소리를 지를 만큼, 더 심하게는 더 폭력적으로 굴 수도 있을 만큼 짜증이 날 것이다. 개와 아이를 둘 다 보호해야 하는 입장에서 아이에게 반려견과 놀고 상호작용하는 법을 가르치는 것은 우리 몫이다. 이때 반려견은 아이를 참아내는 것이 아니라 아이와의 경험이 즐거워 보여야 한다.

지위의 변화

그다지 흔하지는 않지만 이따금씩 발생하는 '물기'의 또 다른 원인은 개가 이전보다 덜 중요한 취급을 받게 된 자신의 새 지위를 좋아하지 않기 때문이다. 사람들이 더 이상 산책도 나가지 않고 자신에게 말도 잘 걸어주지 않는다. 모두가 새로 나타난 아기에게만 집중한다. 동생을 본 언니오빠들이 그렇듯, 개도 저마다 이 새로운 상황에 다양한 반응을 보인다. 어떤 개는 비주류로 전락한 자신의 새 지위에 신경 쓰지 않지만, 또 다른 개는 보호자의 애정을 확인할 수 있는 신호를 갈망한다. 어떤 개는 부모가 된 보호자가 신참자의 비위를 맞추는 모습을 구슬프게, 하지만 예의 바르게 지켜보고, 또 다른 개는 보호자의 시간과 관심을 독차지하는 새로운 대상에 속이 부글부글 끓는다. 그 대상이 또 다른 개였다면 아마 그 개에게 자기가 첫 번째라는 사실을 명확하게 알려줬을 것이고, 지위를 되찾기 위해 무력을 썼을지도 모른다. 그리고 그 메시지가 계속 명확해지지 않는다면 번득이는 이빨까지 동원해 문제를 확실히 바로잡아 놓았을 것이다. 하지만 걸음마를 하는 아이는 경고 신호를 읽지도 못하고 주의를 기울이거나 물러나지도 않는다. 그리고 보호자는 경고 신호를 보낸 개를 오히려 벌주어 개를 더욱 화나게 만든다. 부모가 싸우는 형제에게 상황을 제대로 설정해준 뒤 올바른 행동을 한 것에 보답을 해주기보다는 끊임없이 질책만 하는 경우처럼, 개는 걸음마하는 아기와 자기가 곤란에 처하는 것을 연관시키는 것을 배운다. 두말할 필요 없이 이것은 아이와 개의 관계에 좋지 않다. 개는 보호자가 감독을 하지 않을 때 곧장 아이에게 공격성을 보일지도 모른다.

문제 예방법

개가 아이를 공격하는 원인을 알면 심각한 참사를 피하는 데 도움이 된다. 개가 아이를 무는 것은 예방할 수 있는데 아기가 집에 오기 전부터 조치를 취해야 한다.

- 첫 번째 단계는 개에게 예의와 자제심을 확실하게 알려주는 것이다. 개가 부를 때 오고, 앉으라면 앉고, 다음 신호를 참을성 있게 기다리는가? 심지어 방금 던져준 장난감을 물고 싶을 때 또는 방금 바닥에 떨어진 먹이 조각을 잡아채고 싶을 때도? 그렇지 않다면 앉아서 '해주세요' 부탁하기를 통해 '보상 버는 법'을 가르친다. 앉아서 '해주세

요' 부탁하기 연습은 자제심을 강화시킬 뿐만 아니라 개에게 즐거운 게임 시간이 된다. 이 연습은 아기가 태어나고 나서도 계속할 수 있다. 또 부르면 오기도 확실하게 가르쳐둬야 위험한 상황일 때 개를 부를 수 있다. 줄을 매고 잘 걷는 것도 중요하다. 이제 유모차를 밀며 산책을 해야 하므로 개가 잘 따르지 않으면 곤란해지기 때문이다.

- 다음에는 개가 아기로부터 떨어져서 쉴 수 있는 안전한 장소를 확실히 마련해준다. 크레이트, 운동 펜스, 아기 안전문이 설치된 장소, 또는 개를 위한 별도의 방을 두면 좋다. 개가 스스로 갈 곳을 선택할 수 있는 곳이면 최고다. 아기에게는 그 장소를 피하는 것을 가르쳐야 한다.

- 만약을 대비해서 우연히 일어날 수 있는 나쁜 상황을 모두 즐거운 일로 바꿔준다. 예를 들어, 사람이 밥그릇에 접근하면 좋은 일이 일어난다는 것을 가르친다(30장에 밥그릇 관련 공격성에 대해 더 자세히 나온다). 그리고 자기 장난감을 사람에게 주는 것은 재미있는 일이란 것도 가르친다. 왜냐하면 보상도 받고 장난감도 다시 돌려받으니까 말이다(31장을 보자). 또 사람이 자기를 만지는 것과 발, 귀, 꼬리를 포함해 온몸을 여기저기 다루는 것도 좋아하도록 가르친다. 물론 아이에게 개가 밥을 먹거나 자고 있을 때엔 가까이 가지 말아야 하고 개를 만질 때는 부드럽게 만져야 한다는 것을 가르치겠지만, 아이는 언제나 그렇듯 실수를 하기 마련이니 반드시 개에게 참을성을 가르쳐야 한다.

- 녹음된 아기 소리를 들려줘서 개가 아기 소리에 익숙해지도록 한다. 그 소리가 개를 괴롭히는 것 같으면 타깃팅이나 앉아서 해주세요 부탁하기 같은 게임들을 한다. 이때 개가 보상을 많이 받아야 한다는 것을 명심하자. 또한 개가 특정 소리의 크기에서 강하게 반응한다면

낮은 소리로 시작해서 차츰 증가시켜 나간다.
- 아기가 태어나기 일주일 전부터 개에게 관심을 덜 주기 시작한다. 하루 종일, 운동, 재미있는 트레이닝 게임, 앉아서 해주세요 부탁하기 연습을 계속하되 그렇지 않을 때는 개를 모른 척한다. 즉, 후한 관심이나 오랫동안 만져주는 것을 금한다. 개가 급격히 줄어든 관심과 집에 온 아기를 연관시키지 않아야 하기 때문이다.
- 아이를 낳으면, 담요 또는 아기 냄새가 밴 물건을 가지고 와서 개가 그 냄새에 익숙해지게 한다. 개가 그것을 무시하면 괜찮다. 왜냐면 그 냄새가 개를 괴롭히지 않는다는 의미니 말이다. 그리고 나서 아기가 집에 오면 개가 아기에게 익숙해지게 둔다. 개가 닿지 않는 위치에서 아기를 안전하게 안고 있는 동안, 개에게 조용히 앉기를 시키고 차분하게 있는 것에 보상해준다. 차분히 있다는 것은 우리한테 오려고 낑낑대며 울지도 안간힘을 쓰지도 뛰어오르지도 않는 것을 의미한다. 이상적인 것은 개가 아기를 별로 대수롭지 않게 여기며 평소처럼 편안하게 행동하는 것이다. 즉, 개가 아기 주변에 있을 때 앉기 게임을 하고 자제심을 갖도록 가르친다.
- 습관처럼 아기가 떨어져 있을 때는 개를 무시하고 아기가 가까이 있을 때는 개가 앉기 같은 착한 행동을 한 것에 보답해준다. 곧 개는 아

기가 가까이 있을 때 두려워할 필요가 전혀 없다는 것과 아기가 주변에 있을 때는 좋은 일이 생긴다는 것을 배우게 될 것이다. 더불어 아기 옆에서는 차분하고 자제심을 가진 상태로 있어야 한다는 것과 아기는 자신에게 주어지던 관심을 뺏어가는 존재가 아니라는 것도 알게 될 것이다. 아기의 존재는 개가 곧 보답을 받게 될 것을 의미한다.

- 마지막으로, 아무리 개가 완벽하다고 생각해도 그리고 작다고 생각해도 유아를 개와 단둘만 남겨두어서는 절대 안 된다. 심지어 우리가 같은 방에 있는 동안에도 끔찍한 사고가 생길 수 있다. 개가 언제 휴식이 필요한지, 걸음마를 시작한 아기가 언제 더 많은 규칙을 익혀야 하는지 그 신호를 인지하고 아는 것은 우리에게 달려 있다.

노력이 많이 드는 일로 들리겠지만, 만약에 대비해 이런 예방 조치를 해두지 않는다면 잠깐 주의가 소홀해진 사이에 비극이 일어날 수 있다.

CHAPTER 30

가족 이외의 사람들에 대한 공격성
Aggression Toward Non-Family Members

1998년 FBI는 15세 이하의 아이들에 의해 저질러진 범죄 중 살인은 139건, 폭력이 2만 4,000건이라고 발표했다. 한 어린 범죄자의 부모가 이해할 수 없다는 듯 이렇게 말했다. "그동안 우리 아이는 이런 일을 저지른 적이 단 한 번도 없어요. 정말 착한 아인데 어쩌다 이런 일이 일어났는지 모르겠어요."

한 시공무원이 "청소년은 공공장소 출입을 금해야 한다. 그들은 위험한 존재다."라고 선포한다고 상상해보자. 분명히 말도 안 되는 일이지만 이 범죄자들이 네 다리와 큰 이빨을 가지고 있다면 어떨까? 어떤 사람들은 이들이 예측 불가능한 위협적인 존재라고 말하고, 다른 사람들은 "우리 개는 안 그렇다."라고 말한다. 양쪽 모두 답을 찾지만 아무 소득도 없을 게 뻔하다. 사실 문제는 그 개에게 있는 것이 아니라 개의 가장 친한 친구인 사람에게 있는 것이기 때문이다.

　미국에는 7,480만 마리가 넘는 반려견이 있지만, 개에게 물려 사망하는 사람은 연평균 16명뿐이고 우리 개가 그 치명적인 범죄자가 될 가능성은 별로 없다. 하지만 병원 응급실을 찾는 원인 10위 안에 개에게 물린 것이 포함된다는 사실은 이제는 정신 차리고 현실을 직시할 때라는 것을 말해준다. 신호는 그것을 보고 있는 자에겐 항상 명확하다. 이들은 개가 부주의하게 누군가를 물 때까지 내버려두지 않는다.

　사실, 개는 상대를 공격적으로 무는 법을 태어날 때부터 아는 것이 아니다. 다른 기술들과 마찬가지로 많은 연습과 그 행동에 대한 강화를 받으면서 힘껏 무는 것을 배우게 된다. 경찰견이나 경비견이 되기 위한 기질 테스트를 통해 특별히 선택 번식되는 개들조차도 지시에 따라 무는 것이 완벽하게 통제 가능해지기까지는 많은 연습이 필요하다. 즉 아무리 처음이라 해도 누군가를 문 반려견도 대부분 그 완벽한 사건이 일어나기까지 알게 모르게 수많은 연습 과정이 있었을 것이다.

무는 행동은 어떻게 발달되나?

　무는 행동이 어떻게 발달되는지를 보여주는 좋은 예가 있다. 처음에는 달리는 사람, 자전거를 타는 사람, 소리 지르면서 뛰어다니는 아이들이 지나가면 짖는 것으로 시작된다. 그리고 줄에 매여 있을 때는 달려들고 줄에 안 매여 있을 때는 쫓아가는 것으로 발전한다. 처음 5~10번은 분명히 단순한 게임이었지만, 가짜 먹이를 쫓는 데 몰입하다 허탕을 치게 되면서 서서히 공격성이 드러나기 시작한다. 이런 일들이 점차 쌓여가면서 개는 차츰 자신감을 얻고 공격성을 키워나가고, 한편으론 낮은 자제력과 지나친 흥분에 익숙해진다.

개의 영역 본능 역시 보호자의 격려가 더해지면서 개를 곤경에 빠뜨릴 수 있다. 예를 들어 보호자들은 개는 집 주변에 있을 때, 특히 문 앞에서는 방어적으로 행동하는 것이 좋다고 생각하는 경우가 많아서, 개가 어렸을 때부터 비록 두려움 때문에 짖는 것이라 할지라도 칭찬을 한다. 그러면 개는 성장하면서 누가 자기 영역 안에 속하는 사람인지, 누가 자신의 인간 가족 가까이로 다가올 수 있는지를 자기가 결정하려 든다. 보호자가 판단해야 하는 일인데 말이다.

왜 개에게 이런 선택을 맡기면 안 되는 걸까? 답은 간단하다. 문 앞에 있는 우편배달부, 택배 배달원 또는 낯선 사람을 향해 짖는 건 별 문제가 아니다. 하지만 개가 밖에 나가서도 그렇다면? 또는 친구가 집에 들렀을 때도 그렇다면? 빈약한 리더십 및 지도 때문에 이제 결정권은 더 이상 우리 몫이 아니다.

또, 개가 사람과 개에 대해 부적절한 사회화를 받았다면 상황은 그야말로 최악으로 치닫는다(사회화는 예방접종이 완전히 끝나기 전에 시작되어야 하고 생후 한 살이 될 때까지 지속적으로 이뤄져야 한다). 엉성한 사회화 계획은 개를 평생 두려움 속에서 살게 만들 수 있다. 당연하게도 두려움은 무는 행동의 가장 일반적인 원인이다. 이 피해망상에 빠진 개는 친숙하지 않은 사

람이나 개를 보면 위협을 한다. 처음에는 뒤로 물러나거나 경직된 채 그 위협적인 존재가 가버리길 바란다. 하지만 보호자가 "그냥 놀려는 거예요."라고 소리치는 사이 노란 래브라도가 자기한테 달려들거나 사람이 자기를 안으려고 위에서 몸을 굽히는, 즉 개로서는 죽음에 임박한 듯 느껴지는 경험을 몇 번 하고 나면 개는 다른 전략을 시도한다. 짖거나 으르렁거리기로 수준을 높이는 것이다. 이제 짖기와 으르렁거리기는 개가 위협받는다고 느낄 때 하는 새로운 행동이 됐다. 이전에는 길에서 다른 사람이나 개를 보면 옆으로 지나갔지만 이제는 다른 개를 보자마자 저리 가라고 먼저 경고부터 하기 시작한다. 개가 미친 듯이 짖으면 보호자는 개에게 "괜찮아."라고 말하거나 "안 돼! 안 돼!" 하고 소리를 지른다. 어느 쪽이든 개는 오해하고 마음속으로 이렇게 듣는다. "제대로 잘하고 있어!" 그리고 "계속해! 계속해!"

공격성 문제를 예방하는 법

개가 공격적인 행동 문제를 일으키지 않게 하려면 어떻게 해야 할까?

개와 사람, 어울리는 상대 찾기

우선, 보호자와 잘 맞는 개를 선택해야 한다. 양심적인 브리더들은 기질 면에서 잘 어울리는 강아지와 보호자를 짝짓는 데 신중을 기한다. 활기 넘치는 조랑말 크기의 강아지와 너무 바빠서 산책을 시킬 시간이 없거나 체력이 너무 약한 사람은 서로 어울리지 않는다는 의미다. 또 활기 넘치는 어린아이가 있는 집에 수줍음 많고 변덕스러운 개도 맞지 않는다.

마찬가지로 중요한 것은 한 집에 여러 마리의 강아지를 동시에 입양해서는 안 된다. 강아지가 두 마리면 한 마리일 때보다 다루거나 가르치는 것이 훨씬 더 어렵기 때문이다. 보통 개가 서로를 돌봐주길 원해서 그렇게들 하는데, 이럴 경우 보통은 서로에게 유대감을 느끼고 우리를 무시하는 것을 배운다. 개가 우리에게 집중하길 원할 때 이들은 우리를 무시하고 그 대신 강아지 놀이로 보답을 받는다.

리더십 연습

잘 어울리는 개를 만났다면 규칙을 명확하게 설정하고 개를 이끌 능력을 갖는 것은 보호자의 몫이다. 다음의 세 가지 리더십 연습을 시작하면 된다. 개가 원하는 것이 있을 때는 항상 반사적으로 앉아서 '해주세요' 부탁하기(15장과 16장), 산책할 때 보호자에게 집중하기(17장과 18장), 그리고 부르면 오기(19장)가 그것이다. 이 세 가지를 행동 규칙으로 만든다. 이 세 가지 연습에서 핵심은 개가 자기가 하고 싶어 하는 다른 어떤 것보다도 보호자가 더 재미있다고 생각하게 만드는 것이다. 규칙을 설정하고 반드시 그것을 지켜야 한다는 것을 명심하자. 규칙을 편의대로 바꿔서는 안 된다. 그러기 위해서는 내가 무엇을 원하는지를 확실하게 해둬야 한다. 이것이 개가 우리를 자기를 이끌어줄 수 있고 의지할 수 있는 존재로 여기게 만드는 방법이다.

이 연습은 보호자가 정확하게 지시하고 온 가족이 참여한다면 어린 강아지도차도 완벽하게 배울 수 있을 만큼 간단하다. 개와 함께하는 모든 상호작용을 교육 세션 중이라 생각하고 행동하면 좋은 행동에 대해 지속적으로 보답해줄 수 있을 뿐만 아니라 우연히 나쁜 행동에 대해 보답하는 것을 피할 수 있다. 그러면 개는 규칙을 따르는 것을 빨리 배울 수밖에 없다.

사회화

　다음은 어린 강아지를 다른 예의 바른 강아지들을 만날 수 있는 강아지 사회화 교실에 데려가고 보상을 가지고 있는 온갖 종류의 사람과 만나게 하는 것이다. 우선 사람 만나기에 대해서 말하자면, 목표는 100일 동안 100명의 낯선 사람들과 100번의 긍정적인 경험을 하게 해주는 것이다. 그중에는 모든 연령, 인종, 나이, 성별이 포함되고, 모자, 선글라스, 우산 같은 온갖 종류의 것들을 입거나 들고 있는 다양한 키의 사람이 포함되어야 한다. 이를 통해 개는 익숙하지 않은 모습을 가진 사람들에게 두려움을 발달시키는 대신 그 온갖 종류의 사람과 좋은 일을 연관시키는 것을 배우게 된다. 물론, 개는 누군가를 만날 때마다 예의 바르게 앉기를 해야 한다. 그래야 뛰어오르지 않는 것을 빨리 배운다. 나중에 개는 우리가 허락할 때만 사람 위로 올라갈 수 있다는 것을 배울 수 있다.

　다른 개 만나기에 관해서는, 강아지는 매주 다른 연령대의 친근하고 차분하고 예의 바른 새로운 개들을 몇 마리씩 만나야 한다. 여기서 중요한 것은 다른 개들의 기질이다. 사람들은 대부분 강아지가 다른 개와의 사회화 과정을 통해 온갖 종류의 나쁜 행동을 배울 수 있다는 것을 인식하지 못한다. 사람들이 늘 지도감독 하고 있는 강아지 교실에서조차 말이다. 예를 들어, 놀이가 단순히 무질서한 난투극이라면 겁먹은 강아지는 다른 강아지가 덤벼들 경우 더 나빠질 수 있다. 이때 강아지가 배우는 것은 스스로를 방어하는 것이다. 마찬가지로 착하지만 제멋대로인 개도 해로울 수 있는데, 이를 지켜본 강아지도 다른 개에게 달려들고 뛰어오르는 것을 재미있는 일이라 배울 수 있기 때문이다. 개가 배운 대로 실생활 속에서도 이 무례한 인사를 사용했다가 상대방 개가 이를 두려워하거나 싫어할 수도 있다. 그래서 상대 개가 으르렁거리면 싸움으로 이어질 수 있고, 이전의 친절했던 우리 개는 다른 개들이 그다지 착하지 않다고 배우게 된다.

마지막으로, 강아지 교실이 우리에게 집중하는 것을 충분히 강조하지 않는 곳이라면, 개는 다른 개들과 노는 것이 우리한테 집중하는 것보다 더 재미있다고 배우게 된다. 이렇게 되면 개가 다른 개를 만날 때마다 우리는 안중에도 없게 될 것이다. 그래서 강아지 교실은 신중하게 선택해야 하고 현재 다니는 곳이 우리 강아지에게 맞지 않다면 주저하지 말고 바꿔야 한다.

지속적인 교육과 연습

강아지의 사회화는 시작에 불과하다. 뒤이어 성견 교실에도 참여해야 하고, 여기서 다양한 사람과 개를 만나며 리더십 연습도 계속해야 한다. 또 길에서 만나는 사람들에게 적절하게 인사를 하게 하는 것도 계속하고, 개가 공공장소에서 예의 바른 개들을 만나는 것도 계속해야 한다.

이미 공격성을 보이는 개는 어떻게 고칠까?

만약 이미 개가 사람들에게 믿을 만하지 못한 행동을 한다면 어떻게 해야 할까? 경비견 교육이 도움이 되지 않을까 생각하는 사람도 있는데 경비견은 강한 담력을 위해 선별된 개들이자 'on-off' 전원 버튼이 있는 것처럼 완벽하게 통제가 가능한 개다. 통제 불능의 공격성을 보이거나 두려움 때문에 무는 개를 더 장려하길 원하는 사람은 없을 것이다. 이는 불안정한 사람에게 경찰 배지를 준 뒤 장전된 총 사용법을 알려주는 것과 마찬가지다.

하지만 낯선 사람에게 아주 미세하다 할지라도 공격성의 신호를 보이는 개의 보호자들은 당장 조치를 취할 수 있다. 앞에서 권했던 리더십 연습을 똑같이 하면 된다. 우리가 세상에서 가장 흥미로운 존재라는 듯 우리에게 집중하도록 가르친 다음, 개의 자제심을 잃게 만드는 것들 주변에서 연습을 시작하자. 보호자는 개의 집중을 얻을 수 있는 거리 내에서 타깃팅, 뒤로 물러나거나 옆으로 뛰면서 앉기를 빠르게 반복하기, 전속력으로 달리고 있을 때 부르기, 다양한 방식의 따라 걷기 내내 집중하기 같은 게임을 한다. 올바르게 잘해낸다면 개가 그 방해 요소를 알아채지 못하는 것이다. 일정한 거리에서 능숙해지면 개가 보호자와의 게임에 계속 집중하는 상태에서 방해가 되는 자극에 조금씩 더 가까이 간다. 목표는 개가 평소 자기 관심을 끄는 것을 보았을 때도 재미있는 게임을 하고 있는 보호자에게 집중하게 하는 것이다.

산책 중에 개를 데리고 연습하는 동안 주변에 10분씩 서 있어 줄 사람은 현실적으로 없다. 차라리 개가 즐겁게 집중력을 유지할 수 있는 거리에 있는 누군가를 정해서 그 주변에서 연습한다. 그 사람이 자리를 떠나면 또 다른 사람이 나타날 때까지 개를 데리고 줄을 느슨히 한 채 다시 산책하면 된다.

과정에 속도를 높이고 안전도 고려해 젠틀 리더^{Gentle Leader} 같은 헤드 칼라를 사용할 수도 있다. 개가 달려들거나 줄을 당길 때 헤드 칼라는 개의 머리가 향하는 방향을 통제한다. 또 입 주변을 조여서 짖거나 무는 것을 더 어렵게 한다.

공격성을 위한 이 지침 과정은 다른 개들을 향

한 공격성, 차나 버스 보고 짖기, 고양이나 새 쫓기 등 개를 집중하게 만드는 데 어려움이 있는 다른 어떤 경우에도 효과가 있다. 그러나 이 연습은 숙련된 기술과 개의 몸짓 언어에 대한 능숙한 이해가 필요한 만큼, 공인 동물응용행동학자(www.animalbehaviour.org), 행동에 특별히 조예가 있는 수의사(www.AVSABonline.org)나 공인 반려견 트레이너(www.ccpdt.org)에게 의뢰해 개를 진단하고 좀 더 구체적인 계획을 세우는 것을 도움받도록 한다.

CHAPTER 31
싸우는 개
Feuding Fidos

　한 지붕 아래서 몇 년간 함께 자란 형제가 어느 날 갑자기 시작된 경쟁으로 하루도 안 싸우는 날이 없는 불화 속에서 지낸다. 텔레비전 방송용으로 제작된 싸구려 영화 줄거리 같지만 불행히도 이는 우리 주변에서 충분히 일어날 수 있는 일이다. 다만 사람이 아니라 그들이 키우는 개에 관한 이야기다. 그것도 보호자가 있을 때 주로 싸우는 개 말이다.
　사람들은 대부분 자기 개들이 절친한 친구처럼 서로 사이좋게 지내길 바라지만 이런 개들은 원수라도 만난 듯 자주 싸운다. 이런 일은 강아지나 더 어린 개가 집에 새로 오면서 더 나이 든 개의 밑에 있게 될 때 일어난다. 처음에 어린 개는 자기보다 나이 많은 개를 존중하고 뒤로 물러나 그 개가 먼저 가게 해줌으로써 장난감, 관심, 보상 같은 모든 자원에 대한 우선적 접근권을 준다. 하지만 사춘기에 이르거나 집이 좀 더 편안하게 느껴지기 시작하면서 앞자리로 새치기를 하고 싶어 한다. 예의 바르게 자기 차례를 기다리기보다는 먼저 장난감을 잡거나 어루만짐을 받기 위해 돌진한다. 싸움이 나고 둘 다 물러서지 않을 때는 결국 상처가 뒤따른다.

또는, 어린 개가 아무것도 안 하면서 제멋대로 날뛰기만 하는 경우도 문제를 일으킨다. 아무 때나 또는 자기가 가장 흥분한 순간이 되면 나이 많은 개를 네 발 달린 움직이는 씹기 장난감처럼 취급하며 성가시게 군다. 나이 많은 개도 경우에 따라서는 이런 새로운 에너지를 즐기고 놀이에 참여하지만 항상 그러기엔 너무 과하다. 몸을 피해 달아나려 하지만 끈질기게 쫓아오는 판매원을 피하려고 애쓰는 순진한 행인처럼 쉽게 벗어나지지가 않는다. 나이 든 개는 어린 개의 접근을 막기 위해 소극적이고 예의 바른 태도로 귀를 뒤로 젖히고 몸은 낮추고 돌아서고 으르렁대고 낑낑대면서 자기 뜻을 표현한다. 그런데 보호자는 이 신호들을 불안감으로 잘못 해석하고 나이 든 개를 계속 놀게 해줘야겠다고 생각해버린다. 결국 나이 든 개는 어느 날 몸짓 언어를 쓰기보다는 적극적으로 싸워야겠다고 결심하게 된다.

끝을 볼 때까지 싸우게 둬야 하나?

곧 싸움이 날 것임을 알아차리고서도 보호자들은 개들이 누가 우위인지 결정할 수 있도록 끝을 볼 때까지 싸우게 내버려둬야 하는 건 아닐까, 또는 나이 든 개가 직접 어린 개에게 자기 분수를 일러주게 놔둬야 하는 건 아닐까 하고 생각한다. 이는 야생에서 일어나는 일인데 이 경우 누군가 한쪽은 영원히 떠나야 할 정도로 꽤 심각한 상처를 입는 경우도 많다.

게다가 명쾌하고 영구적인 서열 확립 없이 끝나버리는 싸움은 개들 간의 관계를 더욱 나쁘게 만든다.

우리는 이론상 계급의 꼭대기 자리에 있고, 그런 만큼 가족구성원 간의 싸움을 금하는 것이 우리 의무다. 회사의 CEO가 책임지고 사원들 간의 싸움을 허락하지 않는 것처럼 말이다. 게다가 우리는 강압적인 방법을 쓰거나 고통을 주지 않고도 개들 간의 싸움을 해결할 수 있다.

관계 바꾸는 법

한 가지 추천 방법은 어떤 개가 더 높은 서열을 갖게 될지 선택한 다음, 그 개가 우리의 관심, 어루만짐, 장난감 그리고 그 외 모든 것에 우선적인 접근권을 갖게 해주는 것이다. 이 접근법의 문제는 더 높은 서열을 차지하게 된 개가 훨씬 더 공격적이 되는 경우가 많다는 것이다. 이상하게 들릴 수 있지만 다음을 상상해보자. 버릇없는 무비스타에게 그가 이미 가진 것보다 훨씬 더 많은 특권을 주고, 그보다 낮은 지위에 있던 사람들을 모두 좌천시켜버리면, 그 버릇없던 무비스타는 이전보다 훨씬 더 약자를 괴롭히는 사람이 되기 쉽다.

따라서 어느 한쪽 개에게 더 많은 특권을 주고 다른 개에게는 벌을 주기보다는, 다음과 같은 두 가지 방법으로 접근하는 편이 좋다. 우선, 우리가 리더이며 개는 집안의 규칙을 따라야만 한다는 것부터 분명히 설정한다. 그런 다음, 개들에게 서로 가까이 있으면 좋은 일이 일어난다는 것을 가르쳐서 둘 사이의 관계를 바로잡는다. 개가 서로를 좋은 일과 연관시키도록 하면 된다. 문제가 심각한 경우라면 둘을 완전히 분리시켜놓고 모든 상호작용을 계획하에 일어나는 교육 과정의 일부가 되도록 한다. 그러면 이들은 싸울 기회조차 없게 되고 서로와 함께한 경험만으로 서로를 좋은 일과 연결짓는 것을 배우게 된다.*

당분간은 우선 대안이 되는 적절한 행동에 대해 보상해주는 것으로 모든 싸움을 피한다. 그리고 개들을 통제할 수 있다는 확신이 100퍼센트 들지 않는 경우에는, 예를 들어 보상을 준비 못 했다거나 집 안에서 너무 많은 일이 벌어지고 있는 경우에는 개들을 따로 떼어두고, 개들이 서로 같이 있을 때 보이던 습관을 재빨리 바꿔서 다시 좋은 사이가 될 수 있도록 한다. 다음은 일반적인 접근법이다.

1단계. 보상 버는 법을 가르치는 지침 과정 따르기

지금까지 아마도 개들은 서로 우리 관심을 차지하려 들면서 수많은 싸움을 벌였을 것이다. 이제는 이리저리 뛰며 서로를 밀어내는 대신 예의 바르게 앉을 때만 우리 '관심을 벌 수 있다'는 것을 배워야 한다.

우선 개에게 보상을 벌기 위해서는 '해주세요' 앉아서 부탁하기를 반사적으로 하도록 가르친다(여기서는 개략적인 내용만 설명되니 상세한 정보를 얻으려면 15장을 참조한다). 개가 앉으면 보상을 여러 개 준다. 그런 다음 원하는 것을 얻을 수 있는 유일한 방법은 예의 바르게 앉아서 해주세요 부탁하기라는 사실을 개 두 마리 모두가 이해할 때까지 반복해서 연습한다. 시간이 걸릴 것 같겠지만 개 두 마리가 이 개념을 깨닫는 데는 보통 5~15분이면 된다. 처음부터 둘을 함께 가르칠 수도 있지만 싸움이 걱정된다면 따로

---

* 만약 개가 서로 물거나 누군가가 싸움을 말리다가 물릴 수 있다는 걱정이 든다면, 개의 행동에 조예가 있는 수의사(www.AVSABonline.org), 공인 동물응용행동학자(www.animalbehaviour.org)나 이와 관련된 경험이 있고 이 책에 서술된 방법과 비슷한 기법들을 사용하는 공인 반려견 트레이너(www.ccpdt.org)와 상담해야 한다. – 지은이주

따로 가르친다.

개들이 '해주세요' 지시어를 이해하게 되면, 개가 우리한테 원하는 것이 있을 때마다 항상 앉아서 부탁하기를 하도록 가르친다. 개가 어루만짐을 받거나 먹거나 밖으로 나가거나 장난감을 가지고 놀고 싶을 때는 반드시 예의 바르게 행동해야 한다는 것을 명확하게 해둔다. 습관이 될 때까지 다양한 상황에서 앉아서 '해주세요' 부탁하기를 연습시킨다. 일단 해보면 큰 변화를 느낄 수 있다. 개들은 문 밖으로 나가거나 보호자에게 가장 많은 어루만짐을 받으려고 거칠게 뛰어다니는 대신, 예의 바르게 앉기 시작할 것이다. 특히, 개들이 종종 싸우는 상황에서 앉아서 '해주세요' 부탁하기를 하면 보상을 주는 계획을 세워보자. 예를 들면, 개들이 계단을 뛰어올라갈 때 싸운다면 계단 밑에서 앉아서 부탁하기를 연습한 다음 계단 중간까지 올라가서 거기서 다시 연습한다. 처음에는 한 마리씩 시작하고 각각 이 게임을 잘 이해했을 때 두 마리를 함께 데리고 한다.

2단계. 먹이가 땅에 떨어졌을 때 '놔둬' 가르치기

개가 땅에 떨어진 먹이를 놓고 싸운다면 16장에서 배운 '놔둬'를 가르친다. 개는 떨어진 먹이를 향해 달려가면 안 된다. 무슨 일이 있어도 예의 바르게 앉아서 우리를 쳐다봐야 하기 때문이다. 일단 연습 상황에서 이를 잘하게 되면, 저녁 식사 준비 중일 때와 같이 실제 상황에서 불규칙

하게 먹이를 떨어뜨려본다. 처음에는 개를 따로따로 떼어놓은 상태로 실생활에서 하루에 열다섯 번 정도씩, 연이어 며칠 동안 먹이를 떨어뜨리는 연습을 하면, 금방 습관으로 자리 잡을 것이다.

3단계. 부르면 오기

실내에서 가능한 세 번째 연습은 부르면 오기를 배우는 것이다(전체 지침 과정은 19장을 참조한다). 먼저 개를 따로따로 데리고 연습하고, 개가 부르면 뛰어올 것임을 확신할 수 있거나 줄에 매여 있을 때만 부른다. 오는 것을 재미있는 추적 게임으로 바꾸기 위해 반대 방향으로 달려가다가 개가 우리를 따라잡으면 보상을 준다.

이것에 능숙해지면, 개가 다른 개와 있다가 긴장하거나 너무 난폭해지는 모습이 보일 때 싸움이 터지기 전에 따로 부른다. 그런 다음 다른 적절한 재미있는 활동을 하게 한다.

4단계. 적어도 한 마리에게 자리로 달려가 엎드리기 가르치기

23장에서 다뤘던 '자리로 가'를 가르칠 수도 있다. 두 마리를 다 가르치려면 각자의 매트나 장소를 마련해줘야 한다. 가르칠 때는 손으로 보상을 주거나 매너스 마인더를 사용한다(그림 31.1).

그림 31.1

심하게 흥분했을 때조차도 적어도 한 마리가 자기 자리로 뛰어가 엎드려서 기다리는 법을 배우게 되면, 곧 싸움이 일어나겠구나 생각되는 순간마다 개를 자기 '자리로' 보내면 된다. 이미 개가 좋아하고 있는 그 장소로 말이다. 각자의 매트는 같은 방에 있어도 되고 다른 방에 있어도 된다.*

5단계. 서로 떨어져 있으면 무시하기

  이 교육에 훨씬 더 속도를 높이기 위해서 개가 서로 떨어져 있을 때 개들을 무시하고, 개들이 함께 있을 때는 그들과 다른 즐거운 게임을 하고 논다. 이렇게 하면 개들은 살면서 가장 좋은 일은 자기가 예의 바르게 굴 때 그리고 다른 개와 함께 있을 때 일어난다는 것을 배울 수 있다.

---

* 매너스 마인더를 사용하면 정해진 장소에서 보상을 줄 수 있기 때문에 개를 그곳에 보낼 때 보상을 들고 우리가 왔다 갔다 뛰어다닐 필요가 없어진다. - 지은이주

CHAPTER 32

짖기
Taking the Bark Out of Browser

한번은 한 독자가 메일로 이런 질문을 해왔다.

"개는 어떻게 그렇게 오래 짖을 수 있는 건가요? 사람이 그렇게 오랫동안 소리치고 비명을 지른다면 소리가 아예 안 나올 것 같은데 말이죠."

다행히 개의 음성 기관에 대한 과학 논문을 대대적으로 조사하는 일에 착수하기 전, 그의 질문 중 다음 부분이 눈에 들어왔다.

"저는 개를 키우는 집들 사이에 살고 있어요. 개 A는 살짝이라도 소리를 내는 사람이 있으면 짖고, 손님이 우리 집에 들어온 뒤에도 한참 동안을 짖어요. 조용히 시키려고 하면 더 크게 짖고요. 개 B는 다른 이웃집 개들이 짖으면 따라 짖어요. 그 개는 우호적이고 제가 조용히 하라고 하면 멈추기는 하는데 잠시 후 다시 짖어요. 보호자들에게 개를 특정 시간대에 조용히 시켜달라고 말하는 것 외에 다른 방법이 없을까요?"

이 글이 문제 해결을 훨씬 쉽게 해줬다. 사실 시끄럽게 짖는 개들이 이 독자의 개였다면 문제 해결이 더 쉬웠을 것이고 나는 이렇게 추천했을 것이다.

"개를 가족과 함께 집 안에 두고 규칙적으로 운동을 시켜서 문제를 찾아다니지 않게 해주세요. 그리고 착한 행동을 하면 보상해주고 나쁜 행동을 하면 보상을 제거하는 방식으로 예절을 가르치세요."

하지만 다른 사람의 개라면 문제가 완전히 달라진다. 이제부터 따라할 만한 방법들이 제시된다.

계획 A. 단도직입적으로 접근하기

이웃에게 가서 이렇게 말한다.

"안녕하세요. 개가 혼자 바깥에 있을 때 엄청나게 짖는다는 사실을 알고 계세요? 저는 이 집 개가 짖는 것을 자주 듣는데 제 생각에는 신체적 운동과 정신적 자극이 더 필요하기 때문이거나 분리불안 때문인 것 같아요. 혹시 보호센터에 개를 맡기거나 개를 산책 시켜주는 사람을 고용하거나 예절 교실이나 어질리티 수업에 등록하거나 또는 개를 그냥 집 안에 두는 것을 생각해보신 적이 있나요?"

효과가 있을 수도 있다. 아무도 모르는 일이니까 말이다. 어떤 사람들은 자기 개가 짖는 소리가 이웃에 방해가 된다는 것을 모르기도 한다. 하지만 만약 그 보호자가 현관문을 닫으며 비웃었다면 계획 B를 진행한다.

계획 B. 선물 주기

펫숍에 가서 보상을 채워 넣을 수 있는 큼직하고 맛좋은 씹기 장난감을 사서 이웃집에 찾아가 이렇게 말한다.

"안녕하세요. 개가 하루 종일 뭔가를 하며 시간을 보낼 수 있도록 이것들을 좀 샀어요. 제가 다니는 동물병원 수의사는 매일 장난감을 다른 것으로 바꿔주는 것이 좋다고 해요. 하루는 뼈를 가지고 놀게 하고, 또 하루는 저칼로리 먹이를 채운 뒤 냉동실에서 얼린 장난감을 가지고 놀게 하는 식으로요. 그리고 그 수의사가 말하기를 사료도 그냥 한꺼번에 주지 말고 이런 장난감 중 하나에 채워 넣어서 개가 이걸 굴려야만 사료 알갱이가 하나씩 밖으로 나오게 하는 것도 좋은 방법이라고 하더군요. 그건 펫숍에 가면 구할 수 있어요."

그런 다음 그 이웃이 왜 개도 안 키우면서 수의사를 만나러 갔는지 질문하기 전에 서둘러 자리를 떠난다.

계획 C. 몰래 가르치기

하루 정도 얌전한가 싶던 개가 다시 짖기 시작한다고 하자. 이제는 직접 문제를 해결하고 그 비용도 치러야 한다. 개를 위한 보상 구입비와 교육 시간 말이다. 그리고 그 이웃이 눈치채지 못하게 개를 가르쳐야 한다.

하지만 우선은 이웃과 한 번 더 대화를 나눈다.

"안녕하세요. 제가 친구한테 들은 이야긴데요, 그 친구네 개는 음식 알레르기가 있어서 그것 때문에 심각한 설사를 했다고 하네요. 개도 음식

알레르기가 있는지 몰랐어요. 혹시 들어본 적 있으세요? 당신 개도 음식 알레르기가 있나요? 그럼 심장질환이나 당뇨병은요? 약을 먹고 있는 중인가요?"

그리고 개가 어떤 의학적 상태인지 정보를 얻으면 바로 작별인사를 한다. 의심할 수도 있으니 너무 갑자기는 말고 말이다. 만약 개가 평소 먹는 먹이에 대해 특별한 주의사항이 있다면 이웃에게 솔직하게 계획을 이야기하고 어떤 보상을 사용하면 좋을지 확인해야 한다. 그런 경우가 아니라면 다음과 같이 진행한다.

'조용히' 신호에 조용히 할 줄 아는 개 B에게는 짖을 때 "조용히!"라고 말하고, 늘 그랬듯 개가 멈추면 즉시 보상을 준다. 10~20개의 작은 보상을 연속해서 주는 것이 더 좋고, 최대한 보상 간의 간격을 늘려서 개가 짖을 틈을 주지 않는다. 그리고 집으로 들어간다. 그리고 개가 다시 짖기 전에 밖으로 나와서 조용하게 있었던 것에 대해 보상을 준다. 이것을 계속 반복하면서 보상 사이의 간격을 차츰차츰 늘려나간다. 비결은 항상 개 B가 다시 짖기 전에 보상을 주는 것이다. 만약 개 B가 보상과 보상 사이에 짖는다면 우리가 너무 오래 기다린 것이다.

개가 아직 '조용히'가 무엇인지 잘 모른다면 지시어를 말하기보다는 개가 조용히 하기를 참을성 있게 기다리는 것으로 시작한다. 개가 조용해지는 즉시 보상을 던져준다. 다음에는 몇 초쯤 기다렸다가 두 번째 보상을 던져준다. 만약 개가 보상을 주기 전에 짖는다면 보상을 조금 더 빨리 던져준다. 목표가 개가 다시 짖기 전에 보상을 던져주는 것이기 때문에 조용하게 있는 동안 보상을 줘야 한다. 이 단계를 반복하면서 개가 보상을 받기 전에 조용히 해야 하는 시간의 길이를 차츰 늘려나간다. 시간이 오래 걸릴 것 같지만, 한 켄넬에서 수행된 나의 대학원생들의 연구에 따르면, 대부분의 개는 10분 이내, 30회 미만의 먹이 강화면 몇 분 동안 조용히 있는 것을 배울 수 있다. 개가 몇 분간 조용히 하게 되면 성공이 확실하다. 더 오랫동안 조용히 하는 것에 대해 보상을 주면 조용히 하는 시간을 더 늘릴 수 있기 때문이다. 그리고 개가 '조용히'라는 신호를 배울 필요가 있다면, 개가 짖고 있는 동안 가만히 기다리고 있다가 개가 조용해질 거라는 확신이 들기 바로 직전에 일상적인 목소리 톤으로 "조용히."라고 말하면 된다. 이를 규칙적으로 한다. 그러면 개는 곧 '조용히'가 입을 다물라는 신호이고 곧 맛있는 보상을 받게 된다는 것도 알게 된다. 일단 개가 신호를 알게 되면 이제 멀리 떨어져서도 개의 행동을 통제할 수 있다.

소리를 지르면 더 크게 짖는 개 A의 경우는 소리를 지르면 안 된다. 같이 짖어주는 것과 마찬가지다. 개 A는 우리 때문에 위협이나 두려움을 느낀 것일 수 있고, 우리 쪽에서 나는 그 어떤 소리도 개를 더 흥분하게 만들 뿐이다. 이럴 때는 집 밖으로 나갈 때마다, 심지어 개가 요란히 짖고 있을 때조차도 계속해서 보상을 던져준다. 목표는 두려워하는 개의 심리 상태를 바꾸는 것이다. 개가 일단 보상을 먹기 시작하면 조용히 할 수밖에 없을 만큼 충분히 빠르게 보상을 던져준다. 또 개에게 겁을 줘서 다시 짖게 만들 수 있는 갑작스런 움직임은 피한다. 개가 밖에서 우리와 함께 있을 때는 평온하고 행복한 기분이어야 한다. 보상이 마음에 들었다면 개는 순식간에 우리 친구가 될 것이다. 개는 우리를 좋은 일과 연관시킬 것이고 우리를 보고 짖을 어떤 이유도 찾지 못할 것이다. 그러고 나면 개가 조용하다고 느껴질 때마다 불규칙적으로 밖으로 나가서 보상을 던져준다.

이제부터는 돈을 아낄 수 있는 팁이다. 처음 보상을 사용할 때는 크고 맛있게 만들어서 개가 흥분했을 때도 보상을 알아차릴 수 있게 한다. 처음에는 이 멋진 선물을 울타리 너머에서 보여줘야 할 수도 있다. 개가 상황을 이해하고 나면 개가 알아채고 한입에 먹을 수 있는 가장 작은 보상으로 바꾼다.

보충 단계

분명히 해두자면, 지금까지 설명한 지시 사항들은 사실 짖는 개를 키우는 보호자들을 위한 것이지 그로 인해 화가 난 이웃을 위한 것이 아니다. 물론 만약 그 개가 우리 개라면 가장 쉬운 조치는 그 개가 가족의 일부가 될 수 있도록 집 안에 두는 것이다. 그러나 개가 집 안에 있을 때나, 산책 중일 때 또는 우리가 집에 있는 동안 개를 가끔 밖에 내보낼 때도 짖는다면 앞에서 말한 것들 외에 보충해야 하는 단계들이 있다.

- 첫째, 충분한 신체적·정신적 운동을 시켜서 개가 심적으로 억눌려 있기보다는 자기 에너지를 적절한 행동으로 발산할 수 있게 해준다.
- 다음은, 앉아서 해주세요 부탁하기, 따라 걷기, 부르면 오기를 개가 가장 좋아하는 게임으로 여기게 만든다. 그러면 개가 집 근처를 지나는 사람 소리를 듣고 짖을 때 개의 이름을 부르고, 오면 보상을 주고 그다음에는 그 영역 침입자가 사라질 때까지 우리한테 집중하게 만들 수 있다.
- 개가 다른 개나 쫓아가고 싶은 고양이를 향해 짖는다면, 섹션 3에서 설명했던 집중하기 게임들을 연습한다. 그렇게 하면 개는 우리와 함께 노는 것이 다른 흥미로운 대상을 보고 짖는 것보다 더 재미있다는 것을 알게 된다.
- 마지막으로, 모든 잠재적인 문제를 반드시 다뤄야 한다. 개가 사람이나 다른 개가 두렵기 때문에 또는 분리불안 때문에 짖는다면 탈감

각화와 역조건형성을 통해 해결해야 한다.

사람 세계에서의 대화가 그렇듯 개 세계에서 짖기도 정상적인 일이라는 것을 항상 기억해야 한다. '조용히' 하기를 더 일상적으로 하게 만들려면 '조용히'를 더 보상을 많이 받는 조건으로 만들면 된다.

CHAPTER 33

행동이 문제가 아닐 때
When Behavior Is Not the Problem

개가 나쁜 행동을 하는 것이 전부 행동학적인 문제는 아니다. 의학적 문제가 나쁜 행동으로 나타나는 경우도 많다. 특히 대소변 문제가 그렇다. 예를 들어, 누군가가 "우리 개는 전에는 대소변을 잘 가렸는데 갑자기 아무데나 오줌을 누기 시작했어요."라고 말하면 나는 건강상에 문제가 있을지도 모른다고 경고한다. 개가 앙심을 먹고 일부러 그런다고 생각하는 보호자들도 있는데, 조금만 생각해봐도 개가 영역 표시를 위해 오줌을 누긴 하지만 복수 차원에서 적을 미치게 만들 생각으로 소유물에 배뇨 또는 배설을 하지는 않는다는 것을 알 수 있다. 정말이지 앙심을 먹고 일부러 그런다는 것은 말도 안 되는 이야기다.

대소변 가리는 법을 갑자기 상실했다는 것은, 당뇨병, 신부전과 간부전 같은 질병부터 이뇨제 같은 약물과 개에게 배뇨 욕구를 계속 일으키는 요로 감염증, 방광 결석이나 방광 종양에 이르기까지 수많은 건강상의 문제 중 하나에 해당할 가능성이 높다. 그리고 방광 조절을 못하거나 오줌이 흐르는 것을 인지하지 못하는 신경성 질환을 가진 개들도 있다. 이 경우 인지 기능 장애로까지 진행될 수 있는데 조기에 발견하면 어느 정도는 처방식이나 약물로 치료된다. 이런 개들은 볼일을 보러 집 밖으로 나갔다가 왜 그곳에 왔는지 잊어버린다. 그리고 다시 집 안으로 돌아와서는 화장실이 밖에 있다는 사실을 잊어버린다.

다른 행동상의 변화들도 계속해서 보호자를 혼란스럽게 만든다. 예를 들어, 짖는 것도 의학적 질병의 신호가 될 수 있다. 내가 본 이상한 사례 중에, 혼자 있을 때면 엄청나게 짖어대는 나이 든 잡종 개, 로버가 있었다. 보호자는 "우리는 로버를 마당에서 키워야 하는 새 집으로 막 이사를 왔어요. 그랬더니 낮에는 어쩌다 한 번씩 짖지만 밤에는 정말 많이 짖어요."라고 말했다. 처음에는 틀림없는 분리불안증 사례로 보였지만, 그 뒤 나는 로버가 보호자가 없을 때 먹이를 먹고, 보호자가 잘 보이는 데 있어도 짖고, 보호자를 계속 쳐다보고 있기보다는 보호자가 오히려 움직이지 않고 앉아 있을 때 행복해한다는 것을 알아냈다. 즉, 로버는 자기가 가장 좋아하는 사람이 그리운 나머지 식음을 전폐한 채 여위어가는 스타일의 개는 아닌 셈이었다. 한 질문에 대한 대답이 이 문제를 푸는 실마리가 되었다. 나는 "로버가 집에 있는 다른 개와는 어떻게 지내나요?"라고 물었고, 보호자는 "로버는 섀도우를 그림자처럼 졸졸 따라다녀요."라고 답했다.

이 대답에서 나는 로버가 섀도우를 안내견으로 이용하고 있는 게 아닌가 생각하게 됐다. 나는 곧 시력 검사를 해보기로 했다. 개는 아무리 뼈 그림과 개 장난감 그림으로 만들어진 것이라 해도 시력 검사표를 읽을 수 없으니, 검사실에 임시로 장애물 코스를 만들고 밝기를 어둡게 했다 완전히 밝게 했다 하면서 로버의 행동을 관찰했다. 망막 검사를 추가한 결과 개의 병력을 알 수 있었다. 그는 야간에는 아예 앞을 보지 못했고 낮에도 거의 보지 못하는 상태였다. 그러니 새로 이사 온 집과 마당에서는 자기 주변에 무엇이 있는지 전혀 알 수 없었던 것이다.

　질병과 관련된 이상한 행동들은 아주 많다. 고개를 아래쪽으로 떨구고 다녀서 우울해 보이는 개는 목에 통증을 가지고 있는 것일 수 있고, 갑자기 서랍장을 뒤지며 눈에 보이는 모든 것을 허겁지겁 삼키는 개는 극심한 배고픔을 야기하는 내분비 불균형이 온 상태일 수 있다. 즉, 많은 행동상의 문제가 의학적 문제와 관련된 것일 수 있다는 말이다. 개의 갑작스러운 행동 변화나 설명할 수 없는 행동을 보게 되면 단순히 개가 말을 듣지 않는다고만 생각하지 말고 동물병원에 데려가 진료를 받길 권한다.

CHAPTER 34
유전자 탓일 때
When to Blame Genetics

확실히 행동은 유전에 영향을 받는다. 그게 동물이 종 특유의 행동을 보이는 이유다. 즉, 개는 이빨로 싸우고, 말은 발로 차고 물고, 양은 특별 고안된 헬멧 같은 두개골로 서로를 들이받는 이유다. 보더 콜리와 오스트레일리안 켈피가 보더 테리어와 복서보다 양몰이에 더 뛰어난 것도 같은 이유다. 그렇다면 공격성 같은 나쁜 기질을 유전의 탓으로 돌릴 수 있는 때는 언제일까?

환경적 영향들

대부분의 사람들은 강아지 시기에 나타나는 행동을 틀림없이 유전적인 것이라 생각한다. 그러나 많은 연구 논문이 그렇지 않다고 말해주고 있다. 그보다는 아주 어린 시기에도 놀이를 통해 많은 환경적 영향을 받는다는 것이다. 예를 들어, 슬라버트J.Slabbert와 앤 라사Anne Rasa의 저먼 셰퍼드 강아지 연구에서, 생후 12주 동안 어미와 같이 지내면서 마약 탐지견인 어미의 마약 회수 과정을 지켜볼 기회를 가졌던 강아지들은, 생후 6~12주 동안 어미와 있긴 했지만 어미의 마약 회수 과정을 관찰할 기회가 없었던 강아지들에 비해 생후 6개월 때의 마약 탐지견 적성 검사에서 훨씬 뛰어난 수행능력을 보였다. 어미가 일하는 모습을 지켜본 강아지들의 80퍼센트가 적성 검사를 통과한 반면, 그렇지 못했던 강아지들은 20퍼센트만이 통과했다. 이 초기 경험이 주는 차이에 대해 알지 못했다면 통과한 강아지들이 단순히 선천적으로 타고난 능력을 가졌다고만 생각했을 것이다.

행동은 강아지 시기 이전의 환경에서조차도 영향을 받을 수 있다. 환경적 영향은 자궁에서부터 시작되기 때문이다. 고전적인 예로, 자궁 안에서 두 수컷 사이에 자리 잡은 암컷은 높은 수준의 테스토스테론에 노출되는데, 이것이 암컷의 뇌를 수컷화시키고 수컷 같은 성향을 가지게 한다. 다른 수컷 형제들처럼 강아지 시기부터 이들은 배뇨를 위해 다리를 드는 경향이 있고, 산책 중에도 자주 멈춰 서서 냄새를 맡고 자기 냄새를 남기는 데 많은 시간을 할애하며 기둥이나 소화전 같은 막대기형 목표 지점을 찾으려 애쓴다. 즉, 집 주변에 영역 표시하는 것이 주된 취미라는 말이다.

쥐 같은 종에서도 두 수컷 사이에 태어난 암컷은 다른 암컷에 비해 더 공격적이며 동시에 수컷에게 덜 매력적이다.

이런 환경적 영향과 발달상의 영향은 같은 DNA를 가진 동물이라 할지라도 다소 다르게 성장할 수 있는 극적인 결과를 가져오기도 한다. 아마도 가장 좋은 예는 줄여서 'CC'라고 부르는 카피 캣$^{Copy\,Cat}$의 이야기다. 텍사스 A&M 대학에서 복제된 'CC'는 자신의 유전적 엄마인 '레인보우'와 똑같은 DNA 지도를 가지고 있다. 즉 일란성 쌍둥이처럼 복제된 것이다. 이는 모든 것이 같다는 의미다. 그러나 털 색깔을 살펴본 결과, 이들은 실제로 외모가 똑같지 않다는 것이 드러났다. 엄밀히 따지면 같은 색조차도 아니었다. 레인보우는 배와 다리만 흰색이고 나머지 부위에는 검은 얼룩무늬가 섞인 오렌지색 반점이 있는 삼색고양이인데, CC는 오렌지색이 전혀 없는 줄무늬 고양이다.

어떻게 이런 일이 일어났을까? 고양이의 오렌지색 털 유전인자는 특이해서 무작위로 어떤 피부세포 무리에서는 비활성화되고 또 다른 세포 무리에서는 활성화된다. 활성화될 때 피부세포는 오렌지색 털을 만들고 비활성화될 때는 검은색 털을 만든다. 보통 이 과정은 오렌지색과 검정 모자이크 무늬의 고양이를 만들어낸다. CC의 경우 오렌지색 털 유전인자가 모든 피부세포에서 비활성화되어 털에 오렌지색이 하나도 없는 것이다.

레인보우와 CC의 많은 피부 부위를 새하얗게 만든 하얀색 반점 패턴 또한 제멋대로다. 태아 발달 단계 동안, 피부에서 색소를 만드는 세포인 멜라노사이트는 등에서부터 시작해 피부를 타고 배꼽을 향해 내려간다. 멜라노사이트가 늦게 이동하기 시작하면 갑자기 이동이 끝나면서 주로 몸 아랫면과 다리에 새하얀 장식을 남긴다. 하얀 반점 유전인자를 발현

시키는 기전은 단순한 검정과 하얀색 실베스터 타입의 고양이$^{Sylvester-type}$ ^{cat}*를 복제했을 때도 뚜렷하게 다른 턱시도 무늬의 고양이를 만들어낼 수 있다는 의미다. CC와 레인보우는 모색도 뚜렷하게 달랐지만 자라면서 보이는 행동이나 개성은 정말 달랐다. 겨우 한 살이 지난 후부터 CC는 레인보우보다 훨씬 더 친근감 있고 외향적이었다. 사람들에게 더 많이 다뤄지고 사람과 어울렸기 때문이었다.

이제 똑같은 유전적 구성을 가진 두 개체가 다르게 발달할 수 있다는 것이 분명해졌다. 더불어, 동물이 질병을 일으키는 유전적 변형을 가지고 있다 해도 생애 후반부에 이들이 반드시 질병에 걸리는 것은 아니라는 것도 밝혀졌다. 예를 들어, 사람에게 나타나는 페닐케톤뇨증**은 단일 유전자에 의해 발생하는 심각한 유전적 질환이다. 양쪽 부모로부터 이 유전인자를 물려받은 어린아이는 정신적으로 극심한 고통을 겪고 보통은 십대가 되기 전에 죽는다. 그 유전자는 효소가 형성되지 않으면서 활동하는데, 대개 사람의 경우에는 이 효소는 페닐알라닌이라는 아미노산을 타이로신으로 변환시킨다. 페닐케톤뇨증을 가진 어린아이들의 경우, 페닐알라닌이 뇌에 모이면서 행동상의 변화를 일으킨다. 병에 걸린 사람들은 이런 심각한 의학적 영향을 완전히 피할 수 있는데 그저 페닐알라닌이 없는 식단으로 바꾸기만 하면 된다. 그 결과 페닐알라닌이 뇌에 모이지 않고 어린아이는 정상 또는 거의 정상이 된다. 그래서 정상적인 아이와 페닐케톤뇨증을 가진 아이 간의 유전적 차이는 그들의 환경을 조작하는 것으로 크게 줄일 수 있다.

---

* 만화캐릭터에 나오는 검은 고양이의 이름으로 눈 사이에서부터 입 주변, 앞가슴, 배, 발만 털이 하얗다. 즉 턱시도 무늬보다는 더 하얀 무늬가 많다. - 옮긴이주
** 페닐알라닌을 분해하는 효소의 결핍으로 체내에 페닐알라닌이 축적, 경련 및 발달 장애를 일으키는 유전적 대사 질환 - 옮긴이주

유전자는 환경적 영향과 상호작용한다

종합해볼 때 이 모두는 무엇을 의미할까? 유전자가 중요하긴 하지만 행동을 완벽하게 통제하지는 않는다는 것이다. 오히려 유전자는 환경적 영향과 상호작용하면서 행동에 영향을 미친다. 결론적으로, 한배에서 태어난 모든 동물이 똑같은 행동 성향을 보이거나 아주 어린 동물이 이상한 행동을 보인다고 해서 반드시 그들이 그 문제를 유전적으로 물려받았다고 볼 수는 없다는 것이다. 환경적 영향이 주된 요인이 되었을 수 있고, 한배에서 태어난 모든 동물이 특정 행동 성향을 이끌어낸 똑같이 중요한 환경적 경험을 했을 수 있다.

그렇다면 동물에게서 보이는 공격성 같은 행동들이 유전적인 것인지 아닌지 어떻게 알까? 그 행동이 다른 형제자매에게서도 나타난다면 브리더는 심각하게 의구심을 갖고 그 문제를 해결해야 한다는 의무감을 느껴야 한다. 즉, 같은 가계도상에 있는 다른 개들의 행동을 자세히 추적하고 그것이 유전적인 것일 경우에 대비해 모든 번식 과정에서 그 공격적인 개를 제해야 한다. 브리더는 또한 공격성에 영향을 미치는 환경적 요인들도 찾아야 한다. 예를 들자면, 공격성 문제가 있는 한배 새끼들을 똑같은 유해한 방식으로 키웠는지, 여러 가지 다양한 시각적·청각적 자극들에 노출시키고 수많은 낯선 사람을 만나게 해 적절한 초기 사회화를 제공했는지, 매일 자주 강아지들을 만지고 다루며 다른 한배 새끼들에게서 떨어지는 경험을 제공했는지, 그리고 강아지를 키웠던 보호자가 인간과 낯선 개 모두에게 알맞은 사회화를 이행했는지, 뿐만 아니라 개가 이웃에 익숙해질 수 있도록 일상적인 산책에 데리고 나갔는지도 살펴봐야 한다.

불행하게도 특정 품종에서 이미 확인된 문제들을 제하면 우리는 동물의 행동상 문제가 유전적 영향을 크게 받는 것인지 정확히 알지 못한다. 그 속성이 유전적인 것인지 확실히 알기 위해서는 유전학자들이 반드시 그 특정 속성을 자세히 살펴보는 혈통 또는 번식 연구를 수행해야 한다. 특정 품종에서 특정 속성을 갖는 유전적 요소가 확인된다면 그 속성을 가진 품종의 개체가 발견될 경우 유전을 탓할 수 있다. 지금까지는 특정 개의 품종에서 유전의 영향을 받는 공격성 사례는 증명된 것이 없다. 존재하지 않아서가 아니라 개에 대한 연구가 연구 자금 부족으로 이뤄지지 못하고 있기 때문이다. 개와 고양이 모두, 유전 연구를 위한 자금 마련은 주로 품종 클럽들이 공동으로 조금씩 돈을 모을 때 이뤄지고 있다. 공격성 같은 행동이 유전되는 것으로 밝혀지면, 행동 수정을 통한 치료 가능성 및 원상태로의 복귀 가능성이 그 품종 내에서 특별히 연구되어야 한다. 한 품종에서 발견된 것은 다른 품종에서 발견된 유사한 유전적 질병에 적용될 수 없다.

　많은 보호자가 행동이 유전적인 것인지 아닌지 알 수 없어 불행해한다. 하지만 브리더가 아니라면 그다지 문제되지 않는다. 나쁜 행동이 유전된다고 할지라도 그것이 이런 개의 보호자들을 자유롭게 해주지는 못한다. 유전은 그 속성이 반드시 완전히 발달한다는 것을 의미하지는 않는다. 또한 유전학은 그 행동을 되돌릴 수 있다는 것을 의미하지 않는다. 그래서 그들의 유전적 요소에 상관없이, 나쁜 행동을 억제하도록 도와줄 적절한 환경적 상태와 행동 수정 단계를 찾는 것이 최선이다.

용어 정리

가축화 Domestication
동물의 종 또는 개체군이 사육 환경하에서 인간과 함께하는 삶에 적응된 상태로 여러 세대를 거치면서 일어나는 과정. 많은 세대를 거치는 동안, 개체군의 유전적 구성도 적응을 가능하게 하기 위해 바뀐다.

간헐적 강화 Intermittent reinforcement
행동을 가끔씩만 강화하는 것.

감각화 Sensitize
주어진 자극에 대한 동물의 반응 역치를 낮추는 것 또는 주어진 자극에 대한 반응을 증가시키는 것.

강화 Reinforcement
행동이 다시 일어날 가능성을 증가시키는 무엇.

고전적 조건형성 Classical conditioning
연관에 의한 학습. 중립 자극(원래는 동물에게 아무 의미도 없는 것)이 무조건 자극과 반복적으로 짝지어 제시되면 중립 자극도 차츰 무조건 자극과 같은 반응을 일으키게 된다.

고전적 역조건형성 Classical counter-conditioning
이미 고전적 조건형성이 된 연관과 반대되는 연관을 고전적 조건형성시키는 것. 흔히 그냥 역조건형성이라고도 한다.

고정 비율 강화 Fixed ratio of reinforcement
강화가 일정한 비율 또는 간격으로 주어지는 것.

귀속성 Belongingness
특정 반응은 특정 강화물에 자연스럽게 속한다는 개념(동물은 반응이 특정 강화물과 연관되었을 때 그 반응을 배울 가능성이 매우 크다). 예를 들어, 쥐는 먹이 뒤에 메스꺼움이 따라오면 그 먹이를 피하지만 먹이 뒤에 전기쇼크가 따라오면 먹이를 피할 가능성이 적다. 즉 자극과 그에 따른 결과는 '같은 시스템' 안에 속해야만 한다.

기능적 묘사 Functional description
각 행동의 결과 또는 기능에 관한 행동을 묘사하는 것(복종적인 자세, 탈출하려는 행동).

길들이기 Tameness
한 개체의 일생 안에서 일어나는 과정. 과학계에서의 길들이기는 한 동물이 인간에게 접근하려는 의지로 묘사되고 동물의 도주 거리에 의해 측정된다. 길들여진 동물은 도주 거리가 0이고 이것은 동물에게 우리가 곧장 걸어가도 도망가지 않는다는 의미다. 예를 들어 도주 거리가 3미터라면 우리가 3.5미터까지 접근할 수 있지만 3미터에 이르면 동물은 도망간다.

뇌물주기 Bribing
보호자가 동물이 어떤 행동을 하도록 요구하기 전에 보상부터 먼저 보여주는 것.

동작 패턴 Motor pattern
대상의 몸 자세 또는 움직임과 관련된 행동을 묘사하는 것.

무조건 반응 Unconditioned response
자극에 대해 자기도 모르게 일어나는 또는 자동적인 반응. 가르칠 필요가 없다.

무조건 자극 Unconditioned stimulus
본능적으로 반응을 일으키는 자극. 가르칠 필요가 없다.

벌 Punishment
행동이 다시 일어날 가능성을 줄이는 무엇.

변동 비율 강화 Variable ratio of reinforcement
동물이 올바른 행동을 수행할 때 간헐적으로 주어지는 강화. 그리고 강화의 비율의 변화.

본능 표류 Instinctive drift
동물이 자극(동전, 공, 플랫폼)과 먹이 강화물 사이에 고전적 조건형성된 연관을 만들고 그 결과 먹이를 찾거나 얻는 것과 관련된 행동(돼지의 땅파기, 개의 목표물 물기, 또는 닭의 땅 긁기 같은)을 할 때.

블로킹 Blocking effect
한 행동(또는 조건 반응)에 대해 두 가지 신호가 함께 주어지면 먼저 조건형성된 신호(또는 조건 자극)가 두 번째 신호를 배우는 것을 막거나 방해한다.

사회화의 민감기 Sensitive period for socialization
어린 동물이 유대와 애착을 형성하고 주변의 다른 대상, 환경, 다른 동물이 안전하다고 받아들이는 것을 학습하는 발달 단계. 시기는 종에 따라 다양하다. 개의 경우는 생후 3~12주 사이다.

소거 Extinction
과거에 계속 강화를 받아서 일어나던 특정 행동이 더 이상 강화를 받지 못하면 그 행동의 빈도가 줄어드는 과정.

소거 폭발 Extinction burst
과거에 강화가 주어지던 행동이 더 이상 강화가 주어지지 않으면 초반에 그 행동이 더 증가하는 현상.

습관화 Habituation
어떤 자극(옆에 차가 지나가는 모습이나 기차 소리 같은)에 처음에는 반응하던 동물이 시간이 지나는 동안 혐오적인 경험 또는 유쾌한 경험 없이 그 자극에 반복적으로 노출되면서 그 자극에 반응하지 않게 되는 과정. 다른 말로 동물이 그것에 '익숙해지는' 것을 말한다.

실증적 묘사 Empirical description
관찰 대상의 몸 자세 또는 동작에 관한 행동을 묘사하는 것.

양성 Positive
조작적 조건형성에서 사용되는 용어로, 양성이란 뭔가를 더하는 것을 의미한다.

양성 강화 Positive reinforcement
행동이 다시 일어날 가능성을 증가시키기 위해 동물이 원하는 뭔가를 더하는 것.

양성 벌 Positive punishment
행동이 다시 일어날 가능성을 줄이기 위해 혐오적인 뭔가를 더하는 것.

역조건형성 Counter-conditioning
이미 고전적 조건형성된 연관과 반대되는 연관을 고전적 조건형성시키는 것.

역행동연결하기 Back chain
순서가 있는 행동을 가르쳐야 할 때, 제일 먼저 마지막 동작을 가르친 다음 끝에서 두 번째 동작을 가르치고 두 행동을 연결한다. 점차 새 동작을 연결해 나가되 각 동작을 앞서 배운 동작의 앞에 붙인다.

연결 자극 Bridging stimulus
행동과 무조건 자극 간의 시간차를 연결해주는 조건 자극 또는 신호. 올바른 행동과 먹이 강화물(또는 다른 강화물) 사이의 시간차를 연결해줄 수도 있고 부적절한 행동과 조건 벌 conditioned punishment 사이의 시간차를 연결해줄 수도 있다.

연속 강화 Continuous reinforcement
행동이 일어날 때마다 항상 강화물을 주는 것.

음성 Negative
조작적 조건형성에서 사용되는 용어로, 음성은 뭔가를 제거하거나 빼는 것을 의미한다.

음성 강화 Negative reinforcement
행동이 다시 일어날 가능성을 증가시키기 위해서 혐오적인 뭔가를 제거하는 것.

음성 벌 Negative punishment
행동이 다시 일어날 가능성을 줄이기 위해 동물이 원하는 뭔가를 제거하는 것.

음영화(뒤덮기) Overshadowing
두 자극(잠재적 신호)이 동시에 주어졌을 때 더 쉽게 배울 수 있는 자극의 존재가 다른 자극의 학습을 막는 것. 예를 들어 개에게 앉아나 엎드려 같은 행동에 해당하는 음성 신호와 시각 신호를 가르칠 때, 항상 시각 신호와 음성 신호를 함께 보여준다면 개는 음성 신호보다는 시각 신호를 배울 가능성이 높다.

유인하기 Luring
동물이 어떤 행동을 수행하도록 유도하거나 지도하기 위해서 그 행동을 하기 전에 보상을 보여주는 것.

입술에 부자연스럽게 주름잡기 Agonistic pucker
앞니와 송곳니만 드러나도록 입술을 올리고 있는 몸 자세.

자발적 회복 Spontaneous recovery
이전에 사라진 조건 반응이 다시 나타나는 것. 고전적 조건형성에서 사용되는 용어는 자발적 회복이고 조작적 조건형성에서 사용되는 용어는 재발resurgence이다.

조건 자극 Conditioned stimulus
무조건 자극과 반복적으로 짝지어져 제시되면서 무조건 자극과 같은 반응을 일으키게 된 자극.

조건 반응 Conditioned response
무조건 자극과 한 가지 자극이 반복적으로 짝지어진 결과 고전적으로 조건형성된 반응.

조작적 조건형성 Operant conditioning
시행착오 학습. 동물은 즐거운 결과를 가져오는 행동은 반복하기 쉽고 불쾌한 결과를 가져오는 행동은 반복할 가능성이 적다.

조작적 역조건형성 Operant counter-conditioning
특정 상황에서 동물이 일반적으로 보이는 행동과 동시에 일어날 수 없는 행동을 가르치는 것.

중성 자극 Neutral stimulus
무조건 자극과 함께 짝지어지기 전에는 동물에게 아무 의미가 없는 자극.

체계적 탈감각화 Systematic desensitization
동물이 반응하지 않는 낮은 수준에서부터 자극(주로 혐오자극)을 주고 최대 강도의 자극을 무시하는 것을 배울 때까지 차츰 자극의 강도를 올리는 것.

클리커 트레이닝 Clicker training
양성 강화와 연결 자극이 포함되는 트레이닝으로 클리커에서 나는 클릭 소리가 연결 자극이다.

탈감각화 Desensitization
동물이 반응하지 않는 낮은 수준의 자극(보통은 혐오자극)을 제시하는 것으로 시작해서 동물이 최대 강도의 자극도 무시하는 것을 배울 때까지 자극의 강도를 점차적으로 올리는 것.

표시 Mark
구별하거나 명확하게 하기 위한 것. 올바른 행동을 '표시'한다는 말은 어떤 것이 올바르게 수행한 행동인지를 또는 그 올바른 행동을 한 정확한 순간을 동물에게 명확하게 알려준다는 의미다.

표시 단어 Marker word
음성 연결 자극을 말한다. 예를 들어, 개에게 "예스" 뒤에는 먹이 보상이 즉시 뒤따라온다는 것을 가르칠 수 있다. 여러 차례 반복한 다음, 이 "예스"는 올바른 행동을 표시하는 데 사용될 수 있다. 동물에게 먹이 보상이 직후에 바로 전달된다는 것을 신호하기 때문이다.

프리맥 원리 Premack Principle
발생 가능성이 높은 반응은 발생 가능성이 낮은 반응을 강화하는 것을 도울 수 있다는 것. 동물이 더 하고 싶어 하는 어떤 것이 강한 강화물이 된다.

행동형성하기 Shaping
쉽게 강화할 수 있는 간단한 행동에서 시작해 목표 행동에 차츰차츰 더 가까운 행동을 점차적으로 강화해나가며 행동을 가르치는 과정.

혐오자극 Aversive
동물이 싫어하는 무엇 또는 피하고 싶어 하는 일.

홍수법 Flooding
자극에서 벗어날 수 없는 환경 하에서 동물을 자극(보통은 혐오자극)의 최대 강도에 노출시켜 결국은 더 이상 자극에 반응하지 않게 하는 것.

참고 문헌

Burch, M. R. and J. S. Bailey. *How Dogs Learn*. New York: Howell Book House, 1999.

Coppinger, R. and L. Coppinger. *Dogs: A Startling New Understanding of Canine Origin, Behavior & Evolution*. New York: Scribner, 2001.

Dawkins, M. S. *Unraveling Animal Behaviour*. Harlow, Essex England: Addison Wesley Longman Limited, 1995.

Domjan, M. *The Essentials of Conditioning and Learning*. Belmont, CA: Wadsworth, 2000.

Domjan, M. *The Principles of Learning and Behavior*. Belmont, CA: Wadsworth, 2003.

Eisenstein, E. M. and A. D. Carlson. "A comparative approach to the behavior called 'learned helplessness'." Behavioural Brain Research, 86.2 (1997): 149-160.

Karrasch, S. and V. Karrasch. *You Can Train Your Horse to Do Anything*. North Pomfret, Vermont: Trafalgar Square Publishing, 2000.

Maier, S. F., M. E. P. Seligman, et al. "Pavlovian fear conditioning and learned helplessness: effects on escape and avoidance behavior of (a) the CS-US contingency; and (b) the independence of the US and voluntary responding." *Punishment and Aversive Behavior*. B. A. Campbell and R. M. Church, Eds. New York: Appleton-Century-Crofts, 1969. 299-342.

Marder, A. R. and V. Voith, Eds. "Advances in Companion Animal Behavior." *Veterinary Clinics of North America: Small Animal Practice*. W.B. Saunders Company, 1991.

Overmier, J. B. and M. E. P. Seligman. "Effects of inescapable shock on subsequent escape and avoidance responding." *Journal of Comparative Physiol*, 63 (1967): 28-33.

Price, E. O. Animal Domestication and Behavior. New York: CABI Publishing, 2002.

Pryor, K. *Don't Shoot the Dog*. New York: Bantam Books, 1999.

Reid, P. J. *Excel-erated Learning*. Oakland, CA: James and Kenneth Publishers, 1996.

Seligman, M. E. P., S. F. Maier, et al. "Alleviation of learned helplessness in the dog." *Journal of Abnormal Psychology*, 73.3 (1968): 256-262.

Serpell, J., Ed. *The Domestic Dog: Its evolution, behaviour and interactions with people*. New York: Cambridge University Press, 1995.

Slabbert, J. M., Rasa E. Anne O. "Observational learning of an acquired maternal behaviour pattern by working dog pups: an alternative training method?" *Applied Animal Behaviour Science*, 53, (1997): 309-316.

동물과 함께하는
페티앙북스

2001년부터 반려동물 전문교양지 '페티앙'을 출간해 오던 페티앙이 페티앙북스로 그 이름을 바꾸고 반려동물 단행본 전문 출판사로 거듭났습니다. 페티앙북스는 반려동물과의 행복한 삶을 위해 공부하는 분들을 위한 책을 만듭니다.

개, 어떻게 가르쳐야 하는가
화내거나 야단치지 않는 교육법. 처음 만나는 학습이론과 동물행동수정

1판 1쇄 인쇄 | 2015년 4월 30일
1판 6쇄 발행 | 2025년 8월 1일

지은이 | 소피아 잉
옮긴이 | 최윤주 · 김소희
발행인 | 김소희
발행처 | 페티앙북스

편집고문 | 박현종
편집 | 김소희
교정교열 | 정재은
마케팅 | 김은수

출판등록 | 2010년 4월 9일 제 321-2010-000073호
주소 | 서울시 서초구 서초3동 현대 ESA-II 107호
전화 | 02.584.3598   팩스 | 02.584.3599
이메일 | petianbooks@gmail.com
블로그 | www.PetianBooks.com
페이스북 | www.facebook.com/PetianBooks
ISBN | 979-11-955009-0-1 13490

이 책의 한국어 판권은 페티앙북스에 있습니다.
이 책의 내용 일부 또는 전부를 재사용하시려면 저작권자 및 페티앙북스의 동의를 얻어야 합니다.
한국어판ⓒ페티앙북스

값은 표지에 있습니다. 잘못된 책은 구입하신 서점에서 바꾸어 드립니다.